rororo

rororo

Zu diesem Buch

Als Autor des oft mißverstandenen «Il principe» ist Niccolò Machiavelli (1469–1527) berühmt geworden. Den Patrioten, der Florenz aufopfernd diente, und den Lebenskünstler, der nachsichtig über die Schwächen der Menschen lächelt, kennen dagegen nur wenige. Maurizio Virolis Biographie entwirft das Panorama eines bewegten Lebens zwischen Machtspielen, Freundschaften, Amouren, Reisen, Siegen und Niederlagen. Sie entführt den Leser auf eine spannende Zeitreise in das Florenz der Renaissance.

«Maurizio Viroli ... ist der Glücksfall eines Forschers, der auch zu erzählen weiß.»
Süddeutsche Zeitung

Der Autor

Maurizio Viroli, geboren 1952 in Forlì (Emilia-Romagna), ist einer der bedeutendsten Machiavelli-Forscher. Er lehrt Politische Wissenschaften an der Universität Princeton. Zahlreiche Veröffentlichungen, u. a. über Jean-Jacques Rousseau, Politik und Staatsräson, zuletzt «Repubblicanesimo» (1999).

Maurizio Viroli

Das Lächeln des Niccolò

Machiavelli und seine Zeit

Aus dem Italienischen von Friederike Hausmann

Rowohlt Taschenbuch Verlag

Veröffentlicht im Rowohlt Taschenbuch Verlag
GmbH, Reinbek bei Hamburg, Dezember 2001

Die Originalausgabe erschien unter dem Titel
«Il sorriso di Niccolò. Storia di Machiavelli»
Im Verlag Editori Laterza, Rom / Bari

Umschlaggestaltung Susanne Heeder
(Umschlagabbildung: Archiv für Kunst und
Geschichte, Berlin)
Satz Galliard PostScript
Gesamtherstellung Clausen & Bosse, Leck
Printed in Germany
ISBN 3 499 61307 7

Inhalt

Vorwort

Diese Biographie erhebt nicht den Anspruch, die bisher erschienenen Lebensbeschreibungen Machiavellis an Fülle und Genauigkeit der historischen und archivalischen Dokumentation zu überbieten. Vor allem Roberto Ridolfis *Vita di Niccolò Machiavelli* bleibt ein unübertroffener Klassiker, von dem ich mich weitgehend habe leiten lassen. Mein Anliegen war es in erster Linie, Machiavellis Leben auf neue Weise zu erzählen, Aspekte, die bisher unbeachtet geblieben sind, sichtbar zu machen und an manchen Stellen verfestigte Urteile zu revidieren.

An Machiavelli haben mich sein politisches Denken und seine Prosa fasziniert, vor allem aber die Art, wie er über das Leben und die Menschen lachen konnte. Um dieses Lächeln, das in seinen Briefen, in seinen Werken und auch auf manchen Porträts zu erkennen ist, zu verstehen, habe ich dieses Buch geschrieben, denn ich glaube, daß es eine Lebensweisheit enthält, die weit tiefer reicht als Machiavellis politisches Denken.

Um die Lektüre zu erleichtern, habe ich die Anmerkungen auf ein Minimum beschränkt und die unten erläuterten Abkürzungen verwendet. Der Leser wird im Text einige recht derbe Stellen aus Briefen Machiavellis, seiner Briefpartner und zeitgenössischen Werken finden, die andere Biographen entschärft oder weggelassen haben. Ich wollte nichts ändern oder auslassen, denn dies war die Sprache der Zeit.

Zitierte Werke Machiavellis und Abkürzungen in der deutschen Übersetzung:

C	*Das Leben Castruccio Castracanis aus Lucca*, übersetzt und herausgegeben von Dirk Hoeges, München 1998
D	*Discorsi. Gedanken über Politik und Staatsführung*, übersetzt und eingeleitet von Rudolf Zorn, Stuttgart [2]1977
GF	*Geschichte von Florenz*, deutsch von Alfred von Reumont, mit einem Nachwort von Kurt Kluxen, Zürich [2]1987
GS	*Gesammelte Schriften* in fünf Bänden, unter Zugrundelegung der Übersetzungen von Johann Ziegler und Franz Nicolaus, herausgegeben von Hanns Floerke, München 1925 (teilweise anhand neuerer kritischer Ausgaben des Originals überarbeitet)
L	Übersetzung der Briefe, die in GS lückenhaft oder nicht enthalten sind, nach der von Viroli benutzten Ausgabe: *Lettere*, herausgegeben von Franco Gaeta, in: *Opere*, UTET, Turin 1984, Bd. III
LC	Übersetzung der in GS nicht enthaltenen Gesandtschaftsberichte nach der von Viroli benutzten Ausgabe: *Legazioni e Commissarie*, herausgegeben von Sergio Bertelli, Mailand 1964, Bd. III

Opere	Übersetzung der in GS nicht enthaltenen Werke, zum Beispiel *L'arte della guerra*, *Decennale*, die Gedichte und kleinere politische Schriften, nach der von Viroli benutzten Ausgabe: herausgegeben von Corrado Vivanti, *Opere*, UTET, Turin 1997, Bd. I
P	*Der Fürst*, übersetzt von Ernst Merian-Genast, Stuttgart 1961
Ridolfi	Übersetzung von: Roberto Ridolfi, *Vita di Niccolò Machiavelli*, Florenz ³1969
SL	Übersetzung nach der von Viroli benutzten Ausgabe: *Scritti letterari*, herausgegeben von Luigi Blasucci, in: *Opere*, UTET, Turin 1989, Bd. IV

I Maske und Antlitz

Kurz vor seinem Tod am 21. Juni 1527 soll Niccolò Machiavelli seinen Freunden, die bis zum Ende bei ihm geblieben waren, von einem Traum erzählt haben, der in späteren Jahrhunderten als »Machiavellis Traum« berühmt wurde.

Machiavelli sagte, ihm sei eine Schar ärmlich gekleideter, elend und leidend aussehender Männer erschienen, die auf die Frage, wer sie seien, antworteten: »Wir sind die Heiligen und die Seligen; wir sind auf dem Weg ins Paradies.« Danach habe er eine Gruppe edel und ernst aussehender, gut gekleideter Männer gesehen, die in eine Diskussion über wichtige politische Probleme vertieft waren. Unter ihnen habe er große Philosophen und Geschichtsschreiber der Antike, Verfasser grundlegender Werke über Politik und Staat wie Platon, Plutarch und Tacitus erkannt. Auch diese habe er gefragt, wohin sie gingen, und sie hätten ihm geantwortet: »Wir sind zur Hölle verdammt.« Als er den Traum erzählt hatte, soll Machiavelli seinen Freunden erklärt haben, er zöge bei weitem die Hölle vor, um mit den Großen der Antike über Politik zu diskutieren, statt im Paradies bei Seligen und Heiligen vor Langeweile umzukommen.

Mit seiner Erzählung knüpft Machiavelli an den berühmten »Traum des Scipio« an, von dem Cicero in seinem Werk über den Staat erzählt. Scipio der Ältere sei, so berichtet Cicero, seinem Neffen Scipio Aemilianus im Traum erschienen und habe ihm gesagt: »Allen, die die Heimat bewahrt, ihr geholfen, sie gefördert haben, ist ein fester Platz im Himmel bestimmt, dort selig ein ewiges Leben zu genießen. Nichts nämlich ist jenem Götterfürsten, der die ganze Welt lenkt, wenigstens soweit es auf Erden geschieht, willkommener als die Versammlungen und Gemeinschaften von Menschen, die durchs Recht geeint sind, die man Staaten nennt; ihre Lenker und Bewahrer kehren, nachdem sie von hier aufgebrochen sind, hierher zurück.«

Machiavelli, der »Scipios Traum« gut kannte, wollte auf dem Totenbett seiner Version der Geschichte eine andere Moral geben. Bei ihm genießen die großen Männer, die mit Wort und Tat Staaten begründet, gut regiert und reformiert haben, nicht wie in der Vorstellung der Antike ewige Glückseligkeit am lichtesten Ort des Universums. Sie kommen vielmehr in die Hölle, weil sie, um die großen Werke zu vollbringen, die sie unsterblich gemacht haben, unweigerlich die Gesetze christlicher Moral verletzen mußten. In der scherzhaften Fassung Machiavellis wird die Hölle schöner und interessanter dargestellt als das Paradies, weil dort die Großen der Politik versammelt sind. Auf der einen Seite wollte Machiavelli die Aussage der antiken Erzählung bestätigen, daß wahre Staatsmänner Göttern ähnlich sind und unsterblichen Ruhm verdienen, auf der anderen machte er sich über das Paradies und die Hölle des Christentums lustig.

Wir wissen nicht sicher, ob die Geschichte von Machiavellis Traum wahr oder erfunden ist, aber ich wollte sie hier wiedergeben, weil ich glaube, damit den Mann am besten vorstellen zu können, dessen Leben und Denken ich beschreiben möchte. In der Traumerzählung sind alle wesentlichen Charaktereigenschaften Machiavellis enthalten, denn er besaß Witz, Respektlosigkeit und eine überaus scharfe Intelligenz, er kümmerte sich wenig um die Seele, das ewige

Leben und die Sünde, sondern war fasziniert von der Antike und ihren herausragenden Persönlichkeiten. Größe besaßen für ihn vor allem Fürsten, Lenker von Republiken und Männer, die ihren Untertanen gute Gesetze gegeben, die sie, wie Moses, der Sklaverei entrissen und zu freien Völkern gemacht haben. Größe hatte in seinen Augen die Geschichte von Staaten und Regierungen, die über das Leben und Schicksal unzähliger Menschen entschieden. Größe besaß für Machiavelli also die Politik, und deshalb ist es keineswegs verwunderlich, daß er an der Schwelle des Todes lieber die Hölle mit großen Staatsmännern als das Paradies mit den Heiligen teilen wollte.

Verwunderlich ist höchstens, daß Machiavelli in seinen letzten Lebenstagen immer noch die Kraft zum Scherzen fand. Als er fast sechzigjährig starb, war er ein trauriger, enttäuschter und resignierter Mann. Sein Gesicht trug einen bitteren Zug um den Mund, und die Augen hatten den intelligenten, spöttisch-ironischen Ausdruck verloren, den uns die in seinen besten Mannesjahren entstandenen Porträts überliefern. Der Blick war nun ins Leere, die Gedanken auf die Vergangenheit gerichtet. An seinem Lebensende trug Machiavelli nicht mehr die aufrechte, sichere Haltung zur Schau, mit der er vor Fürsten, Päpste, Könige und Kaiser getreten war. Sein Körper war gebeugt von den Anstrengungen allzu vieler Reisen, bei denen er Tag und Nacht im Sattel gesessen hatte, von zu vielen Gefahren, die er eingegangen war, von zu vielen enttäuschten Hoffnungen und nie realisierten Träumen, gebeugt aber vor allem von dem Übermaß an Dummheit, Gehässigkeit und Grausamkeit der Menschen, die sich über ihn erbost hatten.

Vergeblich hatte Machiavelli zeit seines Lebens seine ganze Kraft dafür eingesetzt, die Machthaber Italiens davon zu überzeugen, das Land von der Herrschaft der Fremden und der Willkür ihrer Heere zu befreien. Wenige Wochen vor seinem Tod erreichte der letzte Akt der italienischen Tragödie seinen traurigen Höhepunkt. Am 6. Mai 1527 begann ein Heer aus spanischen Infanteristen und den gefürchteten deutschen Landsknechten unter Führung Herzog Karls von Bourbon mit der Belagerung Roms. Für die Verteidigung der Stadt stand lediglich ein armseliger Haufen schlecht bewaffneter Männer zur Verfügung, die man aus den Ställen von Kardinälen und Prälaten, aus Werkstätten und Wirtshäusern zusammengetrommelt hatte. Der Papst, der seine Truppen wenige Monate zuvor entlassen hatte, flüchtete sich in die Engelsburg, und nach wenigen Stunden des Kampfes war Rom in den Händen der Spanier und der Landsknechte. Die einen dürsteten nach Gewalt und Beute, die anderen, da sie glühende Protestanten waren, darüber hinaus noch nach Rache an den verhaßten Katholiken. Es war der Sacco di Roma.

Machiavelli hatte klar erkannt, was die Machthaber Italiens hätten tun müssen, um eine solche Tragödie zu verhindern, aber niemand hatte auf ihn gehört. So blieb ihm nichts anderes übrig als zu lachen und Geschichten wie die von seinem Traum zu erzählen. Dieses Lachen wärmte nicht und machte das Herz nicht leicht; Machiavelli lachte, um nicht weinen zu müssen. Wie eine Maske verdeckte sein Lachen mühsam die Empörung über die Ungerechtigkeit und Absurdität einer Welt, in der die Regierenden die ihnen anvertrauten Männer und Frauen nicht vor Krieg, Gewalt, Erniedrigungen und Elend zu schützen vermochten. Diejenigen hingegen, die es verstanden hätten, durch vernünftige staatliche Einrichtungen, gute Gesetze und disziplinierte Heere den Ehrgeiz und die Grausamkeit der Menschen in Schranken zu halten, kamen nicht zum Zuge, weil sie entweder arm waren, nicht dem Adel entstammten oder keine einflußreichen Freunde besaßen.

So ging es Machiavelli, der von sich sagte: »Ich bin arm geboren und lernte früher entbehren als genießen.« (GS, V, 339) Damit war nicht gemeint, daß er Hunger leiden mußte, wiewohl er sich manchmal mit einfachen Speisen zufriedengeben mußte. Als arm bezeichnete er sich deshalb, weil er sich zu denjenigen zählte, die nicht den großen Familien angehörten und daher nicht in hohe Staatsämter gewählt werden oder es im Geschäftsleben zu etwas bringen konnten. Verwandtschaft und Beziehungen waren alles, und wer sie nicht hatte, mußte sich mit einer Rolle am Rande der Gesellschaft begnügen, auch wenn er über große Fähigkeiten verfügen mochte. Wer in Florenz nicht dem Kreis der Mächtigen angehöre, den »bellt nicht einmal ein Hund an«, schrieb Machiavelli in seiner schönsten Komödie, der 1518 entstandenen *Mandragola (Allraunwurzel)*.

Machiavelli stammte zwar aus einer alten Florentiner Familie, deren Mitglieder hohe Ämter der Stadtrepublik bekleidet hatten, aber Niccolòs Vater, Messer Bernardo di Niccolò di Buoninsegna, gehörte zu einem verarmten Zweig der Familie. Mit den mageren Einkünften aus seinem Landbesitz konnte er nur durch äußerste Sparsamkeit seine Familie über Wasser halten, zu der neben seiner Frau Bartolomea de' Nelli und seinen beiden Töchtern Primavera und Margherita der am 3. Mai 1469 geborene Niccolò und der 1475 geborene Jüngste, Totto, zählten.

Bernardo Machiavelli war Rechtsgelehrter, aber im Gegensatz zu den meisten Florentiner Advokaten und Notaren verdiente er mit seinem Beruf wenig Geld, obwohl er anscheinend ein gewisses intellektuelles Ansehen genoß, denn der bedeutende Humanist und Sekretär der Republik Bartolomeo Scala machte ihn zu einer der Hauptfiguren seines im Jahre 1483 verfaßten Dialogs über die Gerechtigkeit und die Gesetze. Bernardo war ein Büchernarr und erwarb sich unter manchen Opfern eine kleine Bibliothek, die Werke griechischer und römischer Philosophen, vor allem Aristoteles und Cicero, der Meister der Rhetorik und Bücher über Geschichte enthielt. Manchmal mußte er sich damit begnügen, Bücher nur auszuleihen, und dann bezahlte er in Naturalien mit den Erzeugnissen seines Landgutes. Um in den Besitz eines besonders teuren Buches wie die *Römische Geschichte* des Titus Livius zu gelangen, erbot sich Bernardo sogar, für den Florentiner Herausgeber Niccolò della Magna ein Verzeichnis aller bei Livius erwähnten Orte zu erstellen. Diese schwierige und langweilige Arbeit kostete ihn volle neun Monate, doch dafür durfte er dann das Buch wenigstens behalten. Dank der geduldigen Arbeit seines Vaters konnte Niccolò nach Herzenslust wieder und wieder bei dem römischen Historiker nachlesen, mit welchen politischen und militärischen Mitteln sich Rom von einer kleinen Stadt zu einer freien und mächtigen Res publica entwickelt hatte. In seinen Mannesjahren schrieb Machiavelli über Livius die *Discorsi sopra la prima deca di Tito Livio* (*Gedanken über Politik und Staatsführung*), sein wichtigstes Werk, das sein ganzes politisches Denken und vor allem seine Vorstellungen darüber umfaßt, wie ein großes und freies Gemeinwesen geschaffen werden kann.

Niccolò hing sehr an seinem Vater, und nach den Quellen zu schließen, scheint ihr Verhältnis mehr eine Art Freundschaft als eine typische Vater-Sohn-Beziehung gewesen zu sein, denn zwischen den beiden herrschte ein scherzhafter und humorvoller Ton wie unter Freunden. Als es Niccolò einmal in Florenz ziemlich schlecht ging, ließ Bernardo ihm vom Lande eine fette Gans schicken, worauf sich der Sohn mit einem Sonett bedankte, das mit folgenden Worten schloß:

Al fin del giuco poi,
messer Bernardo mio, voi comperrete
paperi e oche, e non ne mangerete.

(Am Ende des Spieles dann
werdet, mein Messer Bernardo, Ihr erwerben
Enten und Gänse und nicht davon essen.)

Bernardo und Niccolò waren beide von heiterem Gemüt, sie liebten Gesellschaft, ein angeregtes Gespräch und gepfefferte Wortspiele. Im Jahre 1500, einige Jahre nach dem Tod seines Vaters, erfuhr der Sohn von einem Pater der Kirche Santa Croce, daß in der Familienkapelle der Machiavelli heimlich einige Leichen begraben worden waren. Niccolò antwortete dem entsetzten Mönch: »Ach, laßt sie nur, denn mein Vater liebte die Unterhaltung, und je mehr Menschen mit ihm reden, desto mehr Vergnügen wird er haben« (Ridolfi, 56). Bernardo hatte weder Reichtum noch Einfluß vererben können, aber der Sohn liebte ihn, ja vielleicht liebte er seinen Vater gerade deshalb um so ehrlicher, weil das Gefühl der Ehrfurcht und Angst fehlte, das reiche und mächtige Väter oft hervorrufen.

Wenige Jahre vor dem Tod des Vaters, am 11. Oktober 1496, war auch Niccolòs Mutter Madonna Bartolomea gestorben, über die wir leider so gut wie nichts wissen, denn weder Briefe noch Erinnerungen geben Aufschluß über ihren Charakter oder ihre Gefühle gegenüber ihrem Gatten und ihren Kindern. Wie bei vielen anderen, vor allem bei Frauen, müssen wir uns damit abfinden, daß die Zeit alle offiziellen und persönlichen Dokumente zerstört hat. Darüber hinaus hat dazu auch das Vorurteil beigetragen, daß das Leben einer Frau wie Bartolomea de' Nelli keiner Erwähnung in einem Tagebuch oder in einer Erzählung wert sei. Wir wissen lediglich, daß Machiavellis Mutter durchaus gebildet war, daß sie Gedichte und religiöse Lieder verfaßte. Und vielleicht hat Niccolò ja von ihr das dichterische Talent mitbekommen oder zumindest die Gabe, das Leben und die Welt mit den Augen des Dichters zu sehen und »in göttlicher Prosa« zu beschreiben, wie es einmal ein bedeutender und strenger Kritiker der italienischen Literatur ausgedrückt hat.

Die Familie Machiavelli konnte es sich nicht erlauben, ihre Kinder zu angesehenen Lehrern zu schicken, um sie zu gelehrten Humanisten zu erziehen. Niccolò und Totto erhielten dennoch eine gute Ausbildung, die die Kenntnis des Lateinischen, der Grammatik und der Arithmetik umfaßte. Nach den Büchern im Hause zu schließen, erlernten sie auch die Rhetorik, das heißt die Kunst, flüssig zu reden und zu schreiben, den Hörer oder Leser zu überzeugen, zu überreden und zu bewegen. Im Alter von etwa vierzig Jahren schrieb Machiavelli einem Freund, er verstehe weder »von Seide noch Wollweberei, weder von Gewinn noch von Verlust zu reden« (GS, V, 342), und bekannte damit, daß er weder manuelle Fähigkeiten besaß noch auf dem Gebiet, das die Florentiner am meisten beherrschten, nämlich im Bankwesen und Handel, Bescheid wußte.

Die Kenntnisse, die Niccolò als Kind erworben hatte, erweiterte er später durch umfangreiche Lektüre vor allem der lateinischen Dichter, an erster Stelle Vergil, dann aber auch der Liebesdichter wie Tibull und Ovid, die er die »kleineren« nannte. Eine besondere Rolle spielte für Machiavelli Lukrez, der Verfasser des Lehrgedichts *De rerum natura (Welt aus Atomen)*, das den Ursprung der Natur, der Meere, Pflanzen, Tiere und das Wesen des Menschen behandelt. Niccolò las das Werk nicht nur, sondern schrieb es auch sorgfältig ab, vielleicht um sich im Lateinischen zu üben, wahrscheinlicher aber, um selbst ein Exemplar zu besitzen, das er nach Belieben studieren konnte. Machiavelli war nämlich besonders beeindruckt von diesem lateinischen Dichter, der in großartigen Versen die betrübliche Erkenntnis vermittelt, daß der Mensch keineswegs der Herr des Universums ist, für den er sich in falschem Stolz hält, sondern daß er der Natur und außerdem dem Schicksal unterworfen bleibt. Der Mensch wird nackt und weinend geboren, sein Schreien erfüllt die Luft. Als einziges Lebewesen ist er unerhörter Grausamkeiten gegenüber seinesgleichen fähig, und dennoch besitzt keine andere Kreatur einen solchen Lebenswillen und eine solch tiefe Sehnsucht, ja ein Verlangen nach Ewigkeit und Unvergänglichkeit.

Zu Machiavellis Lektüre gehörten auch die antiken Philosophen, besonders aber die Geschichtsschreiber. Er las Thukydides' Darstellung des Krieges zwischen Sparta und Athen, der Griechenland zerrissen hatte; er las Plutarchs Lebensbeschreibungen großer Staatsmänner, Heerführer und Gesetzgeber der Griechen und Römer, und er studierte Tacitus' Werke über die Korruption und Treulosigkeit der römischen Kaiser Tiberius, Caligula und Nero. Vor allem aber beschäftigte sich Machiavelli mit Titus Livius' *Ab urbe condita*, für dessen Erwerb sein Vater Bernardo so hart gearbeitet hatte und für den dieser, als er das Buch beim Buchbinder abholte, »drei Fiaschi dunklen Wein und einen Fiasco Essig«

anzahlen mußte. Aus dieser Lektüre erwuchsen Machiavellis große Leidenschaften: seine Vorliebe für die Antike und die Geschichte überhaupt. In den großen Männern des griechischen und römischen Altertums sah er Vorbilder an Tüchtigkeit, Mut und Weisheit, die mit ihrem unendlichen Glanz die Verderbtheit, Feigheit und Dummheit seiner Zeitgenossen weit überstrahlten. Aus der Geschichtsschreibung lernte er die Leidenschaften, Hoffnungen und Irrtümer der Menschen kennen und durch das Studium der Vergangenheit die Gegenwart verstehen, weil in allen Staaten und bei allen Völkern, wie er sagte, die gleichen Leidenschaften und die gleichen Wünsche am Werk sind.

Unter den Dichtern seines Zeitalters liebte Machiavelli vor allem Dante, sodann Petrarca und Boccaccio. In Dante sah er sein Vorbild für sprachlichen Stil und Weisheit, ahmte ihn in seinen Gedichten nach und zitierte ihn in seinen Werken und in den Briefen an die Freunde häufig aus dem Gedächtnis. Von Boccaccio ließ er sich zu seiner heiteren, humorvollen und respektlosen Lebensauffassung inspirieren, die sich zur Freude seiner Freunde in schlagfertigen Antworten, Wortspielen und Geschichten äußerte. Er wollte zum Lachen bringen, doch nie beleidigen oder verletzen, denn es fehlte ihm nie an Verständnis für die Schwäche der Menschen, angefangen bei sich selbst.

Damals wie heute neigten die Menschen dazu, die eigenen Fähigkeiten herauszustellen, ihre Fehler aber herunterzuspielen. Machiavelli dagegen fand Gefallen daran, seine Fehler zu übertreiben oder sich sogar solche zuzuschreiben, die er gar nicht hatte. In Florenz war er weniger als politischer Schriftsteller, als Komödiendichter und Historiker bekannt denn als einer, der vor nichts und niemandem Respekt hatte und stets für unnachahmliche Einfälle, Geschichten und Scherze gut war. Seine Freunde nannten in »Machia«, und diese Koseform seines Namens paßte gut zu ihm.

Unter der geistigen Führung seiner Vorbilder aus Antike und Gegenwart schuf sich Machiavelli eine ganz eigene Lebensauffassung, in der sich Großherzigkeit, Liebe zu den hehren Dingen, heftige Leidenschaften, Rücksicht auf die Gebrechlichkeit der menschlichen Natur und Bewunderung für die Schönheit mit einem tiefen Empfinden der Härte des Lebens und der Bosheit der Menschen verbanden. Was ihm die Bücher nicht vermittelten, lernte er auf Straßen und Plätzen, in den Kirchen, auf den Bänken und in den Wirtshäusern von Florenz. Außergewöhnlich und hart, war diese Schule einmalig auf der Welt und zwang Machiavelli geradezu, ein Leben zu leben, das in die Geschichte eingeht.

II Prägende Erfahrungen

Das Florenz des ausgehenden 15. Jahrhunderts war zugleich prächtig und armselig. Die Schönheit seiner Kirchen, seiner öffentlichen und privaten Bauten, seiner Straßen und Plätze, die Geschicklichkeit und der Fleiß seiner Bewohner und die Lebendigkeit des künstlerischen und geistigen Lebens waren einmalig in dieser Epoche. Nur Venedig hielt einem Vergleich stand.

Dieser Glanz war jedoch von der Schwäche der politischen Institutionen bedroht, die den Bewohnern der Stadt nur für kurze Zeiträume Frieden, Gerechtigkeit und Sicherheit zu sichern vermochten. Unter dem strahlenden Himmel, in der leichten Luft von Florenz nahmen sowohl die guten als auch die schlechten Leidenschaften der Menschen eine besondere Intensität an und verwandelten Straßen und Plätze in den Schauplatz heftiger Auseinandersetzungen zwischen Parteien, die nach der Herrschaft über die Stadt strebten. Diese Kämpfe kosteten viele Opfer und forderten immer neues Blutvergießen.

Während der Reichtum in den Palästen die Anmaßung der großen Familien und den Sittenverfall nährten, brachte das Fehlen eines disziplinierten Heeres die Freiheit der Stadt ständig in Gefahr. Zur Verteidigung und Aufrechterhaltung seiner Herrschaft über die anderen Städte der Toskana mußte Florenz auf Söldnerführer und deren Truppen zurückgreifen, die nur für Geld kämpften und bei der Aussicht auf höheren Sold ohne Zögern ins Lager des Feindes überwechselten. Auch der französische König, der traditionelle Verbündete der Stadt, bot keinen zuverlässigen Schutz, denn für ihn war die Unabhängigkeit von Florenz in erster Linie ein Mittel, um den Einfluß Spaniens in Italien zu beschränken. Wenn es nicht vorteilhaft oder nicht möglich war, den Florentinern zu Hilfe zu kommen, überließ Frankreich sie, wie wir sehen werden, einfach ihrem Schicksal.

Florenz eroberte sich die Herzen und erntete zugleich Haß; es wurde geliebt wegen seiner Schönheit und Eleganz, es wurde gehaßt, weil an politischer Klugheit Mangel herrschte und allzu viele seiner Bürger feige und egoistisch waren. Solche gegensätzlichen Empfindungen für seine Heimatstadt bewegten auch Machiavelli zeit seines Lebens und bestimmten sein ganzes Denken und Handeln.

Das Florenz der Zeit Machiavellis war eine reiche Stadt. Wolle und Seide aus seinen Handwerksbetrieben wurden in die ganze Welt exportiert, und die Bankiers der Stadt wußten die Erträge der ständig steigenden Produktion fruchtbringend anzulegen und zu reinvestieren. Durch seinen Reichtum und eine geschickte Diplomatie hatte sich Florenz die Herrschaft über ein umfangreiches Territorium gesichert, das wichtige Städte und Festungen wie Pisa, Livorno, Arezzo und Pistoia umfaßte. Die unterworfenen Städte und das Umland wurden in erster Linie mit Blick auf ihren Nutzen für Florenz verwaltet, um der Stadt daraus weiteren Reichtum und Prestige gegenüber den anderen Staaten der italienischen Halbinsel zu sichern. Der Preis einer solchen Herrschaft waren offen ausgetragene oder drohende Revolten der unterworfenen Städte, dauernde Kriege und die Aufwendung ungeheurer Summen für den Machterhalt.

Die finanziellen Lasten dieser Kriege trugen vor allem die großen Florentiner Familien, die im Guten wie im Schlechten das politische Herz der Stadt bildeten. Mehr als alle anderen haben die Medici die Geschichte und das Leben von Florenz geprägt, denn mit ihrem außerordentlichen Reichtum, mit Geschick und Entschlossenheit sicherten sie sich durch ein weitgespanntes Netz von Freunden und Anhängern dauerhaft die Macht, die auf der klug berechneten Verteilung von Gefälligkeiten basierte. Den einen boten sie Hilfe für den Aufbau eines Geschäfts oder die Überwindung eines finanziellen Engpasses an, den anderen liehen sie Geld zur standesgemäßen und vorteilhaften Verheiratung von Töchtern, wieder anderen halfen sie, Schwierigkeiten mit der Justiz oder den Steuerbehörden aus dem Weg zu räumen. Auf diese Weise wurden die Medici zu den wahren Herren der Stadt, obwohl sie immer gern behaupteten, einfache Bürger »wie andere auch« zu sein, denn Florenz bewahrte die Fassade einer freien Republik.

Die Macht der Medici war nahezu unangefochten, seit Cosimo der Alte im Jahre 1434 als Sieger aus dem Exil zurückgekehrt war, zu dem ihn seine Gegner genötigt hatten. Cosimo gelang es in kurzer Zeit, alle diejenigen, die durch ihren Reichtum oder ihren Einfluß seine Pläne hätten durchkreuzen können, um ihren Besitz zu bringen oder in die Verbannung zu schicken. Zu diesem Zweck schreckte er nicht davor zurück, die Gesetze zu brechen oder moralische Regeln mit Füßen zu treten. Wer ihm Skrupellosigkeit anlastete und ihm vorwarf, er »liebe sich mehr denn das Vaterland, diese Welt mehr als die andere«, dem entgegnete er, »mit Paternostern halte man das Ruder nicht in der Hand« (GF, 430), und meinte damit, daß die Bewahrung und Erweiterung politischer Macht nicht auf die Prinzipien christlicher Moral Rücksicht nehmen könne.

Wer ihn dagegen kritisierte, weil er mit seinen Methoden Florenz ruiniere, dem antwortete Cosimo unumwunden, »besser die Stadt zugrunde gerichtet als verloren«, und brachte damit zum Ausdruck, daß für ihn die Interessen der Medici vor dem Wohl der Stadt rangierten. Dennoch starb Cosimo im Jahre 1464 als steinreicher und in Florenz hoch angesehener Mann, beweint von allen Bürgern als großer Sohn der Stadt, die ihm feierlich den Titel »Vater des Vaterlands« verlieh.

Die Nachfolge an der Spitze des von Cosimo geschaffenen politischen Systems trat dessen Sohn Piero an, der aufgrund seines schlechten Gesundheitszustands den Staatsgeschäften kaum nachkommen konnte. Nach seinem Tod im Jahre 1469 ließen seine beiden Söhne Lorenzo und Giuliano jedoch rasch erkennen, daß sie trotz ihres jugendlichen Alters über die notwendigen Fähigkeiten verfügten, um das Werk ihres Vaters weiterzuführen und die Macht der Medici zu mehren. Besonders Lorenzo bewies sein Durchsetzungsvermögen, als er gegen den Rat führender Bürger durch einen Krieg gegen Volterra den florentinischen Ansprüchen am Besitz und an der Ausbeutung einiger Alaunminen Geltung verschaffen wollte.

Die Auseinandersetzung endete mit dem Sieg der Florentiner, deren Truppen unter dem Kommando des Hauptmanns Astorre Gianni den schwachen Widerstand brachen, die Stadt plünderten und dabei weder Frauen noch Greise verschonten. In Florenz wurde die Nachricht mit großem Jubel aufgenommen, und Lorenzo de' Medici, der diesen Krieg gewollt hatte, konnte seinen Einfluß in der Stadt weiter festigen.

Doch die Macht Lorenzos erregte bei den anderen großen Familien Unwillen und Eifersucht, insbesondere bei den Pazzi, die von Lorenzo wiederholt schwere Kränkungen hatten hinnehmen müssen. Nicht das Familienoberhaupt Messer Jacopo, sondern Francesco, einer seiner Neffen, faßte den Plan einer Verschwörung gegen Lorenzo und Giuliano, um sich für die erlittenen Schmähungen zu rächen und die Macht der Medici zu brechen. Aus Haß gegen die Medici nahmen an der Verschwörung auch der Erzbischof von Pisa, Francesco Salviati, und zumindest anfangs Giovan Battista da Montesecco teil, der Kondottiere von Papst Sixtus IV., der die Verschwörung ebenfalls unterstützte.

Nach mehrmaligen Verzögerungen beschlossen die Verschwörer, ihren Plan am 26. April 1478 während der vom Kardinal von Florenz gelesenen Messe in der Kirche Santa Reparata in die Tat umzusetzen. Als der Kardinal die Hostie erhob, zogen die Verschwörer den Dolch aus dem Gewand und stürzten sich auf die beiden Medici. Giuliano starb unter den Stichen Bernardo Bandinis und Francesco de' Pazzis, während Lorenzo den Attentätern entkam und sich in die Sakristei flüchten konnte. Nachdem so der ursprüngliche Plan, beide Medici zu töten, gescheitert war, wollte Erzbischof Salviati den Palazzo della Signoria besetzen, wurde aber daran gehindert, festgenommen und in seinem Priestergewand an den Fenstern des Palazzo della Signoria, der heute Palazzo Vecchio heißt, aufgehängt. Daraufhin versuchte der alte Jacopo de' Pazzi, an der Spitze einer Hundertschaft Bewaffneter das Volk von Florenz im Namen der Freiheit zum Aufstand gegen die Tyrannis der Medici anzustacheln, aber niemand folgte seiner Aufforderung. Auf der Flucht in die Romagna wurde er gefaßt und aufgehängt; den Leichnam, der zuerst in der Familiengruft beigesetzt worden war, ließ man später exkommunizieren, ausgraben und an der Stadtmauer in ungeweihter Erde verscharren. Doch damit noch nicht genug: der Tote wurde ein zweites Mal ausgegraben, an der Schlinge, mit der man ihn aufgeknüpft hatte, nackt durch die Straßen der Stadt geschleift und schließlich in den Arno geworfen.

Als sich diese Dinge ereigneten, war Niccolò neun Jahre alt, und wenn er auch nicht selbst sah, wie Kardinal Salviati am Fenster des Palazzo Vecchio hing und die Gliedmaßen der Besiegten auf Lanzenspitzen gespießt oder durch die Straßen geschleift wurden, so hörte er doch sicherlich lange Zeit Berichte darüber, die in ihm einen tiefen Eindruck hinterließen. Viele Jahre später beschrieb er die Verschwörung der Pazzi und sagte über den vergeblichen Versuch, das Volk zum Aufstand zu rufen, die Macht und die Freigebigkeit der Medici habe das Volk für den Ruf der Freiheit taub gemacht, die ohnehin in Florenz längst unbekannt gewesen sei. (GF, 497) Das schreckliche Ende des Jacopo de' Pazzi sah er als ein bezeichnendes Beispiel dafür an, daß auch die reichsten und mächtigsten Männer durch Unvorsichtigkeit, zu großen Ehrgeiz oder einfach durch den Unbestand des Geschicks ein trauriges Ende nehmen können. (GF, 499)

Kaum war er dem Attentat der Pazzi entgangen, mußte sich Lorenzo einer viel gefährlicheren Bedrohung seiner Macht und der Unabhängigkeit von Florenz stellen. Papst Sixtus IV., der die Verschwörung aktiv unterstützt hatte, verbündete sich mit dem neapolitanischen König Ferdinand von Aragonien zum Krieg gegen Florenz. Ohne ein schlagkräftiges Heer, ohne Hilfe von Venedig und mit nur geringer Unterstützung durch den Herzog von Mailand hätte die Stadt nur schwerlich Widerstand leisten können, wie ihr das ein Jahrhundert zuvor im Krieg der »acht Heiligen« gegen den Angriff des damaligen Papstes und seiner Verbündeten gelungen war. Lorenzo wagte den einzig möglichen Schachzug, um aus der Falle, in der sich Florenz befand, auszubrechen, und begab sich im Dezember 1479 nach sorgfältigen geheimen Vorbereitungen persönlich zu Friedensverhandlungen mit König Ferdinand nach Neapel. Nach dem Zustandekommen eines Vertrags wurde er im März des folgenden Jahres bei seiner Rückkehr nach Florenz unter allgemeinem Jubel als Retter des Vaterlands und Herr der Stadt empfangen.

Nachdem die Kriegsgefahr gebannt war, kehrte das Florenz des jungen Niccolò zu »jenen Übeln zurück, welche der Frieden mit sich zu führen pflegt«. Die jungen Leute, darunter vor allem die Anhänger der Medici, die inzwischen konkurrenzlos die Szene beherrschten, kümmerten sich nur darum, so erinnerte sich Machiavelli Jahre später, »in prachtvollen Anzügen zu erscheinen und scharfe Reden vernehmen zu lassen. Wer die spitzeste Zunge hatte, galt für den weisesten.« (GF, 468)

Erst der Dominikanermönch Girolamo Savonarola begann mit machtvollen und prophetischen Worten den um sich greifenden Sittenverfall zu geißeln. Savonarola war im Sommer 1489 nach Florenz gekommen und hielt den Novizen im Garten des Klosters San Marco neben einer Damaszener Rose Philosophievorlesungen. Der Ruf dieser Vorlesungen verbreitete sich so schnell und zog schon nach wenigen Tagen so viele Zuhörer ins Kloster, daß man ihn aufforderte, seine Lektionen in richtige Predigten für die ganze Stadt zu verwandeln.

Savonarola bestieg am 1. August 1489 die Kanzel von San Marco und machte in seiner Predigt über die Offenbarung

Prophezeiungen, auf die er in den folgenden Jahren immer wieder zurückkommen sollte. Er sagte voraus, die Kirche werde bald ein Strafgericht und sodann eine tiefgreifende Erneuerung erleben, schließlich aber werde eine große Flut Italien erfassen. Der Ruf seiner Predigten wuchs so schnell, daß man, um die Masse der Zuhörer zu fassen, Savonarolas Predigten in der Fastenzeit des Jahres 1491 nach Santa Maria del Fiore verlegte. In dieser großartigen Kirche wiederholte er seine Anklage gegen die Verderbtheit des Klerus. Oft, so predigte Savonarola, höre man sagen, ein Haus mit vielen Priestern sei ein gesegnetes Haus, es werde aber die Zeit kommen, in der das Gegenteil gelte. Mit der gleichen Strenge prangerte der Mönch Habgier und Ungerechtigkeit der Reichen an, weil sie den Armen die Zahlung von Wucherzinsen auferlegten.

Am heftigsten wandte sich der Prediger gegen den Tyrannen, der die Stadt beherrschte, und die Bürger, die am 6. April 1491 diesen Worten lauschten, verstanden unschwer, daß damit Lorenzo der Prächtige gemeint war. Alles Gute und alles Schlechte der Stadt hing nach den Worten Savonarolas von ihrem Oberhaupt ab, und deshalb sei die Verantwortung auch für kleine Sünden groß, denn wenn ihre Herren auf dem rechten Pfad blieben, werde die ganze Stadt heilig sein. Die Tyrannen aber seien unverbesserlich wegen ihres Hochmuts, weil sie Schmeicheleien liebten und weil sie unrecht Erworbenes nicht zurückzugeben bereit seien. Sie ließen schlechten Beamten freie Hand, schenkten Schmeichlern Gehör, hörten nicht auf die Bitten der Armen und verurteilten die Reichen nicht. Arme und Bauern müßten für sie arbeiten, und sie ließen es zu, daß auch ihre Beamten dies verlangten, sie übten Wahlbetrug und bürdeten dem Volk immer drückendere Lasten auf.

Niccolò, der um diese Zeit wenig mehr als zwanzig Jahre alt war, hat die Predigten Savonarolas sicher gehört, aber anders als viele seiner Mitbürger ließ er sich nicht von der Beredsamkeit des Dominikanermönchs mitreißen. Die Vorstellung, daß der Grund aller Übel, an denen Italien litt, in den Sünden der Italiener zu suchen sei, überzeugte ihn nicht, und noch weniger glaubte er daran, daß die Florentiner durch Fasten, Beten und Enthaltsamkeit von sinnlichen Genüssen, Spielen und Festen den Zorn Gottes würden besänftigen und Frieden und Eintracht finden können.

Mit Savonarola stimmte Machiavelli jedoch darin überein, daß die Sünden der Völker aus dem Verhalten der Fürsten entspringen, und er gestand dem Mönch große moralische Integrität und umfassende Gelehrsamkeit zu, mit denen er das florentinische Volk zu überzeugen wußte. Er hielt ihn weder für »dumm noch ungebildet«, sondern beseelt vom göttlichen Geist und, abgesehen von Lügen und Irrtümern, für einen wahren Propheten, der die Gabe besaß, die Vorzeichen außerordentlicher Ereignisse richtig zu deuten. Deshalb und wegen der moralischen Integrität Savonarolas sprach Machiavelli immer voller Respekt über ihn, ohne je zu dessen Gefolgsleuten zu zählen.

Erste Himmelszeichen für die großen Veränderungen und für die großen Übel, die auf Florenz und Italien zukommen sollten, waren im Frühjahr 1492 zu erkennen, als ein Blitz die Kuppel von Santa Reparata traf und viele Steinbrokken in Richtung des Palastes der Medici herunterfielen. Am Himmel stand ein Komet, und man hörte die Wölfe heulen. Eine Besessene schrie in der Kirche Santa Maria Novella, ein Stier mit feurigen Hörnern werde die Stadt in Brand setzen; von einigen Löwen, die miteinander gekämpft hatten, wurde ein sehr schönes Tier tot aufgefunden. Diese Dinge deutete

Savonarola vor mehreren Anwesenden als Vorzeichen für den nahen Tod Lorenzos des Prächtigen.

Lorenzo starb am 6. April 1492, beladen mit der schweren Schuld, Florenz in Unfreiheit gehalten zu haben. Selbst auf dem Sterbebett soll er sich, während er ausgerechnet Savonarola seine Sünden beichtete, geweigert haben, der Stadt die Freiheit zurückzugeben, zuallererst die Freiheit für die Bürger, ohne Einschränkungen ihre Regierung zu wählen und in den Ratsversammlungen Gesetze zu diskutieren und zu verabschieden. Lorenzo war aber auch der Schöpfer eines bewundernswerten, höchst empfindlichen politischen Gleichgewichts zwischen den größeren italienischen Staaten, zwischen Florenz, dem Königreich Neapel, dem Herzogtum Mailand, der Republik Venedig und dem Kirchenstaat. Durch seine Klugheit hatte er immer zu verhindern gewußt, daß der Ehrgeiz der einen oder anderen Macht den Frieden in Italien störte und fremde Herrscher zum Eingreifen veranlaßte.

Nach Lorenzos Tod konnte oder wollte niemand mehr diese Politik fortführen, und die Herrscher Italiens, die nach Florenz zu seinem großartigen Begräbnis kamen, weinten zu Recht über seinen Tod. »Alsbald nach dem Tode Lorenzos de' Medici«, schrieb Machiavelli um das Jahr 1525 in seinen *Istorie Fiorentine (Geschichte von Florenz)*, ging »die böse Saat auf, welche, da jener nicht mehr lebte, der sie auszurotten vermocht hatte, Italien verwüstete und noch immer verwüstet.« (GF, 557)

III Die Geburt der Republik und der Tod des Propheten

Als die Kuppel von Santa Reparata von einem Blitz getroffen worden war, weissagte Savonarola: »Das Schwert Gottes kommt über die Welt, cito et velociter« (bald und schnell). Die Worte des Mönchs sollten sich nur allzu sehr bewahrheiten, denn von Ludovico Sforza, dem Herzog von Mailand, gerufen und finanziert, fiel König Karl VIII. von Frankreich im Jahr 1494 in Italien ein. Um gegen Alfons von Aragonien seine Ansprüche auf das Königreich Neapel durchzusetzen, führte er ein Heer von 40000 Mann über die Alpen, das an Größe und Disziplin alle jemals von italienischen Herrschern aufgebotenen Streitkräfte übertraf.

Mit Karl VIII. kamen nach den Worten Francesco Guicciardinis »Feuer und Pest« nach Italien, die die politischen Verhältnisse, die Regierungsformen und das bestehende Gleichgewicht zwischen den italienischen Staaten grundlegend veränderten. Vor dem Einfall des französischen Königs hatte jeder der fünf größeren Staaten der Halbinsel, das heißt der Kirchenstaat, das Königreich Neapel, die Republik Venedig, das Herzogtum Mailand und die Republik Florenz, dafür gesorgt, daß die anderen nicht zu mächtig wurden, und sich jedem noch so kleinen Expansionsversuch widersetzt. Wenn es dann doch zum Krieg kam, bewegten sich die Heere so langsam, und die eingesetzte Artillerie war so wenig treffsicher, daß die Eroberung einer Festung einen ganzen Sommer dauerte. Wie Guicciardini schrieb, endeten

»die Waffengänge mit geringen oder überhaupt keinen Opfern an Menschenleben«.

Wie ein Blitz aus heiterem Himmel änderte das Erscheinen des französischen Heeres die italienische Politik auf einen Schlag. Kein Fürst oder Souverän kümmerte sich mehr um das Wohl Italiens, sondern jeder einzelne verfolgte aus Angst nur noch das eigene Interesse, und keiner rührte einen Finger, um die Eroberung eines Nachbarstaats zu verhindern. Die Kriegsführung wurde überaus grausam, und dank der zielgenaueren und wirksameren Artillerie dauerte die Eroberung von Städten nur wenige Tage, wenn nicht gar Stunden. Krieg und politische Veränderungen nahmen ein bis dahin unbekanntes Tempo und außerordentliche Härte an.

In der Hoffnung, sein angeschlagenes Regime zu festigen, begab sich Lorenzos Sohn und Nachfolger Piero de' Medici in das französische Lager in Sarzana und überantwortete dem König, um dessen Gunst zu gewinnen, die Kontrolle über die Festungen Sarzana, Pietrasanta, Pisa und Livorno, die für die Sicherheit und Macht von Florenz von ausschlaggebender Bedeutung waren.

In der Stadt herrschte helle Empörung, und auch die den Medici nahestehenden Florentiner begannen Piero heftig zu kritisieren, der sich durch sein anmaßendes Auftreten ohnehin schon sehr unbeliebt gemacht hatte. Zeitgenössische Quellen berichten, daß Piero Capponi, einer der einflußreichsten Bürger, vor dem Magistrat der Stadt eine denkwürdige Rede hielt, die zum Auftakt der offenen Rebellion der Elite und des Volkes in Florenz gegen Piero und sein Regime wurde.

Piero de' Medici habe, so führte Piero Capponi aus, große und schwere Schuld auf sich geladen, weil er sich nicht um eine Annäherung zwischen Herzog Ludovico Sforza von Mailand und dem König von Neapel bemüht hatte, die den Einfall Karls VIII. in Italien hätte verhindern können. Nie habe er sich mit den weisesten und erfahrensten Bürgern beraten, sondern im Gegenteil immer mehr im geheimen agiert, je gefährlicher sich die Situation zuspitzte. Am meisten sei Piero jedoch vorzuwerfen, daß er die Festungen »wie altes Eisen« hergegeben habe, die doch in Wirklichkeit Auge und Ohr der florentinischen Herrschaft bildeten und von den Vorfahren unter Einsatz von viel »Blut, Mühe und Kosten« erobert worden waren.

Piero Capponis Rede gipfelte in der Aufforderung, im Contado, dem Herrschaftsgebiet der Stadt, möglichst viele Männer für die Verstärkung der bereits in Florenz stationierten Soldaten zu den Waffen zu rufen. Darüber hinaus sollte eine Delegation von sechs führenden Bürgern, darunter Savonarola, den französischen König aufsuchen, um klarzustellen, daß der Wille der Stadt nicht mit dem der Medici übereinstimme.

Bei seiner Rückkehr nach Florenz am 8. November 1494 spürte Piero de' Medici sofort die Kälte und Feindseligkeit, die ihm entgegenschlug, und versuchte in einer Verzweiflungstat mit seinen Bewaffneten den Palazzo Vecchio zu besetzen. Die Männer der Stadtregierung, der Signoria, ließen jedoch die Tore verbarrikadieren und riefen das Volk von Florenz zu Hilfe. Der Platz füllte sich mit bewaffneten Männern, und Piero mußte sich unter dem Schutz seiner Soldaten in den Palast der Familie flüchten. Kurz darauf wurde er zum Aufrührer erklärt, und man setzte ein Kopfgeld von 10000 Florin für seine Ergreifung und von 4000 Florin für seine Ermordung aus. Aus Angst, mit der Macht auch sein Leben zu verlieren, flüchtete Piero nach Bologna, und damit brach die Herrschaft der Medici, die genau sechzig Jahre gedauert hatte, zusammen.

Der Stadt blieb indes keine Zeit, sich der wiedergewonnenen Freiheit zu erfreuen. Karl VIII. stand vor den Toren, und die Florentiner wußten sehr wohl, daß die Soldaten nur darauf warteten, die Stadt einzunehmen und zu plündern, sich des Reichtums zu bemächtigen und ihrer Zerstörungswut freien Lauf zu lassen.

Einer Abordnung unter Führung Savonarolas gelang es, den französischen König von der Plünderung der Stadt abzuhalten, gegen das Versprechen der Zahlung einer namhaften Summe Geldes und der vollen Unterstützung für Karls Plan der Unterwerfung Neapels. Darüber hinaus verpflichtete sich die Stadt zur Aufnahme des Königs und eines Teils seiner Truppen.

Deshalb kamen die Emissäre des Königs in die Stadt und schrieben für die Einquartierung mit Kreide so viele Namen französischer Herren auf die Häuser, daß »die ganze Stadt ein Zeichen trug«. In Erinnerung an diese Vorgänge, die Machiavelli sicher mit eigenen Augen gesehen hatte, schrieb er später, man habe Karl VIII. von Frankreich erlaubt, »Italien mit Kreide einzunehmen«, und er brachte damit zum Ausdruck, daß der König Italien zur Schande seiner Bewohner und besonders seiner Herrscher, die es bis zu dieser Erniedrigung hatten kommen lassen, kampflos einnehmen konnte.

Karls Einzug in Florenz am 17. November 1494 wird von den zeitgenössischen Quellen als das »großartigste, ehrenvollste und schönste« Ereignis gefeiert, das Florenz seit langer Zeit erlebt hatte. Als Zeichen ihrer Ehrerbietung gingen dem König die jungen Männer der besten Familien in festlichen Roben, die angesehensten Bürger und die wichtigsten Regierungsvertreter der Stadt entgegen.

Großartig und prachtvoll war auch der Einzug der königlichen Truppen in die Stadt. Den Zug eröffneten unter 25 Fahnen 7000 Schweizer Soldaten in sieben Formationen, die so diszipliniert und ruhig marschierten, daß man nach den Berichten der Zeitgenossen nur die Trommeln und Pfeifen vernahm. Den Fußsoldaten folgten 700 Bewaffnete auf reich geschmückten Pferden, danach 500 Armbrustschützen zu Pferd und mehr als 1000 Schützen zu Fuß, deren Aussehen und Auftreten auf die zuschauenden Florentiner einen furchterregenden Eindruck machten. Die Männer der königlichen Garde, die dann vorbeimarschierten, waren so groß und sahen so wild aus, daß die Bürger ein Schauder überlief. Zuletzt kam der König, mit weißem Hut, ganz in Weiß gekleidet und mit gezücktem Schwert.

Dennoch konnte diese Prachtentfaltung nicht darüber hinwegtäuschen, daß hier ein fremdes Heer unter einem König einmarschierte, der von Florenz Geld oder Beute forderte, und deshalb schlug das bewundernde Staunen bald in Mißtrauen und Haß um. Dieser große König erwies sich, sobald er vom Pferd gestiegen und aus der Nähe zu betrachten war, als ein kleiner Mann mit heller Haut und rötlichem Haar, mit blauen Augen, sehr großem Mund und sehr großer Nase, dünnen Beinen und Füßen, die in Pantoffeln steckten, die wie Pferde- oder Rinderhufe aussahen. Der aufbrausende und nicht sehr intelligente König war das willenlose Werkzeug in den Händen seiner beiden geistlichen Ratgeber, der Bischöfe von Brescia und Saint-Malo. Die Anmaßung des Königs, die Übergriffe seiner Soldaten und vor allem die Forderung, die Medici wieder zurückzuholen, reizten die Florentiner zum Widerstand. Deshalb drohte Piero Capponi im Laufe einer erregten Verhandlung dem König und seinen Ministern mit einem Volksaufstand und sprach die berühmten Worte: »Allerchristlichster König, wir läuten die Glokken, Ihr laßt die Trompeten blasen, und dann werden wir zeigen, was dieses Volk mit den Waffen zu leisten vermag.«

Abgesehen von einigen Scharmützeln kam es jedoch nicht zu bewaffneten Auseinandersetzungen, sondern zum Abschluß eines Bündnisvertrags, dessen Einhaltung Karl am Altar von Santa Reparata feierlich gelobte. Weder aus Briefen noch aus anderen Schriften Machiavellis läßt sich ablesen, was er in diesem Winter 1494 dachte und empfand. Ohne Zweifel aber hat ihn der Anblick der einquartierten und als Herren behandelten französischen Barbaren tief getroffen und zum Nachdenken über die Verantwortung der Regierenden veranlaßt, die die Stadt nicht vor diesem Schlag bewahrt hatten. Wahrscheinlich war auch Machiavelli anwesend, als der König in Santa Reparata ewige Freundschaft mit Florenz schwor, aber es ist wenig wahrscheinlich, daß er diesen Worten Glauben geschenkt hat.

Als Karl VIII. endlich abgezogen war, machten sich die Florentiner daran, ihren Staat nach dem Zusammenbruch des politischen Systems der Medici zu reformieren. Doch die Eintracht der Bürger, die den Aufstand gegen Piero angeführt und während der französischen Besatzung die Stadt regiert hatten, war dahin, sobald es um die künftige Gestaltung der politischen Institutionen der Stadt ging. Einige wollten zwar die Macht der Medici brechen, aber an deren Stelle ein oligarchisches Regime der gesellschaftlichen und politischen Elite der Stadt setzen, andere dagegen strebten eine wirkliche »Volksherrschaft« an, das heißt eine Regierungsform, in der die Macht, Gesetze zu verabschieden und Beamte zu wählen, einer großen Zahl von Bürgern anvertraut war.

Für eine republikanische Lösung setzte sich neben Girolamo Savonarola mit Paoloantonio Soderini ein sehr angesehener Bürger ein, der lange Zeit florentinischer Botschafter bei der Republik Venedig gewesen war, die von vielen Zeitgenossen als Musterbeispiel einer guten politischen Verfassung angesehen wurde. Mit all seiner Autorität und all seiner Beredsamkeit verkündete Savonarola von der Kanzel herab, daß Florenz, um der Tyrannis und dem Sittenverfall einen Riegel vorzuschieben, sich eine »universelle und zivile Lebensweise« geben müsse. Darunter verstand er Institutionen auf der Basis einer gesetzmäßigen Regierung und einer Beteiligung der Bürger an der souveränen Machtausübung, das heißt an der Billigung von Gesetzen und der Wahl der Beamten.

Herzstück der neuen Verfassung war der Consiglio Maggiore oder Consiglio Grande (Großer Rat), der am 22./23. Dezember 1494 auf ausdrückliche Empfehlung Savonarolas eingerichtet wurde. Zur Teilnahme an diesem Rat waren alle Bürger über neunundzwanzig Jahre berechtigt, die einen »sauberen Spiegel«, das heißt keine Steuerschulden hatten und deren Vater, Groß- oder Urgroßvater zu den »seduti« oder »veduti« gehört hatte. Die Seduti oder Veduti waren diejenigen Florentiner Bürger, die für die drei wichtigsten Institutionen der Republik, für die Signoria (die eigentliche Regierung), für die Sedici Gonfalonieri di Compagnia (die sechzehn Bannerträger der Stadtteile) oder die Dodici Buoni Uomini (die zwölf Weisen) wählbar gewesen waren. Der Unterschied zwischen Seduti und Veduti bestand darin, daß die ersteren für die wichtigsten Ämter ausgelost und auch gewählt worden waren, während die letzteren lediglich ausgelost, nicht aber gewählt worden waren, weil sie das entsprechende Amt schon ausgeübt oder aber mit der Zahlung von Steuern in Rückstand waren und deshalb keinen »sauberen Spiegel« hatten. Seduto oder Veduto zu sein hieß, zum sogenannten »Regiment« oder, um einen modernen Begriff zu wählen, zur herrschenden Klasse von Florenz zu gehören.

Auch wenn der 1494 eingerichtete Consiglio Grande mit seinen ungefähr 3000 Mitgliedern die größte Ratsversammlung in der Geschichte der Stadt Florenz war, so blieb er doch immer noch Ausdruck einer Klasse, die das Monopol über die öffentlichen Ämter beanspruchte. Der Consiglio Grande wählte die Inhaber aller Ämter aus den durch Los gezogenen Namen, er billigte oder verwarf die von der Signoria vorgelegten Gesetze und wählte schließlich auch den Consiglio degli Ottanta (Rat der Achtzig), für dessen Mitglieder ein Mindestalter von vierzig Jahren galt. Aufgabe dieses engeren Rates war es, die Signoria zu beraten und die Botschafter und die Vertreter der florentinischen Regierung in den Städten und Territorien ihres Hoheitsbereichs auszuwählen.

Geistiger und politischer Ziehvater der neu erstandenen Republik Florenz war der Dominikanermönch, aber dies sollte sein letzter Sieg sein. Dieselbe Republik, die er gegen das Mißtrauen und den Widerstand vieler aus der Taufe gehoben hatte, tat nichts zu seiner Verteidigung gegen den Haß, der ihm wegen seiner flammenden Anklagen gegen die kirchliche Verderbtheit von seiten der römischen Kurie entgegenschlug. Am 15. Mai 1498 stimmte die Signoria zu, Savonarola im Beisein des päpstlichen Gesandten Kardinal Francesco Romolino und des dominikanischen Ordensgenerals unter Folter zu verhören. Am 23. Mai wurde er als Ketzer zum Tode verurteilt, am folgenden Tag auf der Piazza della Signoria gehängt, den Leichnam ließ man verbrennen und die Asche in den Arno streuen aus Furcht, das Volk könnte sie aufsammeln und als Reliquie aufbewahren.

Der damals neunundzwanzigjährige Machiavelli war nie ein Anhänger des Mönchs, ein sogenannter »piagnone« (Winsler), gewesen. Jahre später beschrieb er Savonarola als einen »wehrlosen Propheten«, der wie seinesgleichen schließlich unterlag, weil er nur auf die Macht seiner Worte zählen konnte, um seine Anhänger an sich zu binden und sie davon abzuhalten, ihn, wenn er ihrer am dringendsten bedurft hätte, zu verlassen.

Mit seinen Predigten hatte Savonarola die Florentiner überzeugt und sie glauben lassen, er spreche im Namen Gottes, ja auf Befehl Gottes. Die Florentiner waren nach den Worten Machiavellis keine Einfaltspinsel, und zu den überzeugten Bewunderern des Dominikanermönchs gehörten die besten Köpfe seiner Zeit in Florenz, aber weder seine prophetischen noch seine rednerischen Fähigkeiten, noch seine Sittenstrenge vermochten ihn vor dem Haß der Verderbten und der zutiefst verderbten Kurie zu bewahren.

In Machiavellis Augen hatte Savonarola einige schwere politische Fehler begangen. Der Mönch hatte beispielsweise die Verabschiedung eines Gesetzes befürwortet, die es zum Tode verurteilten Bürgern erlaubte, beim Consiglio Grande Berufung einzulegen. Als jedoch Bernardo del Nero, Niccolò Ridolfi, Giannozzo Pucci, Lorenzo Tornabuoni und Giovanni Cambi, allesamt hochangesehene Bürger und Anhänger der Medici, wegen Verschwörung gegen die Republik zum Tode verurteilt wurden und sich an den Consiglio Grande wenden wollten, verweigerte die Signoria dieses Recht. Savonarola tat nichts zu ihrer Verteidigung und pochte nicht auf die Anwendung des Gesetzes, sondern ließ im Gegenteil nach Aussage zeitgenössischer Quellen sogar durch zwei seiner Mitbrüder den Gonfaloniere di giustizia (den Vorsitzenden der Signoria) Domenico Bartoli wissen, daß Gott den Tod der fünf Verurteilten wolle.

Es waren jedenfalls die Anhänger Savonarolas und vor allem Francesco Valori, die den Angeklagten am entschiedensten die Berufung vor dem Consiglio Grande verweigerten. Piero de' Medici, so argumentierten sie, sei schon in Siena, und deshalb bilde jedes Entgegenkommen gegen seine Freunde eine Gefahr für die Freiheit der Stadt. Nach Meinung anderer war die Möglichkeit der Berufung vor dem Consiglio Grande dagegen deshalb geschaffen worden, um Ungerechtigkeiten gegen einzelne Bürger zu verhindern und zu bestätigen, daß das Volk als der wahre Souverän seinen Willen durch den Consiglio zum Ausdruck bringe. Wenn die fünf also schwere Schuld auf sich geladen hätten, wäre auch der Consiglio zu diesem Schluß gekommen und hätte die Todesstrafe bestätigt.

Die Frage, ob den fünf Verurteilten die Berufungsmöglichkeit gewährt werden solle, spaltete die Stadt so tief, daß der Palazzo Vecchio nach den Berichten von Augenzeugen zu einer »Brutstätte, ja zu einem Hort der Raserei« wurde, wo Männer mit Waffen wütend aufeinander losgingen. Erst als die Todesstrafe vollstreckt worden war, beruhigten sich die Gemüter, und die Anhänger Savonarolas schienen die Oberhand gewonnen zu haben. In Wirklichkeit aber, schrieb Machiavelli später, ließ gerade die Tatsache, daß er sich nicht für die Berufung eingesetzt und dann die Verurteilung der fünf Männer nicht angeprangert hatte, mehr als alles andere »das Ansehen des Mönchs« schwinden. Weil er vielen nun statt als Prophet, dem das Wohl der Stadt am Herzen lag, als »ehrgeizig und parteiisch« erschien, war dieser Sieg Savonarolas und seiner Anhänger in Wahrheit der erste Schritt zu seinem Untergang.

Das Ende Savonarolas bedeutete für Machiavelli zugleich den Anfang seiner politischen Tätigkeit, denn am 28. Mai 1498, fünf Tage nach der Hinrichtung Savonarolas, schlug ihn der Consiglio degli Ottanta als Sekretär der sogenannten Seconda Cancelleria (Zweite Kanzlei) vor, und am 19. Juni bestätigte der Consiglio Maggiore die Nominierung.

Machiavelli trat aus dem Schatten an die Spitze der Zweiten Kanzlei, deren Aufgabenbereich der Hoheitsbereich der Stadt und ihre Außenpolitik umfaßte. Der unbekannte junge Mann besaß keine politische Erfahrung, aber die Ereignisse, die er selbst erlebt und von denen er erfahren hatte, hatten einen prägenden Eindruck hinterlassen. Unauslöschlich waren ihm die Bilder der Leichen der Pazzi, die durch die Straßen geschleift wurden, und die der Gehenkten vor den Fenstern des Palazzo Vecchio eingebrannt; unauslöschlich war der Eindruck der Schwäche der Stadt Florenz und Italiens beim Einfall Karls VIII., ebenso unauslöschlich wie die Erinnerung an die heftigen Diskussionen um die Todesstrafe für die fünf als Verschwörer angeklagten vornehmen Bürger und an den scharfen Geruch des brennenden Leichnams Savonarolas auf der Piazza della Signoria. Als Machiavelli die Stufen zum Palazzo Vecchio hinaufstieg, um sein Amt anzutreten, hatte er das häßliche Gesicht der Politik bereits kennengelernt.

IV Ein höchst ungewöhnlicher Sekretär

Wie und warum der Consiglio degli Ottanta und der Consiglio Grande der Republik Florenz einen unbekannten jungen Mann ohne politische Erfahrung, der weder Notar noch Rechtsgelehrter war und sich auch keine bemerkenswerten literarischen Verdienste erworben hatte, für ein so wichtiges Amt auswählten, bleibt ein Geheimnis. Eine gewisse Rolle spielte bei dieser Entscheidung sicherlich die Tatsache, daß sowohl die Consigli als auch die Signoria mehrheitlich aus Gegnern des Dominikanermönchs zusammengesetzt waren und daß Machiavelli nie zu dessen Anhängern gehört hatte. Über seine Haltung zu Savonarola wissen wir aus einem Brief Machiavellis vom 9. März 1498 an den florentinischen Botschafter beim Heiligen Stuhl, Ricciardo Becchi.

Auf Wunsch Becchis begab sich der junge Niccolò am 1. und 2. März nach San Marco, um die Predigten Savonarolas zu hören und genau darüber zu berichten. Man braucht wenig Phantasie, um sich vorzustellen, daß die Prophezeiungen, in denen Savonarola von der Kanzel herab seinen Feinden die schrecklichsten Katastrophen androhte, Machiavelli nicht erzittern ließen, sondern ihn eher erheiterten. Er schrieb zwar an Becchi, die Ausführungen des Dominikanermönchs seien »sehr eindringlich« für den, »der sie nicht untersuchte«, beschloß seinen Brief aber mit einer Bemerkung, die verdeutlicht, daß er Savonarola wenig Glauben schenkte, denn nach seinem Dafürhalten benutze er »die Umstände und malt seine Lügen aus«. (GS, V, 325ff.)

Unterstützung für die Wahl zum Leiter der Zweiten Kanzlei erhielt Machiavelli auch von Marcello Virgilio Adriani, dem Ersten Sekretär der Republik Florenz, das heißt dem Leiter der Ersten Kanzlei. Die Inhaber dieses Amtes, die auch Cancellieri (Kanzler) hießen, waren wie beispielsweise Coluccio Salutati und Leonardo Bruni traditionsgemäß bedeutende Gelehrte, und auch Adriani, der am Studio Fiorentino unterrichtete, war ein angesehener Wissenschaftler. Machiavelli stand auf der Stufenleiter unter ihm, und dieser Unterschied kam auch darin zum Ausdruck, daß Adriani als Gehalt 330 Florin erhielt, Machiavelli dagegen nur 192. Ausbezahlt wurde das Geld für beide in den sogenannten »fiorini di suggello« oder »fiorini piccoli«, deren Wert niedriger lag als der des »fiorino d'oro« oder »fiorino largo«.

Dieser Rangunterschied bedeutet jedoch nicht, daß Machiavelli keinerlei Entscheidungsbefugnisse gehabt hätte, denn er war nicht nur Leiter der Zweiten Kanzlei, sondern auch Sekretär der Dieci di Libertà e di Pace (Zehn der Freiheit und des Friedens), das heißt derjenigen Kommission der Republik, die sich mit militärischen Fragen und mit der Außenpolitik beschäftigte. Als »Assistenten« standen Machiavelli Agostino Vespucci, Andrea di Romolo und der treue Biagio Buonaccorsi zur Seite, der zu seinem Freund und Bewunderer wurde. Mit diesen Mitarbeitern mußte Machiavelli die Signoria und die Dieci so über die militärischen und außenpolitischen Probleme informieren, daß sie entsprechende Entscheidungen treffen konnten. Die Sekretäre und ihre Assistenten spielten auch insofern eine entscheidende Rolle im politischen Leben der Republik Florenz, als sie im Gegensatz zur Signoria und den Dieci, die nur für wenige Monate gewählt wurden, jahrelang in Amt blieben und damit eine gewisse Kontinuität wahrten.

Machiavelli war also durchaus ein Vorgesetzter oder, wie man heute sagen würde, ein »leitender Beamter«, aber er war ein ganz ungewöhnlicher Beamter, der sich seine Untergebenen zu Freunden und seine Zweite Kanzlei zu einer »brigata«, zu einem »Verein«, zu machen verstand, wie sich an den Briefen an seine »Untergebenen« ablesen läßt. Während Machiavelli sich am Hofe des französischen Königs aufhielt, schrieb ihm Agostino Vespucci im Oktober 1500 auf Lateinisch aus Florenz: »Ich habe Deinen Brief Marcello [Adriani], den anderen beiden Kanzlern und Biagio [Buonaccorsi] vorgelesen. Deine fröhliche, angenehme und witzige Unterhaltung muntert uns richtig auf und schafft uns Erleichterung, wenn wir wegen der dauernden Arbeit am Ende und ausgelaugt sind. Auch aus anderen Gründen ist Deine Rückkehr notwendig, aber darüber sprechen wir lieber, wenn Du hier bist.« (L, 98)

Die Mitglieder der Kanzlei waren einander in ihrer geistigen Haltung, Bildung und politischen Einstellung ziemlich ähnlich und deshalb geneigt, eine verschworene Gemeinschaft zu bilden. Mit seinem wachen Intellekt, seiner außergewöhnlichen Vitalität und seinen treffenden Bemerkungen, die alle zum Lachen brachten, bildete Machiavelli das Herz dieses Freundeskreises, und er blieb es ein Leben lang: »Denn seit Ihr weg seid, hört man nichts mehr von Spielen und Zechen und anderen Sächelchen, und daher erkennt man, woher alles Übel kam […]; aber meistens fehlt der Ort oder Schriften oder der Dritte, und immer fehlt einer, der den Verein zusammentrommelt, denn Ihr seid's, der fehlt.« (GS, V, 488)

Einem »ernsten und würdevollen« Mann wie Marcello

Adriani unterstellt zu sein war natürlich etwas ganz anderes als einem Mann wie Machiavelli, der sich immer mit den großen Problemen der Weltgeschichte beschäftigte, der weite Reisen liebte und dem wenig an den kleinen Eifersüchteleien, Streitigkeiten und Feindschaften gelegen war, die tagtäglich hinter den Mauern der Kanzlei ausbrachen. Seine Mitarbeiter mußten oft mehr arbeiten, um ihren »Leiter«, der auf einer Gesandtschaft weit weg war, zu ersetzen, und außerdem fehlte ihnen sein Schutz. Darüber beschwerten sie sich, aber nicht hinter seinem Rücken, wie das bei Vorgesetzten geschieht, die man fürchtet oder verachtet, sondern sie wandten sich direkt von gleich zu gleich an ihn: »Da siehst Du«, schrieb ihm Agostino Vespucci am 14. Oktober 1502, »wohin Deine Sucht führt, ständig im Sattel zu sitzen und hierhin und dorthin zu eilen: Dich und keinen anderen werde ich dafür verantwortlich machen, wenn ein Unglück geschieht. Ich wollte in der Kanzlei keinen anderen Vorgesetzten als Dich haben, auch wenn Du mit aller Macht alles daransetzt, daß nur ja irgendeine giftige Natter herausspringt und sich auf mich stürzt, um mich in Stücke zu reißen, oder irgendein bösartiger und miserabler Ehrgeizling daherkommt, um mir irgendwelche Aufträge zu erteilen: So lassen auch wir den Dingen freien Lauf. Buonaccorsi haßt dich deshalb nicht nur, sondern klatscht und schickt dir tausend Flüche hinterher, er jammert, sagt nichts, tut nichts und kümmert sich überhaupt um nichts.« (L, 121f.)

Der Briefwechsel zwischen Biagio Buonaccorsi und Machiavelli enthält in der Tat eine stattliche Anzahl an Flüchen und gesalzenen Formulierungen. Buonaccorsi wirft dem Sekretär zwar vor, von seinen Gesandtschaften, die ihn lange Zeit von Florenz fernhalten, nicht zu schreiben. Doch seine Beschwerden verraten, gemischt mit einer Spur Neid, große

Bewunderung für den Freund, der ihn an politischer Einsicht, geistiger Lebendigkeit und Wortwitz so weit übertraf.

Buonaccorsi war nicht der einzige, der Machiavelli vorwarf, seine Freunde zu vergessen, sobald er die Mauern von Florenz hinter sich gelassen hatte, auch die anderen beschwerten sich, daß er sich wenig um sie kümmere und keinen Eifer zeige, Gefälligkeiten und Höflichkeiten zu erwidern. Man könnte fast glauben, Machiavelli sei hartherzig gewesen und habe mit seiner Zeit und seiner Zuneigung gegeizt, aber ein solches Urteil stünde im Gegensatz zu den zahlreichen Zeugnissen, die darin übereinstimmen, daß er von allen in der Kanzlei gemocht wurde und den Freundeskreis zusammenhielt.

In Wirklichkeit stürzte sich Machiavelli, wenn er für seine Republik unterwegs war, so vollständig in die politischen Geschäfte, daß er selten an seine Freunde schrieb, sich wenig um die alltäglichen Geschäfte der Kanzlei kümmerte und – mit Ausnahme anzüglicher Geschichten – wenig Interesse für die Nachrichten der Freunde zeigte. Als er einmal bei der Signoria die Vergütung von außerordentlichen Auslagen beantragte, schrieb ihm Buonaccorsi, seinem Antrag werde wahrscheinlich nicht stattgegeben werden, weil er nach Ansicht der Signori »ein Tölpel sei, der es an Ergebenheit mangeln lasse«. Um seinen Freund vor üblen Nachreden zu schützen, ergriff Buonaccorsi die Initiative und brachte den Signori »auf Kosten und im Namen« von Niccolò die Ergebenheit des Sekretärs zum Ausdruck. Wenn ihm dies nicht recht sei, schrieb Buonaccorsi, könne er sich ruhig zum Teufel scheren, aber so müsse man die Dinge eben anpacken.

Nun ist es Zeit, die Mauern der Kanzlei zu verlassen und Machiavelli auf seinen Missionen im Auftrag der Dieci di Libertà zu folgen. Niccolò liebte es, im Sattel zu sitzen und seinen Horizont über den persönlichen und politischen Alltag von Florenz hinaus zu erweitern. Die Gesandtschaften und Aufträge, die ihm die Dieci anvertrauten, waren jedoch alles andere als einfach und bequem. Auch in den einfachsten Fällen mußte Machiavelli seine ganze Beredsamkeit einsetzen, immer den richtigen Ton und die richtigen Argumente finden, die Augen offenhalten und vor allem verstehen, mit welchen Charakteren er es zu tun hatte.

Als erste Mission schickten die Dieci Machiavelli beispielsweise zu Jacopo IV. d'Appiano, dem Herrn von Piombino, der mit seinen Truppen für Florenz gegen Pisa Krieg führte und mehr Geld sowie die Anwerbung weiterer vierzig Männer gefordert hatte. Diese Forderung abzuschlagen schien keine große Angelegenheit, aber auch hier galt es, die richtigen Worte zu finden, vorsichtig bei »weitschweifigen und sehr allgemeinen Formulierungen« zu bleiben, um nein zu sagen und doch das grundsätzliche Interesse der Republik zu unterstreichen. Wenn der Truppenführer sich dann doch gekränkt zeigen sollte, mußte man ihm um den Bart gehen und ihn davon überzeugen, Geduld zu üben, denn es ging darum, nein zu sagen, ohne aber ein Bündnis zu brechen, das für Florenz immerhin nützlich sein konnte.

Besonders schwierig wurde die Aufgabe Machiavellis, wenn er es mit bedeutenden Persönlichkeiten zu tun hatte, die im Leben und im politischen Ränkespiel so erfahren waren wie Caterina Sforza Riario, zu der ihn seine zweite Mission führte. Als Machiavelli sie in Forlì aufsuchte, war Caterina sechsunddreißig Jahre alt, und der Ruf ihrer Schönheit mußte groß sein, denn Biagio Buonaccorsi bat seinen Freund in einem Brief vom 19. Juli, ihm eine Zeichnung vom »Kopf der Madonna« mitzubringen und sie gut einzuwickeln, um sie nicht zu beschädigen.

Auch diesmal bot Machiavelli seine ganze Beredsamkeit auf, um Madonna Caterina dazu zu überreden, ohne den geforderten Preisaufschlag den Vertrag ihres Sohnes Ottaviano als Kondottiere für Florenz im Kampf gegen Pisa zu erneuern. Er mußte sich jedoch von Madonna Caterina sagen lassen, ihr hätten die Worte der Florentiner immer besser gefallen als deren Taten. Sie erwarte eine greifbare Anerkennung ihrer in der Vergangenheit für Florenz geleisteten Dienste, vor allem als sie ihren Staat gegen die übermächtigen Venezianer, die Florenz im Casentino angegriffen hatten, aufs Spiel gesetzt habe. Leider werden wir nie erfahren, welche Gefühle Machiavelli hegte, als sich die schöne Caterina mit solchen Worten an ihn wandte, aber wir wissen aus einem Brief Biagio Buonaccorsis, das Madonna Caterina den jungen Sekretär ehrenvoll empfing und ihn »mit Freude« sah. Machiavelli seinerseits legte der Signoria die Argumente Caterinas sehr ausführlich dar, und aus den offiziellen Dokumenten gewinnt man den Eindruck, daß Machiavelli seine Vorgesetzten davon überzeugen wollte, ihre Forderungen zu akzeptieren. Er betonte nämlich mehrmals, es sei ehrenrührig für die Herrin von Forlì, ihren Sohn Ottaviano im Dienste der Republik Florenz für weniger Geld kämpfen zu lassen, als er vom Herzog von Mailand geboten bekäme. In einem Brief vom 19. Juli 1499 schrieb er, Florenz müsse, wenn es sich die Freundschaft von Madonna Caterina erhalten wolle, mit Wort und Tat seine alten Schulden begleichen und dann für den Einsatz der Truppen ihres Sohnes ein großzügigeres Angebot machen. Unter diesen Bedingungen, so schloß der Sekretär seinen Brief, werde sich Florenz die Freundschaft Caterinas erhalten, die der Stadt sehr zugetan sei, wie er täglich aus vielen »ganz deutlichen Zeichen« ablesen könne.

Nicht nur ihre Zuneigung, sondern auch ihr eigenes Interesse trieben Caterina in die Arme von Florenz, denn der französische König Ludwig XII. rüstete sich zum Angriff auf ihren Onkel Ludovico Sforza, genannt il Moro, den Herzog von Mailand. Unter diesen Umständen würde sie bald die Hilfe des mächtigen Herzogs verlieren und schutzlos der sich bereits abzeichnenden schrecklichen Bedrohung durch Cesare Borgia, der den Titel Herzog von Valence trug, ausgeliefert sein. Dennoch stellte sie nach den Worten Machiavellis ihre Ehre »über alles andere« und wollte deshalb ein Abkommen, das ihr bei ihrem Onkel und bei jedermann Ansehen verschaffte. Dieses Verhalten Madonna Caterinas mußte die Bewunderung des Sekretärs erregen, der nur zu gut wußte, wie unverzichtbar es für Staatenlenker ist, niemals Ehre und Ansehen zu verlieren. Die beiden Verhandlungspartner verfolgten gänzlich unterschiedliche Interessen, denn Caterina wollte, daß sich Florenz formell zu ihrem Schutz verpflichte; der Stadt, vertreten durch Machiavelli, ging es dagegen lediglich darum, die Soldaten Ottavianos für sich zu gewinnen, um ein bißchen Schießpulver und die Beilegung einiger unbedeutender Streitigkeiten, in die Florentiner Bürger im Gebiet Caterinas verwickelt waren. Dennoch verstanden sich Caterina und Machiavelli und respektierten einander. Sicher bewunderte der Sekretär die Schönheit und Intelligenz der Herrscherin und die Entschlossenheit, mit der sie ihre Ehre verteidigte. Aber er ließ sich auch durch den Ausdruck mütterlicher Zärtlichkeit beeindrucken, als Caterina ihm durch ihren Ersten Sekretär Antonio Baldraccani ausrichten ließ, sie könne ihn nicht empfangen wegen einer Unpäßlichkeit. Sie entschuldigte sich, denn sie sei »in großer Betrübnis wegen der schweren Krankheit, die Lodovico, ihren und Giovanni de' Medicis Sohn, befallen« habe. (GS, III, 23)

An einem bestimmten Punkt der Verhandlungen glaubte Machiavelli, Madonna Caterina dazu überredet zu haben, sich mit einer mündlichen Hilfszusage zu begnügen und auf die Forderung nach einem schriftlichen Vertrag zu verzichten. Unerwartet jedoch änderte Caterina ihre Meinung und ließ ihn am 24. Juli zu sich rufen, um ihm zu eröffnen, ihre Ehre erfordere, daß sich Florenz schriftlich zum Schutz ihres Staates verpflichte, und über diesen Sinneswandel solle sich der Gesandte nicht wundern, denn »je mehr man die Dinge erörtere, desto besser begreife man sie«. (GS, III, 27) Machiavelli hingegen wunderte sich nicht nur, sondern ärgerte sich sogar und ließ sich das in Worten und Gesten auch deutlich anmerken. Diese merkwürdige Reaktion für einen Mann, der, wenn er wollte, Gefühle hervorragend verbergen konnte, rührt vielleicht daher, daß er die Signoria über das Einlenken Caterinas bereits benachrichtigt hatte und ihr Sinneswandel deshalb seinem Ansehen schaden mußte. Vielleicht fühlte er sich aber auch einfach nach den vielen Unterredungen, die von gegenseitiger Achtung, Verständnis und Heiterkeit getragen waren, durch Caterinas Widerruf nicht nur als Diplomat, sondern auch als Mensch ernsthaft verletzt.

Florenz leistete Caterina jedenfalls keinen Beistand, als Cesare Borgia Forlì belagerte. Die Gräfin wollte sich nicht ergeben und zog sich zum äußersten Widerstand mit allen verfügbaren Soldaten, Waffen und Lebensmitteln auf ihre Festung zurück. Da aber, wie Guicciardini in seiner *Storia d'Italia (Geschichte Italiens)* schreibt, »unter so vielen Verteidigern von weibischer Schwäche sie allein Mannesmut bewies, konnte der Herzog von Valence die Festung wegen der Feigheit der Hauptleute bald erobern«. (IV, 13) Nach der Einnahme der Festung sperrte der Sieger Caterina zwei

Wochen lang in ihren Räumen ein und schickte sie dann als Gefangene in die Engelsburg nach Rom.

Dem Ende der Herrin von Forlì widmete Machiavelli später einen Vers seines *Decennale primo (Dezennalen I)*: Der Herzog von Valence »machte sich zum Herrn von Imola und Forlì / und vertrieb daraus eine Frau mit ihren Söhnen«. Auch in seinen *Discorsi* kam er noch einmal auf sie zurück und gab eine bekannte Geschichte über den Mut der Gräfin wieder, den sie im Jahre 1488 gegenüber Verschwörern und den Mördern ihres Mannes, des Grafen Riario, bewiesen hatte: »Einige Verschworene in Forlì ermordeten ihren Herrn, den Grafen Girolamo, und nahmen seine Gemahlin und seine Söhne, die noch klein waren, gefangen. Da sie sich ihres Lebens nicht sicher glaubten, bevor sie nicht auch das Kastell in ihre Gewalt bekämen, und der Befehlshaber des Kastells es ihnen nicht übergeben wollte, versprach Madonna Caterina (so nannte sich die Gräfin) den Verschworenen, sie wolle ihnen das Kastell ausliefern lassen, wenn sie ihr gestatteten, hineinzugehen; unterdessen könnten sie ihre Kinder als Geiseln zurückbehalten. Die Verschworenen vertrauten ihr und ließen sie hinein. Kaum war sie im Kastell, warf sie von der Mauer herab den Verschworenen die Ermordung ihres Gemahls vor und drohte ihnen mit der furchtbarsten Rache. Um zu zeigen, daß ihr die Kinder gleichgültig seien, zeigte sie auf ihre Geschlechtsteile, indem sie sagte, sie hätte noch die Möglichkeit, andere zu bekommen.« (D, III.6, 304) Mit anderen Worten wird diese Episode auch in den *Istorie Fiorentine* berichtet. (GF, 549)

In der *Arte della guerra (Kriegskunst)* beschrieb Machiavelli dann, wie die Gräfin das Kastell von Forlì gegen Cesare Borgia verteidigte, »der das Heer des Königs von Frankreich befehligte«. Aus Machiavellis Worten spricht tiefe Bewunderung, wenn er schreibt, »die schlechte Bauweise und die mangelnde Klugheit ihrer Verteidiger brachten die großherzige Unternehmung der Gräfin schändlich zu Fall. Diese hatte den Mut gehabt, einem Heer gegenüberzutreten, wie es weder der König von Neapel noch der Herzog von Mailand erwartet hatten. Und obwohl ihre Anstrengungen nicht vom Erfolg gekrönt waren, gereichte es ihr doch zur Ehre, die sie durch ihre ›virtus‹ verdient hatte.« (Opere, 671)

Die Erinnerung an die Gräfin, die Machiavelli bei einer seiner ersten Gesandtschaften kennengelernt hatte, blieb über die Jahre hinweg lebendig, und durch seine Darstellungen ließ er sie für immer zur Legende werden.

V Weitere Horizonte

Bei der Rückkehr aus Forlì mag Machiavelli, während er die Höhen des Apennin überquerte, über die Gräfin und das traurige Schicksal, das sie erwartete, nachgesonnen haben. Je näher er dann der Stadt kam, desto mehr drängten sich wohl die Gefahren für die Republik und als schwerwiegendstes Problem die Auseinandersetzung mit Pisa in seine Gedanken. Florenz hatte die Herrschaft über Pisa beim Italienfeldzug Karls VIII. verloren, als Piero de' Medici die befestigte Stadt neben Livorno, Sarzana, Sarzanello, Pietrasanta und Ripafratta dem französischen König auslieferte.

König Karl hatte sich feierlich dazu verpflichtet, Pisa und die anderen befestigten Städte nach der Eroberung des Königreichs Neapel zurückzugeben, aber dieses Versprechen war eben nur das eines Königs und noch dazu das des Königs von Frankreich. Nur mit Druck hätten die Abmachungen durchgesetzt werden können, und dazu war Florenz nicht in der Lage. Die Franzosen vergaßen ihre Verpflichtungen schnell, Livorno wurde erst im September 1499 zurückgegeben, Sarzana für 30000 Dukaten an Genua verkauft, Pietrasanta sogar an Lucca und Montepulciano an Siena. Schließlich bot der Kommandant der Zitadelle von Pisa, obwohl der König die Übergabe an Florenz befohlen hatte, diese statt dessen gegen eine Zahlung von 20000 Dukaten den Pisanern an.

Nachdem sich auf diese Weise die Hoffnung, Pisa von

den Franzosen zurückzuerhalten, zerschlagen hatte, mußte Florenz es im Guten oder im Bösen wiedergewinnen, wie Machiavelli zwischen Ende Mai und Anfang Juni 1499 an die Signoria schrieb. Denn der Besitz von Pisa, erläutert der Sekretär, sei notwendig »zur Erhaltung der Freiheit von Florenz«. Auf eine freiwillige Rückkehr der Stadt unter das Joch zu hoffen sei völlig sinnlos, weil die Pisaner die Florentiner und ihre Herrschaft mehr als alles auf der Welt haßten. Ebenso illusorisch sei es zu glauben, daß sich jemand zum Herrn von Pisa machen würde, um es dann Florenz zu übergeben, aus dem einfachen Grund, daß derjenige, der stark genug sei hineinzukommen, auch stark genug sei, »sie für sich zu behalten und zu behaupten, und Pisa ist keine Stadt, die man gerne wieder hergibt, wenn man sie einmal hat«. (GS, II, 181)

Da nur noch der Weg der Gewalt blieb und die Signoria die Rückeroberung Pisas für unerläßlich hielt, wurden alle Vorbereitungen für einen Feldzug getroffen. Man sammelte Gelder, warb Truppen an und übergab das Kommando dem römischen Feudalherrn Paolo Vitelli, einem der fähigsten Kondottieri seiner Zeit. »Unser Unternehmen gegen Pisa«, schreibt Buonaccorsi am 27. Juli 1499 an Machiavelli, »kommt immer besser voran.« Die Signori seien Tag und Nacht an der Arbeit, alles aufs beste vorzubereiten, und in Florenz glaube man, Pisa sei bereits zurückerobert.

Die Hoffnungen der Florentiner zerschlugen sich freilich schnell. Nach langem Zögern entschloß sich Paolo Vitelli endlich zur Belagerung Pisas, und seiner Artillerie gelang es auch, eine breite Bresche für den entscheidenden Angriff der Infanterie zu reißen. Der Sieg schien nur noch eine Frage von Tagen, wenn nicht von Stunden, aber unerklärlicherweise gab Vitelli nicht den Befehl zum Sturmangriff seiner

Infanterie, so daß die Pisaner wieder Kräfte und Mut sammeln konnten. Taub gegenüber den Bitten und Drohungen der Signori in Florenz, ließ er kostbare Tage verstreichen und entschied sich Ende September sogar zum Abzug, weil seine Truppen von der um Pisa wütenden Malaria bereits dezimiert waren.

Die Enttäuschung war groß, denn die Florentiner hatten geglaubt, Pisa schon in der Hand zu haben, und fanden sich nun, nachdem sie riesige Summen zum Fenster hinausgeworfen hatten, am selben Punkt wie zuvor. Ihre Wut richtete sich gegen Paolo Vitelli, den sie beschuldigten, auf den Angriff verzichtet zu haben, weil er vom Herzog von Mailand bestochen worden sei. Vitelli wurde verhaftet und vernommen, war aber trotz Folter nicht zu einem Geständnis bereit, ob aus Stolz, Berechnung oder weil er wirklich unschuldig war, läßt sich nicht mehr feststellen. Obwohl sich keine handfesten Beweise gegen ihn finden ließen, wurde er zum Tode verurteilt und am 1. Oktober 1499 hingerichtet.

Bevor das Todesurteil ausgesprochen wurde, war im Palazzo Vecchio und in der Stadt lange darüber diskutiert worden, ob Vitelli nach den geltenden Gesetzen abzuurteilen sei oder ob die Schwere seines Verbrechens eine exemplarische Strafe verdiene. Auch Machiavelli beteiligte sich wahrscheinlich an den heftigen Auseinandersetzungen zu dieser Frage und hörte sich die Argumente beider Seiten an. Die einen verlangten, die Einhaltung der Gesetze über alles andere zu stellen, die anderen dagegen wollten Gesetze und Regeln beiseite schieben, weil sie nur für gewöhnliche Fälle gedacht seien, während in diesem Fall im Interesse des Staates das Unvermeidliche getan werden müsse, nämlich Vitelli trotz mangelnder Beweise zum Tode zu verurteilen.

Schon vier Jahre zuvor hatte sich ähnliches zugetragen,

als vier bekannte Florentiner Bürger als Verschwörer gegen die Republik zum Tode verurteilt worden waren, und Machiavelli hatte, wie wir gesehen haben, diese Entscheidung Jahre später als einen schweren politischen Fehler kritisiert. Diesmal jedoch war er Beamter der Republik und sprach in deren Namen, deshalb antwortete er einem Kanzler aus Lucca, der das Todesurteil gegen Paolo Vitelli kritisiert hatte, mit scharfen Worten. Wenn der Kanzler die Florentiner beleidigen wolle, sagt Machiavelli, so solle er sich wenigstens nicht lächerlich machen. Vitelli habe der Republik unendlich geschadet und verdiene deshalb, ganz unabhängig davon, ob er bestochen oder einfach unfähig war, »unendliche Strafe«.

Einige Jahre später, nämlich 1504, kommentiert Machiavelli den Tod Vitellis mit folgende Versen:

Poco dipoi ricevuto inganno
vi vendicasti assai, dando la morte
a quel che fu cagion di tanto danno

(Nach dem erlittenen Verrat in kurzer Zeit
habt ihr euch grausam gerächt mit dem Tod
an dem, der der Grund war für so viel Leid.)

Machiavelli spricht hier von grausamer Rache, nicht von Gerechtigkeit, und nicht nur er, sondern auch die Florentiner wußten zwischen Rache und Gerechtigkeit zu unterscheiden. Mehr aber sagt er nicht, sondern hüllt sich in Schweigen, denn als Sekretär war er dazu verpflichtet und hielt sich streng daran.

Mit der Hinrichtung Vitellis war das Problem Pisa jedoch keineswegs gelöst, und die Florentiner versuchten weiterhin hartnäckig, die Stadt zurückzuerobern. Dazu bot ihnen der französische König Ludwig XII. seine Hilfe an, der nach Italien gekommen war, um Mailand und Neapel einzunehmen. Aber diese Hilfe war natürlich nicht umsonst zu haben, die Florentiner sollten vielmehr 50 000 Scudi in Gold aufbringen, um 5000 Schweizer Infanteristen anzuwerben, auf eigene Kosten 5000 Mann unterhalten, die die Franzosen bei der Eroberung Neapels einsetzen wollten, und schließlich die Besatzungstruppen im Herzogtum Mailand bewaffnen und unterhalten. Im Grunde setzte Florenz riesige Summen aufs Spiel, die Franzosen dagegen bekamen Truppen für die Eroberung Neapels gegen das bloße Versprechen, Schweizer Infanteristen unter französischem Kommando für die Rückeroberung von Pisa zur Verfügung zu stellen.

Wie wenig klug es war, ein solches Abkommen zu schließen, zeigte sich, sobald den Worten Taten folgten. Die in Piacenza mühsam zusammengezogenen Truppen weigerten sich anfangs, gegen Pisa zu marschieren, dann verloren sie damit Zeit, Bologna und andere Städte der Emilia zu erpressen und zu plündern. Als sie dann endlich in der Lunigiana, im Hinterland von Pisa, angelangt waren, griffen sie dort den Markgrafen Alberigo an, der mit Florenz verbündet war, und setzten ihn ab. Im Pisanischen plünderte die Soldateska die Dörfer der Umgebung und ließ sich nur widerwillig dazu herbei, einige Kanonenschüsse auf die Stadtmauern abzufeuern. Um diesem glorreichen Feldzug die Krone aufzusetzen, meuterten die Schweizer und Gascogner, weil ihnen Quantität und Qualität des Weines und der Verpflegung, die von Florenz gestellt wurden, nicht behagten. Einige Kompanien unter dem Kommando von Hugo di Beaumont ließen das Lager im Stich, andere gingen so weit, den florentinischen Kommissar Luca degli Albizzi, das heißt den offiziellen

Repräsentanten der Republik, die den Feldzug finanzierte, gefangenzusetzen.

In dieser erbärmlichen Unternehmung boten beide Parteien ein jämmerliches Bild; die Franzosen erwiesen sich als habgierig und treubrüchig, die Florentiner als ängstlich und entschlußlos. Auch diese Situation schildert Machiavelli in Versen so eindrucksvoll, daß wir sie vor uns zu sehen meinen:

E come [le truppe di Beaumont] furno coi Pisani
  a fronte,
pien di confusion e di timor cinti,
non dimostrorno già lor forze pronte,
ma dipartirsi quasi rotti e tinti
di gran vergogna. (SL, 305)

(Und wie sie [die Truppen Beaumonts] dann vor den
  Pisanern standen,
von Angst und Schrecken ganz erfüllt,
und ihre Stärke gar nicht fanden,
da liefen sie wie schon besiegt davon,
bedeckt mit Schande.)

Um zu retten, was zu retten war, schickten die Signori der Republik Machiavelli in Begleitung von Francesco Della Casa an den Hof Ludwigs XII. Weil er die Geschehnisse vor Pisa mit eigenen Augen verfolgt hatte, war der Sekretär besonders geeignet, die Vorwürfe der Franzosen gegen die Florentiner zurückzuweisen und ihnen entgegenzuhalten, daß die Verantwortung für das Fiasko ganz auf französischer Seite und besonders bei dem unfähigen Beaumont zu suchen sei, der sich als untauglich erwiesen hatte, der ihm unterstellten

Soldateska auch nur ein Minimum an Disziplin abzuverlangen.

Machiavelli und Della Casa erreichten den Hof des Königs in Lyon am 26. Juli 1500 »vollkommen erschöpft, aber guten Willens«. Der Sekretär merkte sofort, daß es ein großer Unterschied war, als Abgesandter einer überlegenen Macht aufzutreten, wie das bei Caterina Sforza der Fall gewesen war, oder als Vertreter einer kleinen Republik beim mächtigsten König der Christenheit. Diese Einsicht vermittelte ihm die Art, wie die Mächtigen bei Hofe, allen voran der Kardinal von Rouen, ihn behandelten. Auf die von den florentinischen Gesandten vorgebrachten Argumente ging der Kardinal gar nicht ein: »Er antwortete, alles dies seien nur Worte, er schenke unsern Gründen wenig Glauben und sei mit Euren Herrlichkeiten unzufrieden. Dabei sprach er so laut, daß es alle hörten, und stieg unverzüglich zu Pferde, seinem Vergnügen nachzugehen.« (GS, III, 76).

Auch als Machiavelli und Della Casa endlich mit dem König sprechen konnten, hatten sie nicht mehr Erfolg. Ihren Auftraggebern in Florenz erklärten die beiden Gesandten, hier seien alle geblendet vom Bewußtsein der eigenen Macht, so daß sie nur auf ihr unmittelbares Interesse bedacht seien und nur diejenigen respektierten, die entweder bewaffnet oder zahlungskräftig waren. Weil die Signoria weder Geld geben wolle noch über ein eigenes Heer verfüge, sei sie in den Augen der Franzosen ein Nichts und ganz allein am Scheitern des Feldzugs gegen Pisa schuld.

Die Gesandtschaft war in politischer Hinsicht wenig erfolgreich, die materielle Lage der Gesandten war jedoch noch wesentlich unbefriedigender, denn die geringe Summe, die die Republik zugestanden hatte, reichte nicht einmal für die Spesen. Machiavelli mußte aus eigener Tasche beisteuern, um dem Hofstaat zu folgen, Reittiere zu mieten, seine Depeschen durch Eilboten befördern zu lassen und Unterkunft und Verpflegung zu bezahlen. Durch die Bemühungen seines Bruders Totto erhielt er im August wenigstens eine Gehaltserhöhung, aber solange er sich in Frankreich aufhielt, bekam er davon nichts zu sehen außer 50 Dukaten, die ihm sein Bruder über florentinische Kaufleute in Lyon hatte zukommen lassen.

Machiavelli hatte die Reise mit von Trauer schwerem Herzen angetreten, weil am 10. Mai sein Vater gestorben war, und während seiner Abwesenheit verlor er auch seine Schwester Primavera. Eine ähnlich enge Beziehung, wie sie ihn mit seinem gutmütigen und glücklosen Vater Bernardo verband, muß er auch zu seiner Schwester Primavera gehabt haben, denn er gab einer seiner Töchter ihren Namen. Daher wird die Bitterkeit verständlich, die aus dem Brief an die Signoria vom 25. Oktober 1500 spricht, mit dem er um die Erlaubnis zur Rückkehr nach Florenz bat, da er sich, wie er schreibt, »auf mehrfache Weise« verzehre. (GS, III, 131) Diese Worte beziehen sich ohne Zweifel auf die hohen Ausgaben seines Aufenthalts und auf die Notwendigkeit, die Hinterlassenschaft seines Vaters zu ordnen, vielleicht aber dachte er bei der Formulierung »auf mehrfache Weise« an mehr als nur materielle Dinge.

Während Machiavelli sich verzehrte, wurde er in mancher anderen Hinsicht jedoch reicher. Durch diesen ersten Aufenthalt am Hofe eines bedeutenden Königs lernte er verstehen, wie ein Hof wirklich funktionierte. Schnell erkannte er, daß man einflußreiche Freunde bei Hofe haben mußte, um etwas zu erreichen, und daß solche Freunde nur mit Geld zu gewinnen waren. Alle Gesandten der italienischen Staaten bei Hofe versuchten, sich durch eine Art Tutor Zugang

König zu verschaffen, und Florenz müsse dies auch tun, schrieb der Sekretär am 26. August an die Signori, denn vernünftige Argumente allein reichten nicht aus.

Die Republik ließ Machiavelli und Della Casa jedoch ohne Finanzmittel und somit ohne Einfluß, mit denen sie den Zorn der Franzosen hätten besänftigen und deren Forderungen hätten mäßigen können. Seit dem 14. September bis zum Ende der Mission mußte Machiavelli sogar allein zurechtkommen, da Della Casa krank geworden und zur Behandlung nach Paris abgereist war. Verzweifelt versuchte der Gesandte zu erklären, daß Florenz durch die Ausgaben des Feldzugs gegen Pisa finanziell ausgeblutet sei und es überdies keine Rechtfertigung für die Forderungen von Soldaten gebe, die nicht für die Republik gekämpft hatten. Je mehr er sich bemühte, desto hartnäckiger bestanden die Franzosen auf ihrer Haltung, und der König drohte damit, Florenz als Feind zu behandeln, wenn die geforderten 38000 Florin nicht einträfen.

In Florenz war man sich über den Ernst der Lage nicht im klaren. Man versuchte nicht nur, durch Hinhaltemanöver die Zahlung der 38000 Florin zu vereiteln, sondern wartete sogar bis zum 11. Oktober, bevor die Abreise von Pier Francesco Tosinghi aus Florenz angekündigt wurde, der im Gegensatz zu Machiavelli als Botschafter die Vollmacht hatte, ein formelles Abkommen zu unterzeichnen.

Am selben Tag noch schrieb Machiavelli nach Florenz, er habe, um Zeit zu gewinnen, dem Kardinal von Rouen das Kommen des Botschafters angekündigt, der Kardinal aber habe ihm auf Lateinisch geantwortet: »Du hast's gesagt, es ist wahr; aber wir werden gestorben sein, ehe die Botschafter kommen; doch wir werden trachten, daß andere vorher sterben.« (GS, III, 118) Wenige Stunden später verlangte der Kardinal von Machiavelli, nach Florenz zu melden, die Franzosen bräuchten umgehend eine Antwort, und Florenz müsse das geforderte Geld auf jeden Fall zahlen, gleichgültig ob als Freund oder als Feind.

Dem Sekretär blieb nichts anderes übrig, als die von den Franzosen aufgestellte Rechnung zu übernehmen und sie ohne Diskussion seinem Brief beizufügen, denn jeder Einwand hätte die Lage nur verschlechtert. Den Brief hätte er am liebsten so schnell wie möglich nach Florenz befördert, aber er hatte nicht genug Geld, allein einen Boten zu bezahlen. »Ich werde Gott bitten, daß er mir hilft, und das wenige Geld, was ich habe, werde ich alles daran setzen, wenn ich jemand finde, der teilnimmt.« (GS, III, 123) Schließlich mahnt Machiavelli noch einmal dringend die Entsendung der Botschafter an, denn es sei »nötig, die Botschafter fliegen zu lassen, um die Umstände einigermaßen zu verbessern, wenn's möglich wäre, und vor allem ist's nötig, die verlorene Zeit einzuholen und sehr rasch zu handeln«. (GS, III, 124)

Trotz der Bedrängnis durch die französischen Drohungen einerseits und der Langsamkeit seiner Signori andererseits und trotz der Trauer über die Todesfälle in seiner Familie gab Machiavelli eine der ersten Proben seines Verständnisses für das Wesen der Politik. Dieser mittellose Vertreter einer kleinen Republik erlaubte sich sogar, dem Kardinal von Rouen, der ihm gesagt hatte, die Italiener verstünden nichts vom Krieg, eine Vorlesung in Sachen Politik zu halten.

Die Italiener verstünden vielleicht nichts vom Krieg, aber die Franzosen dafür nichts vom Staat, gibt Machiavelli dem Kardinal zurück. Wenn Ludwig XII. wirklich einen Teil Italiens erobern wolle, fährt er fort, müsse er dem Vorbild derjenigen Könige folgen, denen es in der Vergangenheit gelungen war, die Herrschaft über ein anderes, in Sitten, Sprache und Tradition verschiedenes Volk zu erlangen. Die Geschichte zeige, daß ein solches Unternehmen nur erfolgreich sei, wenn die Macht der einheimischen Herrschenden eingeschränkt, die Untertanen gut behandelt, Freundschaften gepflegt und andere Mächte, die ebenfalls Einfluß gewinnen wollten, in Schach gehalten würden. In der konkreten Situation Italiens bedeute dies, daß der König in erster Linie den mit ihm verbündeten Staaten Florenz, Genua, Ferrara, Bologna, Mantua und Forlì Schutz gewähren müsse. Dann solle er alles daransetzen, die Macht des Papstes und der Venezianer einzuschränken und vor allem auf jede Weise die Erweiterung der Einflußsphäre Spaniens, einer Frankreich ebenbürtigen, wenn nicht überlegenen Macht, zu verhindern.

Der Kardinal hörte Machiavelli »geduldig« zu, wie dieser am 21. November 1500 schreibt, »und antwortete, des Königs Majestät sei sehr klug, habe lange Ohren und kurzen Glauben, höre alles an, aber glaube nur, wo sich die Wahrheit mit Händen greifen lasse«. (GS, III, 141f.) Damit wollte der mächtige Kardinal zu verstehen geben, der König verstehe sein Handwerk.

Daß der König in Wirklichkeit sein Handwerk keineswegs verstand, bewies er damit, daß er genau das Gegenteil von dem tat, was Machiavelli geraten hatte, und mit seinen Expansionsplänen in Italien kläglich scheiterte. Nach der Eroberung Mailands unterstützte Ludwig XII. den Papst bei der Erweiterung des Kirchenstaats in der Romagna durch dessen Sohn Cesare Borgia und entfremdete sich so die kleinen Staaten, die sich unter seinen Schutz gestellt hatten. Danach vereinbarte er am 11. November 1500 im Vertrag von

Granada mit dem spanischen König Ferdinand dem Katholischen die Teilung des Königreichs Neapel und schuf sich damit in Italien einen überaus gefährlichen Konkurrenten.

Die Lehrstunde in Sachen Politik, die Machiavelli dem Kardinal von Rouen erteilt hatte, blieb vielleicht die einzige kleine Befriedigung, die sich Machiavelli in jenen schwierigen Tagen in Frankreich verschaffen konnte. Als ihn mit einem Brief der Signoria vom 12. Dezember endlich die Erlaubnis zur Rückkehr erreichte, zögerte er keinen Augenblick, sein Reittier für die Heimreise nach Florenz zu satteln. Dennoch waren die in Frankreich gemachten Erfahrungen wichtig für ihn, denn er hatte aus nächster Nähe miterlebt, wie an einem Hof Politik gemacht wurde. Machiavellis Briefe aus dieser Zeit sind die ersten Beispiele dafür, wie aus Mühen und Ängsten seine politische Erkenntnis erwuchs.

VI Eine erzürnte Ehefrau und ein besorgniserregender Herzog

Nach seiner Ankunft in Florenz am 14. Januar 1501 stürzte sich Machiavelli in die Geschäfte der Kanzlei und nahm seine alten Gewohnheiten wieder auf. Mit seinen Freunden traf er sich zum Essen, Trinken, zu Spiel und derbem Spaß, und alle, besonders aber Buonaccorsi, waren über seine Rückkehr glücklich.

Sicher stattete der Herr Sekretär mehr als einmal der schönen Dame vom Ponte delle Grazie einen Besuch ab, die ihn, wie es Andrea di Romolo ungeniert ausdrückte, »mit offener Möse« erwartete. In diesen Wintermonaten begann Machiavelli aber auch an Heirat zu denken. Nach dem Tod des Vaters mag ihm das Haus, in dem nur noch sein Bruder Totto lebte, zu kalt, zu leer und zu still erschienen sein, und er liebte weder die Stille noch die Einsamkeit, noch die Ruhe.

Im August heiratete Machiavelli Marietta Corsini, deren Familie, wie es übrigens im Florenz der damaligen Zeit vorgeschrieben war, eine ähnliche gesellschaftliche Stellung einnahm wie die seine. Auch als Ehemann gab Machiavelli jedoch sein Interesse an Frauen und Liebschaften keineswegs auf, von dem jedermann in Florenz wußte, einfach deshalb, weil er nichts tat, um es zu verheimlichen. Marietta litt weniger unter der Untreue ihres Gatten, von der sie entweder nichts wußte oder der sie wenig Bedeutung beimaß. Als drückend empfand sie dagegen die langen Zeiten der

Abwesenheit Machiavellis, und darüber beschwerte sie sich bei seinen Freunden. »Monna Marietta läßt durch ihren Bruder fragen, wann Ihr zurückkehrt«, schrieb Buonaccorsi Mitte Oktober 1502, also nur ein Jahr nach der Hochzeit, »und sie sagt, sie wolle nicht schreiben, und gebärdet sich ganz verrückt.« (L, 125) Machiavelli habe ihr versprochen, höchstens acht Tage fernzubleiben, nun seien es dagegen schon zehn Tage. Er sollte erst am 23. Januar 1503 zurückkehren!

Marietta wurde wirklich böse und beschloß, ihm keine Zeile mehr zu schreiben. Ihr Schweigen zeigte Wirkung bei Niccolò, der Buonaccorsi bat, beruhigend auf seine Ehefrau einzuwirken, indem er ihr erklärte, daß er im Auftrage der Republik unterwegs sei und deshalb nicht selbst über seine Rückkehr zu entscheiden habe. Marietta ließ sich aber nicht umstimmen. »Monna Marieta [sic] ist böse«, schreibt Buonaccorsi am 26. November, »und will Euch nicht schreiben. Mehr kann ich nicht tun.« (L, 155)

Als Machiavelli zwei Monate später immer noch unterwegs war, wurde seine Ehefrau so wütend, daß sie offen den Tag verfluchte, an dem sie in die Ehe mit diesem Lotterbuben eingewilligt habe, der sich so gern in der Gegend herumtreibe. »Monna Marietta versündigt sich soweit, davon zu sprechen, mit ihrem Besitz [d. h. die Mitgift] auch ihren Leib verschleudert zu haben.« Mit diesen heftigen Worten versündigte sich die Ehefrau nicht nur am Sakrament der Ehe, sondern sprach auch offen aus, daß dieser Taugenichts, der sie vernachlässigte, ihren vertraglich festgelegten Anteil an der Mitgift entweder gar nicht oder nicht ganz ausgezahlt hatte. Gegen den ersten Vorwurf konnte Machiavelli sich nicht wehren, solange er fernbleiben mußte, die Grundlage für den zweiten Vorwurf aber war zu beseitigen, und damit ließ sich Mariettas Zorn denn auch wenigstens teilweise besänftigen. Auch der weise Buonaccorsi ermahnte Machiavelli in diesem Sinne: »zu Eurem Besten sorgt dafür, daß sie wie ihresgleichen die Mitgift bekommt, sonst wird sie keine Ruhe geben.« (L, 162)

Machiavelli spannte nicht nur Buonaccorsi ein, um seine Frau zu beruhigen, sondern versuchte auch selbst, sie mit Worten und witzigen Bemerkungen aufzuheitern, und dabei nahm er sie mit ihrem Zorn wohl auf den Arm. Darauf ging Marietta in dem einzigen von ihr erhaltenen, wunderschönen Brief durchaus ein: »Ihr macht Euch lustig über mich, aber dazu habt Ihr keinen Grund [...] Ihr wißt sehr gut, wie fröhlich ich bin, wenn Ihr nicht fort seid.« (L, 182)

Dieser Brief zeigt uns Marietta als eine liebevolle und verliebte junge Frau, die sich ehrlich über die Gefahren, denen ihr Niccolò in der Ferne ausgesetzt ist, Sorgen macht. Bei der Beschreibung des neugeborenen Sohnes bringt sie zum Ausdruck, wie sehr er selbst ihr gefällt: »Bis jetzt geht es dem Kind gut, es sieht Euch ähnlich, denn es ist weiß wie der Schnee, aber sein Kopf sieht aus wie schwarzer Samt. Seine Haare sind dicht wie Eure, und weil es Euch ähnelt, erscheint es mir schön. Es ist so munter, als sei es schon ein Jahr auf der Welt, und öffnete gleich bei der Geburt die Augen und erfüllte das Haus mit seinem Schreien.« (L, 182f.)

Marietta wünschte sich mehr als die drei Briefe, die ihr Machiavelli seit seiner Abreise vor einem Monat aus Rom geschrieben hatte, was ja eigentlich gar nicht so wenige waren. Auch Machiavelli hoffte auf Briefe von Marietta, befürchtete aber, daß sie ihm wie vor einem Jahr immer noch zürne und deshalb schweige, und suchte sie deshalb zu beruhigen: »Wundert Euch nicht, wenn ich Euch nicht geschrieben habe, denn ich konnte nicht, weil ich bis jetzt Fieber hatte.« (L, 182)

Leider sind keine weiteren Briefe Mariettas erhalten, die erlauben würden, ein genaueres Bild dieser Frau zu zeichnen und mehr über sie zu erfahren, als daß sie eine gute Hausfrau und Mutter war, wie die Biographen Machiavellis versichern. Sie war für Machiavelli weder eine große Liebe und schon gar nicht *die* große Liebe, spielte aber als Gefährtin, die alles andere als gefügig oder unterwürfig war, eine wichtige Rolle in seinem Leben. Marietta sagte offen ihre Meinung und ließ sich nicht mit den Witzeleien abspeisen, mit denen er sich stümperhaft aus der Schlinge zu ziehen versuchte. Mit ein wenig Phantasie läßt sich leicht ein solcher Wortwechsel vorstellen, bei dem Marietta die Arme in die Hüften stemmt und Niccolò mit gesenkten Augen Entschuldigungen murmelt.

Der Wunsch Mariettas und seiner Freunde, seine Gesellschaft länger genießen zu können, kollidierte mit Machiavellis Aufgaben als Sekretär. Kaum zwei Wochen nach seiner Rückkehr aus Frankreich befand er sich schon in Pistoia, das sich der florentinischen Herrschaft unterworfen hatte. Dort war die alte Feindschaft zwischen den mächtigen Familien der Panciatichi und Cancellieri in Mord, Plünderungen und Brandschatzungen zum Bürgerkrieg ausgeartet. Vor allem um zu vermeiden, daß sich fremde Mächte einschalteten, mußte dieser Krisenherd unter allen Umständen beseitigt und der Friede wiederhergestellt werden.

Obwohl diese Gesandtschaft, wie auch die beiden nächsten im Juli und Oktober desselben Jahres, nur kurze Zeit in Anspruch nahmen, gab die Reise nach Pistoia Machiavelli Gelegenheit, über Ursachen und Auswirkungen der Parteienkämpfe nachzudenken. Er erkannte es als unklug, daß die Regierenden in Florenz seit jeher Pistoia dadurch am sichersten unter Kontrolle zu halten glaubten, daß sie die dortigen Streitigkeiten schürten, um dann als Schiedsrichter auftreten zu können.

In Wirklichkeit barg der Parteienhader immer die Gefahr, daß ein feindlicher Fürst oder Kondottiere, von einer der kämpfenden Parteien gerufen, ins Herrschaftsgebiet von Florenz einbrach. Deshalb gelte es, wie Machiavelli in einem Memorandum für seine Signori schrieb, alles zu tun, um »beide Parteien zu verbieten, auszulöschen und zu vernichten«. (Opere, 10)

Im Falle Pistoias stand als fremde Macht, die nur auf die Möglichkeit zum Eingreifen wartete, ganz in der Nähe und sehr bedrohlich Cesare Borgia bereit, der sogenannte Herzog von Valence. Nachdem er schon Rimini, Pesaro, Imola, Faenza und Forlì erobert hatte, entfachte er nun einen Aufruhr in Arezzo und im Chianatal, südwestlich der Stadt. Zwar behauptete der Herzog immer, der Aufstand sei nicht sein Werk, sondern das des Kondottiere Vitellozzo Vitelli, der damit den Tod seines Bruders Paolo rächen wolle. Vitellozzo war jedoch ein Mann des Herzogs und unterzeichnete seine Depeschen von Arezzo mit dem Absender »aus dem päpstlichen Feldlager«, so als handle er im Namen und Auftrag des Papstes und seines Heerführers und Sohnes Cesare Borgia. Schließlich hatte der Herzog am 3. September 1501 auch Piombino in seine Gewalt gebracht, und etwa ein Jahr später war Urbino an der Reihe. Es ist leicht einsichtig, daß Florenz sich einer tödlichen Bedrohung ausgesetzt sah, eingekreist von einem mächtigen, verschlagenen und skrupellosen Feind, der auf die Unterstützung des Papstes und auch Frankreichs zählen konnte, weil dies letztere nichts mehr wünschte als das Ende der republikanischen Regierung in Florenz.

Um mit Florenz zu einem Ausgleich zu kommen, verlangte der Herzog von der Signoria die Entsendung zweier hochstehender, zur Entscheidung wichtiger Dinge bevollmächtigter Persönlichkeiten. Die Signori wählten den angesehenen Francesco Soderini, Bruder des Gonfaloniere Piero und Bischof von Volterra, und Niccolò Machiavelli, der sich offenbar bei seinen vorangegangenen Missionen das Vertrauen seiner Vorgesetzten erworben hatte.

Schon unterwegs wurden sie bei Pontassieve von einem Mönch über die Einnahme von Urbino informiert, denn auch auf diesem Wege wurden Nachrichten weitergetragen. Am Abend dieses 22. Juni 1502 schrieben die Gesandten an die Signoria, der Herzog sei sehr schlau, handle mit außerordentlicher Schnelligkeit und habe zudem das Glück auf seiner Seite. Bei einem solchen Menschen müsse man deshalb die Augen gut offenhalten, um nicht wie Guidobaldo da Montefeltro zu enden, der abgesetzte Herzog von Urbino, »von dessen Tod man hörte, bevor man etwas von einer Krankheit wußte«. (LC, 264)

In Urbino empfing Borgia die Gesandten zwei Stunden nach dem Ave-Maria-Läuten, das heißt ungefähr um zwei Uhr nachts, in dem prachtvollen Herzogspalast von Urbino, den er gerade erst erobert hatte. Wenige Getreue waren um ihn, die Tore fest geschlossen und gut bewacht, als wollte der Herzog beweisen, daß er nicht einmal seinen eigenen Leuten traue. Zweifellos übte das intelligente, aber zugleich wilde, von schwarzen Haaren umrahmte Gesicht des siebenundzwanzigjährigen Kondottiere im zuckenden Fackelschein auf die Ankömmlinge eine gewaltige Wirkung aus. Dieser Mann hatte innerhalb weniger Monate durch

Betrug, Gewalt oder beides die hochfahrenden, grausamen Gewaltherrscher in der Romagna vernichtet. Auch ging das Gerücht, er selbst habe im Jahre 1497 den Mord an seinem älteren Bruder, dem Herzog von Gandía in Auftrag gegeben.

Mit diesem Mann mußte man vorsichtig umgehen, und die beiden Gesandten wollten, daß sich auch die Regierung in Florenz dessen deutlich bewußt sei. Deshalb gaben sie eine Beschreibung des Herzogs, die ihn mehr als jedes Bildnis lebendig werden läßt. Obwohl von Francesco Soderini unterzeichnet, sprechen aus dieser Charakteristik Stil und Worte Machiavellis: »Dieser Signore ist strahlend und erhaben, und im Waffenhandwerk ist er so gewandt, daß für ihn jede noch so große Aufgabe klein ist. Um Ruhm und Staaten zu erwerben, ruht er keine Minute und scheut weder Mühe noch Gefahr. Er taucht auf, bevor man noch verstehen kann, was er vorhat; bei seinen Soldaten weiß er sich beliebt zu machen, und er hat die besten Männer Italiens angeworben. Dies macht ihn siegreich und stark, und außerdem steht ihm das Glück immer bei.« (LC, 267f.)

Auch mit den beiden Florentinern verlor der Herzog keine Zeit und sagte ihnen sofort, daß er zwar die Freundschaft der Arnostadt wolle, wenn aber Florenz die seine nicht wünsche, sei er bereit, die Republik mit allen verfügbaren Mitteln unschädlich zu machen. »Für das, was ich tun werde«, fügte er hinzu, »werden mir Gott und die Menschen vergeben«, und meinte damit, daß es ihm wenig auf das Urteil Gottes und noch weniger auf das der Menschen ankomme, wußte er doch, daß dem Sieger immer verziehen wird. Weil die Republik Florenz weitgehend an seine Territorien angrenze, wolle er, so fügte er hinzu, ganz sicher sein können, daß er nichts zu fürchten habe.

Dann ging er zu Drohungen über und erklärte, er hätte schon vor einem Jahr die Medici wieder an die Macht bringen, der Stadt ein strenges Regiment aufzwingen und sie damit demütigen können. Dies habe er nicht getan, aber sie sollten diese seine Worte nicht vergessen. Die republikanische Regierung gefalle ihm nicht, denn er könne ihr nicht trauen. Sie sollten deshalb entweder die Regierung wechseln oder aber zum Beweis, daß sie wirklich auf seiner Seite stünden, die ihm seit über einem Jahr versprochenen 36000 Dukaten zahlen. Er wolle nicht weiter in Ungewißheit gelassen werden, und wenn sie ihn nicht zum Freund wollten, würden sie ihn bald als Feind kennenlernen. (LC, 261ff.)

Mit diesen Worten beleidigte der Herzog die Florentiner, vor allem mit dem, was er über ihre Regierung, auf die sie doch so stolz waren, gesagt hatte, und deshalb antworteten sie nicht minder hart. Die Stadt habe die bestmögliche Regierung, und wenn die Florentiner damit zufrieden seien, müßten alle damit zufrieden sein. Die Gesandten versuchten ihrem Gegenüber verständlich zu machen, daß sie nicht gekommen waren, um sich Beleidigungen und Drohungen anzuhören. Der Herzog aber lachte nur über ihre Empörung: »Habt ihr denn wirklich geglaubt, daß ich mich vor euch rechtfertige?« Etwa, so höhnte er, für die Taten des Vitellozzo Vitelli in Arezzo? Vitellozzo stehe zwar in seinen Diensten, aber über das, was in Arezzo passiert sei, wisse er nichts. Es mißfalle ihm keineswegs, daß die Florentiner Arezzo und das Chianatal verloren hätten, ja er sei darüber sogar sehr erfreut und hoffe, daß Vitellozzo fortfahre. Von ihm seien keine Wohltaten zu erhoffen, das könnten sie vergessen, denn »ihr habt sie nicht nur nicht verdient, sondern ihr habt euch im Gegenteil aller Verdienste entledigt«. (LC, 263)

An diesem Punkt spielten die florentinischen Gesandten ihre einzige Karte aus und erinnerten den Herzog daran, daß der König von Frankreich sich vertraglich verpflichtet hatte, die Stadt gegen Zahlung einer hohen Summe drei Jahre lang vor jedem Angriff zu schützen. Ohne mit der Wimper zu zucken, antwortete der Meister der Verstellung und des Betrugs: »Ich weiß besser als ihr, was der König im Sinn hat. Ihr werdet in der Falle stecken.« Weiter fügte er nichts hinzu.

Am nächsten Tag ließ er den beiden Florentinern durch seine Vertrauten Giulio und Paolo Orsini sagen, der Herzog müßte verrückt sein, wenn er nicht alles, was er bisher getan hatte, mit der Zustimmung des Königs getan hätte. Er verfüge außerdem über so viele Soldaten und so viel Artillerie, daß die Truppen des Königs, falls sie tatsächlich kommen sollten, auf seiner Seite und gegen Florenz stehen würden – dessen könnten sie ganz sicher sein. Wenn man den Angriff auf ihre Stadt beschließe, sei sein Heer in der Lage, vierzig Meilen am Tag zurückzulegen, und würde deshalb vor ihren Mauern stehen, bevor sie irgendeine Form der Verteidigung aufbauen könnten.

Vielleicht waren diese Worte stark übertrieben, und vielleicht war in Wirklichkeit der Herzog auf die Freundschaft von Florenz angewiesen. Deshalb suchte er sie mit dem Versprechen zu gewinnen, ihnen wirksameren Schutz zu gewähren als der weit entfernte und wortbrüchige König von Frankreich, dann aber drohte er wieder, ihnen als erbitterter Feind entgegenzutreten. Machiavelli und Soderini wußten sehr wohl, daß man sich auf den französischen König nicht allzusehr verlassen konnte, während Cesare Borgia in der Nähe weilte und auf mindestens 16000 gut geführte und gut bewaffnete Soldaten zählen konnte. Man mußte deshalb nach Florenz eilen, um Zeit zu gewinnen und von der Signoria zu erfahren, wie man dem Herzog antworten solle. Natürlich machte sich Machiavelli auf den Weg, denn er konnte besser als Bischof Soderini mit verhängtem Zügel reiten. Sicherlich trieb er das Pferd zu höchster Eile an, und während seines Rittes klang ihm wohl immer wieder das höhnische Lachen des Herzogs in den Ohren, das mehr Drohung enthielt als seine schrecklichen Worte.

Die Signoria wollte auf keinen Fall ein Bündnis mit dem Herzog eingehen, und deshalb mußte der arme Soderini auf die ständig wiederholten Forderungen Borgias möglichst ausweichend antworten. Der Herzog wurde jedoch von Tag zu Tag sanfter und versuchte, statt zu drohen, die Florentiner davon zu überzeugen, daß ein Bündnis auch in ihrem eigenen Interesse liege. Er betonte, wie gefährlich es sei, allein auf Frankreich zu vertrauen, denn wenn dessen Hilfe gering sei, würde sie nicht ausreichen, die Stadt zu schützen, würde der König aber mächtige Kontingente schicken, bedeutete dies für Florenz eine untragbare finanzielle Belastung. Statt zu drohen, strich er nun immer wieder heraus, daß er allein mit seiner Autorität und seinen Waffen in der Lage wäre, die geschworenen Feinde der Stadt, Vitellozzo Vitelli und die Orsini, in Schranken zu halten.

Kardinal Soderini stand, entweder aus Angst oder weil er es wirklich für die Republik als das Beste ansah, ganz auf seiten des Herzogs. Er schrieb in seinen Briefen, der Herzog spreche ganz ohne Hintergedanken und sei mit der Respektierung der schon in Campi geschlossenen Verabredungen zufrieden. In seinem letzten Schreiben aus Urbino erzählte er, daß er dem Herzog den Brief vorgelesen habe, in dem die Signoria ihre Ablehnung eines Bündnisses bekräftigte. Dabei habe er gesehen, wie dieser sich »völlig veränderte« und einen Augenblick lang seine Enttäuschung verraten hatte. Vielleicht faßte der Herzog just in jenen Augenblicken, als er die Unmöglichkeit eines Bündnisses erkannte, den außergewöhnlichen Plan, mit dem er binnen kurzem alle in Erstaunen versetzen sollte, darunter auch Machiavelli, der im Palazzo Vecchio saß und über all das nachdachte, was er bei seinem kurzen Aufenthalt am Hofe des Herzogs gesehen und gehört hatte.

In den folgenden drei Monaten hielt sich Machiavelli vornehmlich in seiner Kanzlei auf, abgesehen von drei Reisen nach Arezzo, um die Rückkehr der Stadt unter die florentinische Herrschaft zu organisieren. Kurz darauf sollte der Sekretär den Herzog wiederum treffen; diesmal reiste er allein zu ihm nach Imola. Eine Laune des Schicksals stellte diese beiden Männer einander gegenüber: auf der einen Seite einen Fürsten und Meister der Verstellung, der Waffen ebenso geschickt einzusetzen wußte wie Worte, auf der anderen Seite einen Beobachter der Politik, der besser als jeder andere die Masken zu durchschauen und aus einer Miene, einem zufällig hingeworfenen Satz die Wahrheit zu ergründen verstand.

In Imola, später in Cesena und dann auf dem Weg in die Nähe Sienas lieferten sich Machiavelli und der Herzog ein spannendes Duell, bis am 20. Januar 1503 Iacopo Salviati die Aufgabe übernahm, die Schachzüge des Herzogs zu verfolgen. Wie Machiavelli diese Schachzüge in seinen Briefen beschreibt, die in Florenz allgemeine Bewunderung erregten, lohnt genauere Betrachtung.

Als der Sekretär, noch im Reitkleid, am 7. Oktober 1502 mit dem Herzog zusammentraf, empfing dieser ihn »freundlich« und sprach lange mit ihm, um zu versichern, daß es nichts auf der Welt gebe, was er lieber wolle als die Freundschaft mit Florenz. Niccolò sah sich scheinbar einem ganz anderen Herzog gegenüber als dem, der ihn und Soderini vor wenigen Monaten in Urbino empfangen hatte. An die Stelle von Drohungen waren Worte voller Respekt und Bewunderung für Florenz getreten. Der Sekretär wußte aber sehr genau, daß sich der Herzog nur deshalb völlig anders verhielt, weil der nun auf die Freundschaft von Florenz dringend angewiesen war, auch wenn er bereits einen Plan gefaßt hatte, um aus eigener Kraft seinen Kopf aus der Schlinge zu ziehen.

Dem Herzog bereiteten jene Kondottieri und kleinen Gewaltherrscher Schwierigkeiten, derer er sich bedient hatte, um seine Herrschaft in der Romagna aufzubauen, und darüber hinaus noch einige andere, die fürchteten, wie Guidobaldo da Montefeltro zu enden. Weil sie erkannt hatten, daß sie sich mit der Unterstützung für den Herzog das eigene Grab schaufelten, trafen sich Paolo und Giambattista Orsini, Vitellozzo Vitelli, Oliverotto Eufreducci da Fermo, Giampaolo Baglioni, Ottaviano Fregoso für den entmachteten Herzog von Urbino und Antonio da Venafro für den Sienesen Pandolfo Petrucci am 8. und 9. Oktober im Castello della Magione am Trasimenischen See, um ein gemeinsames Vorgehen gegen den Herzog zu verabreden. Wenige Tage zuvor, am 5. Oktober, hatte die Festung von Urbino im Namen Venedigs – oder nach anderen Berichten im Namen der Vitelli und Orsini – gegen den Herzog revoltiert.

Obwohl sich also sein Staat aufzulösen drohte, zeigte sich der Herzog Machiavelli gegenüber keineswegs resigniert oder verängstigt, sondern überaus selbstsicher. Um den Eindruck zu erwecken, er habe die Situation völlig im Griff, nannte er die Zusammenkunft seiner Feinde im Castello della Magione »einen Kongreß von Bankrotteuren«. (GS, II, 263) Ähnlich hatte sich der Botschafter der Republik Venedig am päpstlichen Hof ausgedrückt, als er sagte, die Verschwörer gegen Borgia hätten »ein Gift mit verzögerter Wirkung« gewählt. Die Tage der Verschwörer seien deshalb gezählt, erklärte der Herzog, weil »sie die Zeit, ihm zu schaden, so schlecht gewählt hätten, da jetzt der König von Frankreich in Italien sei und Seine Heiligkeit der Papst lebe. Beide Umstände entzündeten für ihn ein so großes Feuer, daß es eines anderen Wassers bedürfe als des ihrigen, um es zu löschen. Ihre Umtriebe im Herzogtum Urbino kümmerten ihn nicht, weil er den Weg, es wieder zu erobern, noch nicht vergessen habe, wenn er es auch jetzt verlieren sollte.« (GS, II, 263)

Mit diesen Worten versuchte der Herzog, Machiavelli und die Florentiner davon zu überzeugen, daß er als Sieger aus dem Kampf mit diesen jämmerlichen Gewaltherrschern hervorgehen werde, und daß es deshalb im Interesse der Republik liege, sich von vornherein auf seine Seite zu stellen, statt abzuwarten, wie sich die Dinge entwickelten. Vitellozzo und die anderen seien, so fügte der Herzog hinzu, nicht weniger seine Feinde als die der Florentiner. Nach der Eroberung von Faenza habe sich ihm Vitellozzo »weinend« zu Füßen geworfen mit der Bitte, gegen Florenz zu marschieren. Er aber habe die Bitte abgeschlagen und nicht einmal zugelassen, daß Piero de' Medici sich in seinem Lager aufhalte.

Machiavelli wollte mehr über das vom Herzog beabsichtigte Bündnis und dessen Pläne gegen die »Bankrotteure« des Castello della Magione wissen. Er versuchte, einen Blick hinter die Kulissen zu werfen, den Herzog aus der Reserve zu locken und zum Reden zu zwingen. Der aber ging nicht in die Falle, sondern drückte sich immer ganz »allgemein« aus, so daß Machiavelli keinen Schritt vorankam. Einige Tage später erst empfing ihn der Herzog wieder und zeigte ihm triumphierend einen Brief des Bischofs von Arles und päpstlichen Botschafters am französischen Hof, Monsignor Giovanni Ferreri, der ihm mit Datum vom 4. Oktober mitteilte, der König und der Kardinal von Rouen seien ihm wohlgeneigt und hätten angeordnet, ihm dreihundert Lanzenträger unter dem Kommando von Monseigneur di Lanques zu schicken. Der Herzog verlangte von Machiavelli, sich die Unterschrift anzusehen, um zu zeigen, daß der Brief echt und der König wirklich auf seiner Seite stehe. Dann fügte er hinzu: »Nun siehst du, Sekretär, dieser Brief ist auf mein Begehren geschrieben, als ich Bologna angreifen wollte, und du siehst auch, wie kräftig er ist. Bedenke nun, wie erst der sein wird, den ich erhalten werde, um mich gegen diese Leute zu verteidigen, die zum größeren Teil die größten Feinde Seiner Majestät des Königs sind, da sie ihm bei jeder Gelegenheit in Italien Schach zu bieten gesucht haben. Glaub mir, dieser Vorfall nützt mir; nie hätten sie sich zu einer für mich günstigeren Zeit gegen mich erklären können. Ich konnte zur Befestigung meiner Staaten nichts wünschen, was mir vorteilhafter gewesen wäre; denn ich werde diesmal ins reine kommen, vor wem ich mich zu hüten habe, und ich werde meine Freunde kennenlernen.« (GS, II, 268)

Machiavelli hatte vom ersten Tag an verstanden, daß der Herzog Sieger bleiben würde, und er sagte ihm dies am 19. November auch offen, nicht um ihm zu schmeicheln, sondern um ihm zu verstehen zu geben, daß auch er die Situation abzuwägen verstand. Nach Florenz schrieb er: »Ich sagte ihm, ich hätte ihn immer zum Sieger gemacht, und wenn er meine Meinung, die ich den ersten Tag niedergeschrieben, jetzt lesen würde, so würde er sie für eine Prophezeiung halten.« (GS, II, 358) Machiavellis Schlußfolgerung fußte auf einem scharfsinnigen Gedankengang, der gleichwohl dem gesunden Menschenverstand zu widersprechen schien. Der Herzog, so argumentierte er, werde siegreich bleiben, weil er »allein« gegen viele Feinde stand, und die Stärke des Herzogs sei deshalb seine scheinbare Schwäche. Da er allein sei, könne der Herzog rasch und effizient handeln, seine Feinde dagegen würden, zerrissen von gegenseitiger Feindschaft und Haß, wie sie waren, nie zu einem wirksamen Vorgehen gegen ihn in der Lage sein.

Aus den Briefen, die er Mitte Oktober an die Signoria sandte, läßt sich eindeutig erkennen, daß Machiavelli von vornherein verstanden hatte, daß der Herzog sich seiner Feinde entledigen würde und daß ein Bündnis mit ihm im Interesse der Republik sei. Der Herzog sei, schreibt er am 13. Oktober aus Imola an die Signoria von Florenz und legt die Worte dem Sekretär des Herzogs in den Mund, »ruhmgekrönt, vom Glück begünstigt und sieggewohnt. Er sei gewachsen, seit Ihr ihm jene Kondottierestelle gabt, und Ihr wäret gesunken. Vernünftig sei es daher eher, ihm größere Ehre und Gefälligkeit zu erzeigen, als umgekehrt.« (GS, II, 280)

In Florenz dagegen dachte man anders, und in der Hoffnung, daß der Herzog und seine Feinde sich gegenseitig zerfleischten, beschränkte man sich lieber auf die Rolle des Zuschauers. Machiavelli hatte die versteckte Mahnung ausgesprochen, Florenz habe, solange es neutral bleibe, vom Sieger, wer immer es auch sein mochte, keinerlei Entgegenkommen zu erwarten oder werde sogar als Feind gelten. Die Florentiner nahmen diese Mahnung aber nicht ernst, sondern lachten darüber, wie ihm der gute Buonaccorsi am 15. November mitteilte: »Niccolò, Eure Kehle wird trokken bleiben [Ihr werdet Euch täuschen], wenn Ihr meint, mit Euren Schlußfolgerungen bei der Signoria Anklang zu finden.« Machiavelli täusche sich, fügte Buonaccorsi hinzu, wenn er Florenz zu einem Bündnis mit dem Herzog überreden zu können glaube. (L, 175)

Buonaccorsi nahm seinen Freund und Vorgesetzten aber nicht nur wegen seiner politischen Einschätzungen auf den Arm, sondern hielt ihn auch darüber informiert, was zu Hause Wichtiges vor sich ging. Er versicherte, daß Lorenzo di Giacomino den Wein, den Machiavelli bestellt hatte, schnell geliefert und als Mann von Anstand dafür fünf Dukaten verlangt habe. »So werdet Ihr ruiniert«, kommentierte Buonaccorsi das Geschäft scherzhaft. Außerdem teilte er Machiavelli mit, daß Andrea di Romolo beim Kartenspiel im Streit eine Holzpantine nach Antonio della Valle geworfen und ihn an den Nieren verletzt habe, weshalb die beiden einander nun gram seien. Im Laufe der Zeit würden sie sich gewiß wieder vertragen, aber man müsse wohl Antonios Genesung abwarten. Schließlich informiert Buonaccorsi Machiavelli noch über den Zorn Mariettas und darüber, daß sein neues langes Überkleid, der sogenannte »luchettone«, mit dem er wahrscheinlich beim Herzog Eindruck machen sollte, fertig sei. In Abwesenheit des Sekretärs habe er an sich selbst Maß genommen und hoffe, daß es passe, andernfalls – so riet ihm Buonaccorsi als wahrer Freund – solle er sich »am Hintern kratzen«. (L, 128–131)

Buonaccorsi fuhr im gleichen Ton fort, ja er wünschte ihn zum Teufel wegen der vielen Aufträge, die Machiavelli ihm erteilt hatte, setzte ihn aber davon in Kenntnis, daß in Florenz keine Ausgabe der *Lebensbeschreibungen* Plutarchs aufzutreiben sei, die er nach Imola hatte schicken sollen. Man müsse das Buch in Venedig bestellen und warten. Machiavelli wollte das Hauptwerk Plutarchs sicher deshalb lesen, weil darin griechische und römische Heerführer, Gesetzgeber und »principes« beschrieben und einander gegenübergestellt werden. Der Sekretär wollte in diesen Biographien wohl Beispiele und Episoden aus der Antike finden, um den rätselhaften »princeps« besser zu verstehen, den er täglich vor Augen hatte. Aufmerksam und leidenschaftlich studierte er jede seiner Gesten und Worte und hoffte, unter den großen Gestalten der Antike etwas zu finden, das ihm zur Entschlüsselung dieser undurchschaubaren Persönlichkeit verhalf.

Machiavelli gestand mehr als einmal, daß es für ihn und für jedermann schwierig sei, die Intentionen des Herzogs zu durchschauen. Die Signoria müsse sich, schreibt er am 13. November, darüber klar sein, daß »die Dinge sich nicht erraten lassen. Dieselben müssen wissen, daß man hier mit einem Fürsten zu tun hat, der selbst regiert.« (GS, II, 343) Daher sei es außerordentlich schwierig, sichere Anzeichen dafür zu finden, was er plane. Am 26. Dezember, als seine Mission ihrem Ende entgegenging, sprach er diesen Gedanken noch deutlicher aus: »Wie ich Euren Herrlichkeiten mehrere Male geschrieben habe, ist dieser Herzog äußerst verschlossen, und ich glaube nicht, daß außer ihm jemand weiß, was geschehen wird. Seine ersten Minister haben mir mehrere Male versichert, daß er sich stets nur mitteilt, wenn er Befehle gibt, und er gibt die Befehle, wenn ihn die Notwendigkeit dazu zwingt, das heißt unmittelbar vor der Ausführung und niemals früher.« (GS, II, 412)

Am 26. Dezember deckte der Herzog endlich seine Karten auf, und zwar in einer Art, die ihn als Meister der politischen Inszenierung auswies. Er sorgte dafür, daß am Morgen auf der Piazza von Cesena der in zwei Teile zerhauene Leichnam seines engsten Vertrauten Ramiro de Lorqua neben einem Holzkeil und einem blutigen Messer gefunden wurde.

Der Holzkeil war ein Werkzeug, mit dem Metzger Schlachttiere zerteilten, und ein solches Schicksal hatte Ramiro wahrscheinlich erlitten.

Mit dieser Geste wollte der Herzog seinen einstigen Vertrauten für einen schweren Fehler bestrafen, den dieser ihm gegenüber begangen hatte, und zugleich wollte er damit seine Untertanen beruhigen, die Ramiro wegen seiner Strenge als Gouverneur haßten. Für Machiavelli hatte die makabre Inszenierung jedoch noch eine allgemeinere Bedeutung: »Messer Rimino ist heute morgen in zwei Stücken auf dem Markte gefunden worden, wo er noch liegt, und das ganze Volk hat ihn sehen können. Man weiß die Ursache seines Todes nicht genau, außer daß es dem Fürsten so gefallen hat, der zeigt, daß er die Männer nach Gutdünken zu erheben und zu vernichten weiß, je nach ihren Verdiensten.« (GS, II, 413)

Der Herzog machte mit seiner Tat, was Machiavelli nicht wissen konnte, auch seinen Feinden, besonders aber Paolo Orsini, ein großzügiges Zugeständnis, denn dieser hatte die Verantwortung für die Rebellion von Urbino dem brutalen Vorgehen Ramiros angelastet. Ein weiteres Signal des Entgegenkommens hatte der Herzog wenige Tage zuvor gegeben, als er fast alle französischen Truppen weggeschickt und damit, wie Machiavelli schreibt, »dem ganzen Hofe den Kopf verwirrt« hatte. (GS, II, 405)

Seine eigentliche Größe bewies der Herzog damit, daß er in dem Augenblick, in dem er den Rebellenführern, allen voran den Vitelli und Orsini, entgegenkam, sie in eine tödliche Falle lockte. Während der Leichnam des hingeschlachteten Ramiro auf der Piazza von Cesena zurückblieb, zog der Herzog mit seinen Truppen nach Senigallia, wo ihn Vitellozzo Vitelli, Paolo Orsini, der Herzog von Gravina und

Oliverotto da Fermo erwarteten, um ihm die Stadt zu übergeben.

An dieser Stelle muß Machiavelli selbst zu Wort kommen, der eine eindringliche Schilderung dieser teuflischen Tat des Herzogs gegeben hat unter dem Titel *Il modo che tenne il duca Valentino per amazar Vitellozzo, Oliverotto da Fermo, il signor Pagolo et il duca di Gravina Orsini in Senigaglia (Beschreibung der Art, wie der Herzog von Valence Vitellozzo Vitelli, Oliverotto da Fermo, Herrn Pagolo und den Herzog von Gravina Orsini in Senigaglia gefangennahm und tötete)*:

> Vitellozzo, Pagolo und der Herzog von Gravina ritten auf ihren Maultieren, von wenigen Reitern begleitet, dem Herzog entgegen. Vitellozzo, ohne Rüstung, in einem grün gefütterten Mantel, war ganz niedergeschlagen, als ob er ein Vorgefühl seines Todes habe, was jedem, der die Tapferkeit des Mannes und sein früheres Glück kannte, auffiel. Man sagt, er habe bei der Trennung von seinen Soldaten, als er sich nach Senigallia begab, um dem Herzog entgegenzugehen, gleichsam für immer Abschied genommen. Seinen Offizieren empfahl er sein Haus und die Besitzungen desselben, und seine Neffen ermahnte er, sie sollten nicht das Glück ihres Hauses, sondern die Tapferkeit ihrer Väter in stetem Andenken behalten. Als nun diese drei beim Herzog ankamen und ihn höflich grüßten, wurden sie von ihm mit guter Miene empfangen und sogleich von den mit ihrer Beobachtung Beauftragten in die Mitte genommen. Da aber der Herzog sah, daß Oliverotto fehlte, der bei seinen Soldaten in der Vorstadt geblieben war und sie auf dem Platze jenseits des Flusses in Ordnung hielt und auf die Ehrenbezeigungen einübte, winkte der Herzog Don Michele, dem Oliverotto über-

tragen war, mit dem Auge, er solle sorgen, daß Oliverotto nicht entkäme. Don Michele ritt daher voraus zu Oliverotto und sagte ihm, es sei jetzt nicht Zeit, die Leute vor den Quartieren beisammenzuhalten, denn diese würden ihnen sonst von den Soldaten des Herzogs genommen werden, und forderte ihn auf, sie einrücken zu lassen und ihn zum Herzog zu begleiten. Als Oliverotto eben diesen Befehl ausgeführt hatte, kam der Herzog heran und rief ihn, sobald er ihn erblickte, worauf ihn Oliverotto begrüßte und sich den anderen anschloß. In Senigallia eingerückt, ritten sie alle an das Quartier des Herzogs, traten mit ihm in ein geheimes Zimmer und wurden zu Gefangenen gemacht. (GS, II, 156)

In der Nacht des 31. Dezember 1502 ließ der Herzog Vitellozzo und Oliverotto da Fermo erdrosseln, und das gleiche Schicksal ereilte den Herzog von Gravina Giulio Orsini und seinen Bruder Paolo am 18. Januar im Castel della Pieve. Das Gift der unglückseligen Verschwörung im Castel della Magione hatte seine Wirkung getan, und der Herzog hatte erreicht, was er schon seit dem Treffen mit Machiavelli und Soderini in Urbino beabsichtigte. Aus diesem Grund hatte er damals die Freundschaft von Florenz gesucht und war erbittert, als Soderini ihm die ablehnende Haltung der Stadt übermittelte. »Dies ist die Rache, sagte der Herzog, die ich in Urbino dem Kardinal von Volterra [Francesco Soderini] für Eure Herren nehmen zu wollen andeutete. Doch traute ich damals nicht, das Geheimnis zu entdecken. Seht, wie ich die Gelegenheit zu benutzen und ihnen zu dienen wußte, indem ich sie von diesen argen Feinden befreie.« (GS, II, 416)

Noch am Abend nach dem Massaker von Senigallia ließ der Herzog Machiavelli rufen, um erneut ein Freundschaftsbündnis mit Florenz zu fordern: »Um zwei Uhr des Nachts rief mich der Herzog und wünschte mir mit der fröhlichsten Miene von der Welt Glück zu diesem guten Erfolge, indem er sagte, er habe mir den Tag zuvor etwas von seiner Absicht gesagt, aber nicht alles entdeckt, wie es wirklich war.« (GS, II, 416) Machiavelli war von den Taten und Worten des Herzogs beeindruckt, wie er dies auch der Signoria in Florenz gestand, und schlug deshalb nach einer Aufzählung der Forderungen des Herzogs vor, als Botschafter einen Mann von hohem Ansehen zu bevollmächtigen, ein Bündnis zu schließen. Diesmal sollte »seine Kehle nicht trocken bleiben«, denn am 20. Januar traf Iacopo Salviati ein. Machiavelli konnte sich vom Herzog verabschieden, der gerade Siena belagerte, nachdem er Città di Castello und Perugia bereits eingenommen hatte.

Der Sekretär kehrte voller Bewunderung für den Herzog nach Florenz zurück, und zehn Jahre später erklärte er im *Principe* die Gründe für diese Bewunderung:

> Wenn ich alle Taten des Herzogs zusammenfasse, so wüßte ich nichts an ihm auszusetzen, vielmehr kann man ihn füglich, wie ich auch getan habe, für alle als Vorbild hinstellen, die durch Glück und fremde Waffen zur Herrschaft gelangt sind. Denn bei seinem hohen Sinn und seinen großen Absichten konnte er unmöglich anders handeln; und das einzige, was seine Pläne zunichte machte, war die kurze Lebensdauer Alexanders und seine eigene Krankheit. Wer also lernen will, in seinem neu begründeten Fürstentum mit seinen Feinden fertig zu werden, sich Freunde zu verschaffen, durch Gewalt oder List den Sieg zu erringen, die Liebe und den Respekt seiner Untertanen, die Treue und Ergebenheit seiner Soldaten

> zu gewinnen, alle zu vernichten, die Macht oder Anlaß haben, ihm zu schaden, die alten Ordnungen umzuändern, streng und beliebt, großherzig und freigebig zu sein, ein treuloses Heer aufzulösen und ein neues zu schaffen, sich die Freundschaft von Königen und Fürsten zu erhalten, so daß sie ihm bereitwillig dienen oder doch ungern schaden – der kann keine näherliegenden Beispiele finden als die Taten Cesare Borgias. (P, VII, 64f.)

Im Mut, dem Willen zu großen Taten, der Schnelligkeit und Geheimhaltung seiner Entscheidungen und in den militärischen Fähigkeiten des Herzogs hatte Machiavelli all das gefunden, was der Republik Florenz fehlte und sie bei jeder geringsten Erschütterung der Gefahr des Zusammenbruchs aussetzte. Um diese Erkenntnis den Regierenden in Florenz zu vermitteln, stürzte er sich, kaum daß er am 23. Januar 1503 von seinem Maultier gestiegen war, in die Arbeit.

VIII Die Geschichte lehrt den, der lernen will

Mit Hilfe des französischen Königs, mit viel Glück und mit noch mehr Geld hatte Florenz Cesare Borgia abgewehrt, aber das Problem seiner politischen und militärischen Schwäche blieb ungelöst und bedeutete eine große Gefahr für die Freiheit der Stadt.

Nachdem ihnen bei der Rebellion von Arezzo der Herzog schon im Nacken gesessen hatte, entschlossen sich die Florentiner zu einer wichtigen Reform, die einen der schwersten Mängel ihrer Verfassung beseitigen sollte. Vor allem in der Außenpolitik fehlte es der Regierung der Stadt nämlich an Kompetenz und Kontinuität, weil die höchsten Staatsämter durch das Los bestimmt wurden und ihre Inhaber nur kurze Zeit im Amt blieben. So mußten sich oft völlig ungeeignete Männer mit den schwierigen Problemen der Innen- und Außenpolitik auseinandersetzen, und wenn sie sich endlich eingearbeitet hatten, war ihre Zeit im Palazzo Vecchio um, und die Neugewählten begannen wieder von vorn.

Um diesem Mangel abzuhelfen, wurde am 10. September 1502 für das höchste Regierungsamt, für den Gonfaloniere della Giustizia (Bannerträger der Gerechtigkeit), die zeitliche Begrenzung des Amtes aufgehoben, und Piero Soderini, der Bruder von Francesco Soderini, der mit Machiavelli als Gesandter nach Urbino gegangen war, wurde als erster Gonfaloniere auf Lebenszeit gewählt. Durch diese Neuerung gewann die Republik politische Souveränität und die Fähigkeit, kritische Situationen zu meistern. Das Problem der militärischen Schwäche blieb aber nach wie vor ungelöst, und durch die hohen Summen, die der französische König für seine Hilfe verlangt hatte, war die Republik auch in eine schwere finanzielle Krise geraten.

Wegen seiner Rechtschaffenheit, seiner Intelligenz und der Freundschaft, die er Machiavellis Familie immer erwiesen hatte, stand der Gonfaloniere bei dem Sekretär in hohem Ansehen. Während Machiavelli sich bei Cesare Borgia in Imola aufhielt, schrieb ihm Soderini am 14. November 1502 ganz offen: »Wir haben in dieser Stadt bei den Finanzen, den Stellenbesetzungen und vielen anderen Dingen große Unordnung angetroffen [...] Wir hoffen, in dieser Hinsicht bald etwas zu ändern, um für uns und die anderen etwas zu erreichen, denn bisher war das Gegenteil der Fall.« (L, 149)

Um das dringend notwendige Geld zu beschaffen, galt es, den Consiglio Maggiore, das höchste gesetzgebende Organ der Republik, von der Notwendigkeit zu überzeugen, neue Steuern auszuschreiben. Zu diesem Zweck schrieb Machiavelli die Einleitung für die Rede des Gonfaloniere vor dem Rat. Der etwas spröde Titel dieses Werkes scheint mehr zum internen Gebrauch innerhalb einer Behörde als zu einem literarischen Werk zu passen, denn er lautet: *Parole da dirle sopra la provvisione del danaio, facto un poco di proemio et di scusa (Worte über die Geldbeschaffung, ein bißchen als Vorrede und Entschuldigung)*. In Wirklichkeit aber legte Machiavelli alles hinein, was er in Frankreich und beim Herzog von Valence gelernt hatte. Dieser Text voller Leidenschaft und Scharfsinn besticht durch die Klarheit der politischen Analyse, die Überzeugungskraft und die Freiheitsliebe jeder Zeile und verdient es, vom ersten Wort an mit Aufmerksamkeit gelesen zu werden.

Unabhängig von der Form der jeweiligen Regierung hätten alle Staaten, so argumentiert Machiavelli, zu ihrer Verteidigung »Macht mit Klugheit gemischt«. Weder das eine noch das andere sei allein ausreichend, denn Klugheit ohne Macht genüge genausowenig wie Macht ohne Klugheit, um einen Staat politisch zu führen und zu erhalten. Macht und Klugheit seien deshalb in Vergangenheit und Zukunft »der Nerv« aller Staaten gewesen. Wer die Veränderungen und den Untergang von Königreichen und Republiken in der Geschichte studiert habe, wisse, daß sie entweder aus Mangel an Waffen oder Mangel an Klugheit verursacht worden seien. Durch die Aufhebung der zeitlichen Begrenzung für das Amt des Gonfaloniere habe Florenz an politischer Klugheit zugenommen, nun gelte es, die militärische Macht zu stärken, und dafür seien neue Steuern notwendig.

Trotz dieser unwiderlegbaren Beweisführung wußte Machiavelli genau, daß seine Landsleute aus Geiz und Mangel an Klugheit dagegenhalten würden, der König von Frankreich werde die Stadt beschützen, und der Herzog von Valence sei keine Bedrohung mehr, weshalb keinerlei Veranlassung für neue Zahlungen bestehe. Eine solche Meinung hielt Machiavelli jedoch für leichtfertig, »denn Städte und Staaten müssen alle diejenigen als Feinde betrachten, die sich Hoffnungen machen können, sie zu erobern, und gegen die sie sich nicht verteidigen können.« Kein Staat, der anderen ausgeliefert sei, habe sich jemals sicher fühlen können.

Nachdem er das grundlegende Prinzip erläutert hat, geht Machiavelli auf die konkrete Situation von Florenz ein, um die Illusionen seiner Mitbürger zu zerstreuen, und hält ihnen vor Augen, daß sie nicht über eigene Waffen verfügten, aber von ihren Untertanen weder geliebt noch gefürchtet würden. Man brauche sich nur in der Toskana umzusehen, wo

Lucca, Siena und Pisa der florentinischen Herrschaft feindlich gegenüberstünden, alles Städte, die »mehr als ihr eigenes Leben Euren Tod wünschen«. In Italien drehe sich alles um den französischen König, Venedig, den Papst und den Herzog von Valence. Der französische König, das sollten sie begriffen haben, sei zum Schutz der Republik nur bereit, wenn diese sich Respekt zu verschaffen wisse. Venedig sei stets der Feind von Florenz gewesen und warte immer noch auf die Zahlung von 180000 Dukaten. Es sei besser, dies Geld für die Kriegsrüstung zu verwenden, als es den Venezianern zu geben, die damit dann Krieg gegen Florenz führen würden. Vom Papst und vom Herzog wisse man ohnehin, daß sie es auf das florentinische Territorium abgesehen hätten. Im übrigen sei mit dem Herzog immer noch kein Abkommen geschlossen. Aber auch wenn es zustande käme, müsse man immer bedenken, daß die Einhaltung von Verträgen zwischen Privatleuten durch Gesetze, Vereinbarungen und schriftliche Verträge gesichert sei, Bündnisse unter Staaten dagegen nur durch die Drohung mit Waffengewalt, und Florenz besitze diese Waffen nicht. Es sei sinnlos, auf das Schwert des französischen Königs zu vertrauen, denn seine Hilfe könnte zu spät kommen. Mit diesem Argument griff Machiavelli die Worte auf, die ihm die Vertreter des Herzogs in Imola gesagt hatten, und er wiederholte sie nun, um die Florentiner endlich davon zu überzeugen, sich ein eigenes Heer zu verschaffen.

Machiavelli ist ein Meister der Rhetorik, er kennt die Literatur der klassischen Antike und weiß genau, daß jeder Gedankengang durch ein Beispiel, eine Geschichte oder Anekdote untermauert werden muß. Um die Herzen seiner Mitbürger im Consiglio Grande wirklich zu erreichen, greift er auf ein einprägsames Beispiel aus der Geschichte zurück.

Als Konstantinopel im Jahre 1453 von den Türken belagert wurde, habe der Kaiser die Bürger zusammengerufen, um Geld für die Verteidigung gegen den schrecklichen Feind zu fordern. Diese lehnten »höhnisch« ab, und erst als sie den Donner der Kanonen und das Kriegsgeschrei der türkischen Soldaten vor ihren Mauern vernahmen, eilten sie jammernd zum Kaiser und boten ihm ihr Geld mit vollen Händen an. Der Kaiser aber jagte sie mit folgenden Worten davon: »Nehmt euer Geld mit in den Tod, ohne das ihr nicht habt leben wollen.« (Opere, 15)

Seinen Mitbürgern stehe – so Machiavelli – das gleiche Schicksal bevor, wenn sie fortführen wie bisher. Dabei wüßten sie genau, daß sie schon fast so weit waren, als der Herzog von Valence mit seinen Truppen aufmarschiert war. »Ich sage Euch«, so beschließt der Sekretär seine Ausführungen, »das Schicksal ändert seinen Lauf nicht, wo nicht die Ordnung geändert wird, und auch die Himmel wollen oder können das, was unbedingt zugrunde gehen will, nicht aufrechterhalten. Daran aber kann ich nicht glauben, wenn ich sehe, daß Ihr freie Bürger seid und die Freiheit in Euren eigenen Händen haltet. Diese Freiheit, so glaube ich, werdet Ihr achten, so wie jeder sie geachtet hat, der frei geboren ist und frei zu leben wünscht.« (Opere, 16)

Wir wissen nicht, ob Soderini oder andere diesen Text Machiavellis tatsächlich benutzt haben, um die Erlaubnis zur Erhebung neuer Steuern zu erhalten. Soderini jedenfalls konnte schließlich ein Gesetz durchbringen, mit dem eine zehnprozentige Abgabe auf alle Immobilien einschließlich des Kirchenbesitzes erhoben wurde. Ungelöst blieb jedoch nach wie vor die Frage der Behandlung der Gebiete und Städte unter der florentinischen Herrschaft, die die Republik entweder zu nachgiebig oder zu streng behandelte, wobei sie immer zu langsam reagierte. Zu diesem Problem nahm Machiavelli mit einer anderen kleinen, zwischen Juli und August des Jahres 1503 entstandenen Schrift Stellung, die den Titel trägt *Del modo di trattare i popoli della Valdichiana ribellati (Wie man das empörte Chianatal behandeln soll)*. Ähnlich der Einleitung für die Rede über die Steuererhöhung faßte Machiavelli auch hier seine konkreten Erfahrungen zusammen, die er in Arezzo und anderen Städten hatte machen können, die sich gegen die florentinische Herrschaft erhoben. Und auch in diesem Fall greift er bezeichnenderweise auf die Geschichte als Lehrmeisterin des Lebens und der politischen Klugheit zurück, indem er den Regierenden in Florenz die römische Republik der Antike als Beispiel vor Augen führt.

Am Anfang zitiert Machiavelli ausführlich eine Rede des Furius Camillus aus Livius' *Ab urbe condita* und leitet daraus ab, daß die Römer zwei verschiedene Wege beschritten, um Aufstände gegen ihre Herrschaft zu beenden. Entweder versuchten sie, durch Wohltaten das Vertrauen der Bevölkerung zu gewinnen, oder sie bestraften diese so hart, daß sie nicht mehr schaden konnte. Jeden anderen »Mittelweg« hielten sie für »schädlich«.

»Ich habe sagen hören«, fährt Machiavelli fort, »die Geschichte sei die Lehrmeisterin unseres Handelns«, insbesondere für die Fürsten, und die Welt werde von Menschen bewohnt, die alle die gleichen Leidenschaften haben. Aus diesem Grunde müsse das, was in der Antike gegolten habe, immer noch wahr sein, und der richtige Umgang mit Aufständischen sei nach wie vor der der Römer, nämlich entweder ihnen Wohltaten zu erweisen oder sie so zu strafen, daß eine weitere Erhebung unmöglich sei. Florenz habe im Falle Arezzos jedoch genau das Gegenteil getan und versucht, einen Mittelweg einzuschlagen. Man habe die Aretiner durch den Verkauf ihres Besitzes und die Absetzung ihrer Magistrate bestraft und auf diese Weise den Haß der Bevölkerung auf Florenz gesteigert. Gleichzeitig habe man die Befestigung der Stadt jedoch nicht angetastet und keinen Florentiner dorthin geschickt, um die Stadt unter Kontrolle zu halten. So sei es leicht vorhersehbar, daß sich Arezzo bei der nächstbesten Gelegenheit wieder gegen Florenz erheben und immer ein gefährlicher Stachel in seinem Fleisch bleiben werde.

Die Bedrohung durch den Herzog von Valence sei, so bemerkte Machiavelli, noch keineswegs ganz gebannt, er könne immer noch auf Arezzo ausgreifen, denn sein Ziel sei es stets gewesen, die an sein Herrschaftsgebiet angrenzenden Teile der Toskana zu erobern. Der Zeitpunkt für einen Angriff sei gerade nicht günstig, aber man dürfe nie vergessen, daß der Herzog und sein Vater, der Papst, jede sich bietende Möglichkeit gut zu nutzen verstünden. Diesen Charakterzug des Herzogs habe er in Senigallia mit eigenen Augen studieren können. Angesichts der noch zu erwartenden »kurzen Lebensspanne des Papstes«, der schon hochbetagt war, sei es nur logisch, daß der Herzog Florenz bei der erstbesten Gelegenheit in Schwierigkeiten bringen werde. (Opere, 22–26)

Machiavelli wollte mit diesen Worten seine Mitbürger dazu auffordern, wachsam zu bleiben und das Problem der Sicherheit ihres Herrschaftsgebietes endlich ernsthaft anzupacken. Ohne es zu wollen, hatte er die Zukunft vorausgesagt, denn am 18. August 1503 starb Papst Alexander VI. an einem heftigen Fieberanfall. Zur Beobachtung des Konklave und zu Verhandlungen über neue Truppenkontingente brach Machiavelli, nachdem seine Reise zunächst verschoben werden mußte, am 24. Oktober nach Rom auf. Dadurch eröffnete sich ihm die Möglichkeit, die komplizierten diplomatischen Manöver, die sich um eine Papstwahl entwickelten, aus nächster Nähe zu verfolgen, vor allem aber erlebte er das Ende Cesare Borgias mit, den er so sehr bewundert hatte.

Machiavelli traf in Rom auf einen Herzog voller Tatendrang und Hoffnung, »Großes zu erreichen«, trotz der Schwierigkeiten, in denen er sich befand, weil er viele Städte verloren hatte. Die Vitelli hatten nämlich Città di Castello zurückerobert, Giampaolo Baglioni war wieder Herr über Perugia, die Appiani hatten Piombino zurückgewonnen, die Montefeltro Urbino, die Da Varano Camerino, Giovanni Sforza Pesaro, die Florentiner unterstützten die Ordelaffi bei der Wiedergewinnung von Forlì, und die Venezianer wollten Rimini und Forlì unter ihre Herrschaft bringen. Der Herzog aber kontrollierte noch viele spanische Kardinäle und deren Stimmen im Konklave. Deshalb, so schrieb Machiavelli in einem Brief vom 30. Oktober, begaben sich viele Kardinäle in die Engelsburg, um mit Cesare Borgia zu sprechen, und nach allgemeiner Meinung werde der künftige Papst dem Herzog sehr verpflichtet sein. Auch der Herzog selbst wiegte sich in der Hoffnung, der neue Papst werde ihn als Gegenleistung für die Stimmen der spanischen Kardinäle begünstigen. Machiavelli dagegen betrachtete diese Möglichkeit sehr skeptisch und schrieb in einem Nachtrag zu dem zitierten Brief den bezeichnenden Satz, es bleibe abzuwarten, »ob es dem Herzog gelingen wird, vom neuen Papst unterstützt zu werden, wie er glaubt«. (GS, III, 166)

Zum neuen Papst wurde als Julius II. der Kardinal von San Pietro in Vincoli, Giuliano della Rovere, gewählt, und Machiavelli erfuhr als einer der ersten durch einen Bediensteten des Kardinals in der Nacht vom 30. Oktober auf den 1. November davon. Glücklich darüber, daß er eine so wichtige Nachricht übermitteln konnte, noch bevor sie offiziell bekannt wurde, schrieb er mitten in der Nacht einen Brief nach Florenz. Am folgenden Tag sandte er zur Bestätigung lediglich wenige Zeilen: »Ich benachrichtige in Gottes Namen Eure Herrlichkeiten, daß heute morgen der Kardinal von San Pietro in Vincula [sic] zum neuen Papst erklärt worden ist. Gott mache ihn zum nützlichen Hirten für die Christenheit.« (GS, III, 168)

Der neue Papst verdankte seine Wahl den Stimmen des Kardinals von Rouen und der von Cesare Borgia kontrollierten spanischen Kardinäle. Es blieb aber ein Rätsel, warum der Herzog sich für den Kardinal von San Pietro in Vincoli entschieden hatte, den die Borgia für zehn lange Jahre ins Exil geschickt hatten. Und noch rätselhafter war es, warum ausgerechnet der Herzog, der nie ein gegebenes Wort gehalten hatte, auf die Versprechungen seines Feindes vertraute und ihn auf den Stuhl Petri erhob. Dieses merkwürdige Handeln des Herzogs ließ sich nur damit erklären, daß er politisch erledigt war und, wie Machiavelli schrieb, politisch eine Wiedererweckung benötigte. Wenn aber das Ende naht, mangelt es oft an geistiger Klarheit und Entschlußkraft, und man trifft verzweifelte Entscheidungen, die den Untergang nur noch beschleunigen. Dieser Gesetzmäßigkeit konnte sich auch der Herzog von Valence nicht entziehen.

Die Berichte Machiavellis nach Florenz beschreiben den Herzog, der Freunde und Feinde durch seine Entschlußkraft und die Schnelligkeit, mit denen er seine Pläne in die Tat umsetzte, verblüfft hatte, als »wankelmütig, unentschlossen und argwöhnisch und an keinem Beschluß festhaltend«. Vielleicht sei dies, so kommentiert Machiavelli, seine wahre Natur, »oder daß ihn diese Schläge des Schicksals betäubt haben und er sich, ungewohnt, sie zu ertragen, unter ihnen windet«. (GS, III, 199) So überschütte der Herzog ihn an einem Tag mit »einem Schwall leidenschaftlicher Worte voll Gift und Galle« und drohe, er werde das wenige, das Florenz noch besitze, »den Venezianern ausliefern. Er glaubt, bald Euern Staat stürzen zu sehen, und er werde darüber lachen.« (GS, III, 178) An einem anderen Tag dagegen sagt er dem Sekretär, man solle nicht immer an das Vergangene, sondern »nur an das gemeinschaftliche Wohl« denken, und das hieß, Venedig in der Romagna Einhalt zu gebieten. (GS, III, 192)

Ohne es zu wollen, war Venedig zum einzigen Verbündeten des Herzogs geworden. Sowohl Florenz als auch der neue Papst fürchteten, daß Venedig die Trümmer des Staates, die der Herzog hinterlassen hatte, an sich zu reißen versuchte. Denn zum Schaden Italiens standen Venedig und Florenz, die beiden bedeutendsten Republiken der Halbinsel, in einem unversöhnlichen Interessenkonflikt. Zwar war Florenz in vielerlei Hinsicht dem Beispiel Venedigs gefolgt, etwa bei der Einrichtung des Consiglio Maggiore im Jahre 1494. Und sogar Savonarola hatte von der Kanzel dazu aufgerufen, die Verfassung der Serenissima zum Vorbild zu nehmen – mit Ausnahme des unbefristeten Dogenamts. Aber schon zehn Jahre später hatte sich Florenz mit der Aufhebung der zeitlichen Befristung für das Amt des Gonfaloniere auch in dieser Hinsicht Venedig angeglichen. Mochte Florenz deshalb auch gegenüber Venedig in der Schuld stehen, so änderte dies nichts am Mißtrauen der Florentiner gegenüber den allzu offensichtlichen Expansionsplänen der Venezianer.

Um Venedig in seine Schranken zu weisen, entwickelten der König von Frankreich, der Papst und Florenz Strategien, die ohne den Herzog auskamen, und deshalb wollten nun alle sein Ende. Die Haltung der Franzosen begründete der Kardinal von Rouen mit den Worten: »Gott hat bis jetzt noch keine Sünde unbestraft gelassen und wird auch die seinigen nicht unbestraft lassen.« (GS, III, 178) Auch Florenz wandte sich gegen den Herzog, und ausgerechnet Machiavelli mußte ihm die traurige Nachricht überbringen, daß die Signori ihm das sichere Geleit durch florentinisches Gebiet verweigerten. Nahe Castiglion Fiorentino entwaffneten florentinische Soldaten die Reste des herzoglichen Heeres und setzten Michele de Corella gefangen, den treuen Statthalter des Herzogs. Mehr als alle anderen wünschte Julius II. das Ende des Herzogs herbei, und als er von der Gefangennahme des Michele de Corella erfuhr, konnte er seine Freude nicht verbergen, wie Machiavelli vom Kardinal von Volterra erfuhr: »Dies machte dem Papst so große Freude, als man sich nur vorstellen könne, da er durch den Fang Don Micheles Gelegenheit zu haben glaubt, alle Grausamkeiten, Räubereien, Morde, Sakrilegien und andere unzählige Untaten, die die letzten elf Jahre zu Rom gegen Gott und die Menschen verübt worden sind, aufzudecken.« (GS, III, 253)

Wenige Tage zuvor war auf Befehl des Papstes der Herzog in Ostia verhaftet worden, der sich weigerte, die wenigen ihm noch verbliebenen befestigten Plätze in der Romagna herauszugeben. Hierauf ließ ihn der Papst nach Rom bringen, um ihn zur kampflosen Übergabe der Festungen zu überreden. Man wisse nicht, was mit dem Herzog geschehen werde, schrieb Machiavelli am 2. Dezember, aber nach allgemeiner Meinung werde er ein böses Ende nehmen. Nachdem er die Festungen herausgegeben hatte, waren die Tage des Herzogs gezählt, und er schlitterte nach den Worten Machiavellis immer mehr auf sein Grab zu. In seinen letzten Tagen, schrieb der Sekretär später in seinem *Decennale primo*, habe der Herzog bei anderen jenes Erbarmen gesucht, das »er selbst nie gekannt hat«, und fand das Ende, das ein Aufrührer gegen den Herrn verdient habe.

IX Ein allzu großartiger Gedanke vielleicht

Während er das Ende des Herzogs von Valence beobachtete, behielt Machiavelli in Rom auch die Schachzüge der Venezianer im Auge und suchte Papst Julius II. zu überreden, die venezianische Expansion in der Romagna aufzuhalten. Von den Dieci hatte der Sekretär die klare Anweisung bekommen, mit dem Papst, dem Kardinal und jedem das Gespräch zu suchen, der den Papst dazu hätte bringen können, Venedig als große Gefahr zu betrachten. Die Venezianer verfügten nach Ansicht der Dieci über viele Soldaten, besaßen die Unterstützung der Bevölkerung in der Romagna und verstanden es außerdem, ihre Untertanen gefügig zu machen. Aus all diesen Gründen seien sie in der Lage, sich rasch und ohne Schwierigkeiten zu Herren der Romagna zu machen.

Einen Tag später, am 21. November 1503, schickten die Dieci ihrem Sekretär jedoch einen weiteren Brief, in dem sie die politische Lage ganz anders bewerteten und ihn mit neuen Aufgaben betrauten. Man vermute in Florenz, so schreiben seine Vorgesetzten, daß Venedig in der Romagna mit Zustimmung des Papstes vorrücke, und er solle deshalb in Erfahrung bringen, was tatsächlich vor sich gehe, und das Problem »feinfühlig« analysieren.

Noch vor Erhalt der neuen Instruktionen hatte Machiavelli begonnen, die Schachzüge Venedigs gegenüber dem Papst zu studieren, und in einem Brief vom 20. November erklärt, am päpstlichen Hofe spiele man ein subtiles Spiel von Täuschung und Hofierung, weshalb die weitere Entwicklung des venezianischen Problems sehr vom Charakter des Papstes abhänge. In diesem Herbst in Rom lernte er, welch große Rolle in der Politik den Leidenschaften und Launen zukommt und wie beide durch Worte und Förmlichkeiten zu beeinflussen sind.

Auch die Venezianer kannten, schrieb Machiavelli an die Dieci, die »ehrliebende cholerische Natur« des Papstes. Deshalb sei er leicht gegen jeden aufzubringen, der die Ehre der Kirche unter seinem Pontifikat antaste, und jederzeit bereit, »denen entgegenzuarbeiten, die die Kirche ›in suo pontificatu‹ entehren wollen. Man sieht auch, daß die Venezianer, die ihn kennen, ihn einzuschläfern und dieser seiner Natur auf einem anderen Wege genugzutun denken, indem sie sagen, sie wollten seine guten Söhne sein und wollten, daß nicht nur die Romagna, sondern ihr ganzes Gebiet ihm gehorche. Daß sie acht Gesandte zur Obedienz ernannt haben, ist etwas Neues für sie und zu keinem anderen Zwecke geschehen als zu diesem. Man sieht in der Tat, daß sie sich hier damit schön machen und beim ganzen Hof den Mund voll nehmen, von der großen Freude sprechen, die man in Venedig über die Wahl Julius' II. gezeigt habe, und auf die Ernennung der acht Gesandten hinweisen, die geschehen sei, ihn zu ehren. Sie wollen ihn zum Vater, Beschützer und Verteidiger. Durch diese Mittel suchen sie ihn einzuschläfern und zu ihren Zwecken zu gebrauchen, und sie würden sich nicht schämen, in Worten sich zu Knechten dieses Papstes zu machen, um in der Tat allen anderen befehlen zu können.« (GS, III, 217)

Vor Machiavellis Augen spielte sich eine raffinierte politische Komödie mit erfahrenen Schauspielern ab, die die hohe Kunst der Täuschung, Schmeichelei und Verführung aufs perfekteste beherrschten. Der Sekretär durchschaute diese Komödie nicht nur, sondern empfahl den Dieci, Florenz solle ebenfalls zu Ergebenheitsbezeigungen und Förmlichkeiten greifen, um Venedig wirksam zu konterkarieren, denn an Macht oder Geldmitteln sei Florenz der Markusrepublik ohnehin unterlegen.

Um herauszufinden, ob der Papst die Expansionspläne Venedigs stoppen wolle oder sie in Wirklichkeit heimlich begünstige, wie die Dieci in ihrem Auftragsschreiben nahegelegt hatten, brauchte Machiavelli mehrere Tage. Am 24. November berichtete er an die Dieci von einer Unterredung mit dem Kardinal von Volterra, seinem Freund Francesco Soderini, der ebenso wie der Kardinal von Rouen diese Hypothese verwarf. Der Papst zeige, so fügte Machiavelli hinzu, zu große Abneigung gegen die venezianischen Expansionsgelüste in der Romagna, und das gleiche gelte für den Kardinal von Rouen. Die Eroberung von Faenza öffne den Venezianern deshalb entweder das Tor für ganz Italien oder sei der Anfang ihres Untergangs.

Machiavelli benutzte bei dieser Voraussage den alten Diplomatentrick, seine Gedanken als eine in der Kurie verbreitete Meinung auszugeben. In Wirklichkeit stammte diese Sicht der Dinge nämlich ganz von ihm selbst und erwuchs diesmal nicht aus der Beobachtung von Stimmungen, Handlungen und Worten der Menschen, sondern aus der Analyse des Kräftespiels in der italienischen Politik, in dem Venedig aufgrund seiner offenen Expansionsgelüste weitgehend isoliert war. Machiavellis Sicht der Dinge speiste sich aber auch aus der für Florenz typischen Feindseligkeit des Mannes aus dem Volk gegenüber dem aristokratischen Venedig, das mit der Gewährung von Bürgerrechten geizte. Obwohl die Serenissima nicht über ein eigenes Heer verfügte, strebte sie danach, ihre Herrschaft nicht nur – ihrem Wesen und ihrer Tradition gemäß – über das Meer auszudehnen, sondern auch über die Terraferma. Da Machiavellis Worte deutlich zeigen, daß er an eine Herrschaft Venedigs über ganz Italien nicht glaubte, entsprang seine düstere Voraussage über die Zukunft Venedigs der Überzeugung, die erfolgreiche Expansion auf der Terraferma sei nur durch ein eigenes Heer und die Gewährung von Bürgerrechten für die unterworfene Bevölkerung möglich. Venedig besaß weder das eine, noch wollte es das andere. Wenn Machiavelli nach Florenz schrieb, die Venezianer schämten sich nicht, sich heuchlerisch als »brave Kinder« der Kirche darzustellen, so drückte sich darin nicht moralische Verurteilung aus, denn er riet den Dieci, sich genauso zu verhalten, sondern vielmehr Verachtung für eine Politik von so niedrigem Niveau.

Am 4. Dezember schrieb Biagio Buonaccorsi, daß Raffaello Girolami und Matteo Strozzi Gewänder und andere wertvolle Dinge kauften, um als florentinische Botschafter an den Feierlichkeiten zur Inthronisation Julius' II. in Rom teilzunehmen. Diesmal bestieg Machiavelli seltsamerweise nicht sofort sein Maultier, sondern blieb, eine Krankheit vorschützend, bis zum 18. Dezember: »Eure Herrlichkeiten befehlen mir, daß ich mit d'Amboise [dem Kardinal von Rouen] nach Florenz abreise, und wenn er abgereist wäre, daß ich in Eile komme, um vor Seiner Herrlichkeit da zu sein. Der Brief kam gestern an, und d'Amboise reiste sonnabends ab, so daß ich hätte Kurier reiten müssen, und dies war sehr schwer für mich, da ich von einer epidemischen Krankheit angesteckt bin, die in Rom herrscht und in Husten und Katarrh besteht, die einem Kopf und Brust einnehmen, so daß eine heftige Bewegung, wie die Post, mir Schaden getan haben würde.« (GS, III, 274) In Wahrheit, so hat sein bester Biograph vermutet, amüsierte sich Machiavelli mit schönen Frauen und gutem Wein. Zwischendrin tauschte er dann mit Kardinal Soderini Gedanken über große Themen aus, die ihm sehr am Herzen lagen und von denen bald die Rede sein wird.

Mitte November hatte Machiavelli einen großen Schrekken durchlebt, weil er mit einem wirklich oder nur vermutlich an der Pest erkrankten Menschen in Berührung gekommen war. Darüber hatte er an seinen Bruder Totto und andere, darunter seinen Schwager Piero Del Nero, geschrieben, und beide versuchten, ihn zu beruhigen. Totto erzählte ihm, daß die florentinischen Kaufleute in der Levante »zu jeder Zeit« zwischen Pera und Konstantinopel auf denselben Schiffen hin und her führen, auf denen die Pesttoten transportiert würden, und wenn auch ab und zu der eine oder andere daran sterbe, handle es sich doch insgesamt um seltene Fälle. Piero versicherte dem Sekretär, er habe so oft mit Pestkranken gegessen und im selben Zimmer geschlafen, daß er mindestens schon zwanzigmal tot sein müßte. Besonders interessant ist an diesen Briefen, daß beide Korrespondenten andeuten, Machiavelli sei zu ängstlich, und ihn ermahnen, sich wie »ein Mann« zu benehmen. »Seid ein Mann«, schrieb Piero; »seid guten Mutes«, schrieb Totto, »denn nur Kinder und Frauen ängstigen sich«. (L, 177)

Diese merkwürdigen Worte lassen Machiavelli in einem Licht erscheinen, als sei er ängstlich und unfähig gewesen, einer Gefahr, sogar wenn sie noch weit entfernt war, ins Auge zu blicken. Darauf wird noch zurückzukommen sein, vorläufig aber wollen wir uns auf die Vorstellung beschränken, wie der Sekretär die letzten Tage seines Aufenthalts in Rom genoß und seine Zeit mit hochkomplexen Interpretationen des großen Politiktheaters, im Umgang mit schönen

Frauen, in Osterien und bei ernsten Gesprächen über große Fragen mit Kardinal Francesco Soderini verbrachte.

Dem Kardinal unterbreitete Machiavelli ein wahrhaft großes Projekt, denn er wollte in Florenz wieder eine Miliz zur Verteidigung der staatlichen Unabhängigkeit einrichten, um die Stadt von der Plage der Söldnertruppen unabhängig zu machen. Dieser Gedanke hatte wahrscheinlich in den Tagen der Söldnerrebellion vor Pisa Gestalt angenommen und später dann in Frankreich, als der Sekretär erlebte, wie gut ein Heer sein konnte, dessen Kern aus königlichen Untertanen bestand. Im *Decennale primo* richtet Machiavelli an seine Mitbürger eine klare Ermahnung und fordert sie auf, nach der Einrichtung des unbefristeten Gonfaloniere-Amtes nun auch eine Miliz zu schaffen, wenn sie sicher sein wollen:

Pur si confida nel nocchier accorto
ne' remi, nelle vele e nelle sarte;
ma sarebbe il cammin facile e corto,
se voi il tempio riaprissi a Marte.

(Man mag dem klugen Steuermann vertraun,
dem Ruder, Tauen und den Segeln;
doch kürzer wär's und ging auf leichtren Wegen,
wenn Mars ihr wieder öffnet seinen heilgen Raum.)

Obwohl Machiavelli mit dieser Idee beim Gonfaloniere Unterstützung fand, stieß er in Florenz damit weitgehend auf Ablehnung, denn »die ersten Bürger«, das heißt die vornehmsten und einflußreichsten Familien, reagierten gleichgültig, mißtrauisch oder offen feindselig. Francesco Guicciardini faßte die Haltung der Oberschicht so zusammen, daß sie den Gedanken Machiavellis für »neu und ungewohnt«

hielt, und fügte hinzu, auch das florentinische Volk habe sich nicht dafür erwärmen können.

In der Vergangenheit hatte Florenz eine Miliz der Untertanen des Contado besessen, aber diese ruhmreiche Zeit lag schon 200 Jahre zurück. Die Florentiner als ein Volk von Handwerkern, Kaufleuten und Bankiers hatten das Kriegshandwerk vollkommen verlernt und jederlei Kampfgeist eingebüßt. Vor allem unter den führenden Familien fürchtete man überdies, Piero Soderini plane die Einrichtung der Miliz mit Hilfe Machiavellis, um sich zum Tyrannen aufzuschwingen. Die allgemeine Beunruhigung nahm zu, als bekannt wurde, daß der überaus grausame Michele de Corella, ehemals rechte Hand des Herzogs von Valence, als Kommandant der neuen Miliz vorgesehen war. Während seines Aufenthalts in Rom wurde dem Sekretär zudem nachgesagt, er hege allzu große Sympathien für den in Florenz verhaßten Herzog, ja es gab Gerüchte, er wolle bei diesem persönliche Vorteile herausschlagen. Um so höher schlugen die Wellen der Empörung, als durchsickerte, die von Machiavelli geplante Miliz solle dem »Würger« persönlich, wie der Herzog in Florenz hieß, anvertraut werden.

Durch Schwierigkeiten ließ sich Machiavelli jedoch nicht abschrecken, und auch Kardinal Soderini riet ihm mit freundschaftlichen Worten fortzufahren. Die Kritik an der »ordinanza«, der Verordnung zur Einrichtung der Miliz, habe bei einer derart notwendigen und weisen Entscheidung keinerlei Berechtigung, schrieb Soderini am 29. Mai 1504 an Machiavelli, und ebensowenig dürfe man einem Heer mißtrauen, das nicht einer Person, sondern dem Gemeinwohl diene. Der Sekretär solle sich nicht entmutigen lassen, denn eines Tages werde man es ihm danken und ihn dafür rühmen.

Piero Soderini zeigte Machiavelli einen Ausweg aus der verzwickten Lage mit dem Vorschlag, die »ordinanza« nicht sofort dem Consiglio degli Ottanta und dem Consiglio Maggiore zur Beschlußfassung vorzulegen, sondern noch eine Weile zu warten und in der Zwischenzeit im Contado Milizen einzurichten. Wenn diese Truppen erst einmal existierten, könnten sich die Florentiner davon überzeugen, daß man nichts zu befürchten habe, und erkennen, wie richtig das neue und ungewohnte Projekt sei.

Machiavelli bestieg daraufhin sein Maultier, um im Mugello, einem Tal an den Abhängen des Apennin nordöstlich von Florenz, und im Casentino am Oberlauf des Arno Soldaten zu werben. Warum er gerade diese beiden Gebiete wählte, erläuterte der Sekretär in seiner Schrift *La cagione dell'ordinanza, dove la si truovi et quel che bisogni fare (Gründe für die Verordnung, wo man sie findet und was man tun muß).* Seine Vorstellungen zusammenfassend, erläutert er darin, daß der Staat Florenz in drei Teile geteilt sei, nämlich die Stadt, den Distrikt aus den unterworfenen Städten Arezzo, Borgo Sansepolcro, Cortona, Volterra und Pistoia, und den Contado. Die Miliz in allen drei Teilen gleichzeitig aufzubauen hätte ein gefährliches Durcheinander geschaffen, denn die »großen Dinge« müßten immer mit Ruhe vorbereitet und durchgeführt werden. In einem Gebiet, das seit so langer Zeit nicht mehr an das Tragen von Waffen gewöhnt sei, müsse man mit dem »einfachsten Teil«, nämlich der Aufstellung der Infanterie beginnen.

Im Distrikt eine Infanterie aufzustellen wäre aber, so fährt Machiavelli fort, außerordentlich gefährlich, denn die Untertanen des Distrikts seien Florenz alles andere als wohlgesinnt. Wenn der Distrikt Waffen besäße, Florenz selbst aber nicht, könnten unter Führung der größeren Städte leicht

Aufstände ausbrechen, die schwer zu bekämpfen wären. Florenz müßte natürlich die Reiterei und die Kommandostrukturen stellen. Da dies aber eine langwierigere und schwierigere Aufgabe als die Einrichtung der Infanterie sei, müsse sie zurückgestellt werden. Es kämen also nur Gebiete wie das Mugello und das Casentino in Frage, die »voller Menschen« seien, aber nicht über befestigte Plätze verfügten, die zum Zentrum eines Aufstands werden könnten.

Aus Machiavellis Text geht klar hervor, daß er die Schaffung einer effizienten, starken, großen und disziplinierten Miliz im Auge hat, die treu zur Republik und zu ihren Gesetzen steht. Aus diesem Grund betont er immer wieder die Wichtigkeit, daß alle Kompanien als gemeinsames Kriegszeichen den Marzocco, das Wappentier von Florenz, erhalten sollten, um immer dieses »öffentliche Zeichen« vor Augen zu haben, es zu dem ihren werden zu lassen und es leidenschaftlich zu verteidigen. Aus demselben Grund dürfe eine Miliz nur unter strenger Beachtung der Verfassung gebildet werden, das heißt sie müßte von den souveränen Consigli abgesegnet und von einer eigens geschaffenen Behörde geleitet werden, die gesetzlich berechtigt sei, zu strafen und Auszeichnungen zu verleihen.

Eine Miliz könnte der Stadt nur dann gefährlich werden, wenn sie rebellieren und sich einem feindlichen Heer anschließen oder aber wenn sie zum Werkzeug eines Magistrats oder eines mächtigen Bürgers werden würde. Die erstere Gefahr existierte nach Machiavellis Meinung in Wirklichkeit gar nicht, weil die Soldaten, die vereinzelt auf dem Lande leben, sich aus eigener Initiative nicht zusammenrotten könnten. Der letzteren Gefahr dagegen könne man durch die Verteilung verschiedener Befehlsbereiche auf unterschiedliche Ämter entgegenwirken. Eine Behörde könne die Miliz beispielsweise aufstellen und ausbilden, eine andere sie im Krieg befehligen und eine dritte für Auszeichnungen und Strafen zuständig sein.

Machiavelli plante eine Miliz, die zehn- bis höchstens sechzehnmal im Jahr zusammengerufen werden sollte, während die Soldaten den Rest des Jahres »gehen können, wohin, und tun können, was sie wollen«. Bei der Einberufung zum Exerzieren, zu Paraden und zum Krieg sollten die Magistrate sorgfältig darauf achten, niemanden, der gute Gründe vorweisen konnte, »von zu Hause wegzuholen«. Die Kommandanten der einzelnen »bandiere« (Fähnlein) sollten nicht aus denselben Orten stammen wie ihre Untergebenen, sondern »die aus dem Casentino für das Mugello und für das Casentino Leute aus dem Mugello«. Auf diese Weise vermeide man das Entstehen von Vertrauensbeziehungen zwischen Soldaten und Befehlshabern aufgrund partikularer Interessen, denn nach dem Willen Machiavellis sollte die Miliz einzig und allein der Republik dienen.

Sobald sie im Contado Fuß faßte, könnte auch in der Stadt selbst eine Miliz entstehen. Diese städtische Miliz sollte das Herzstück von Machiavellis Projekt bilden, denn er wollte ein Bürgerheer schaffen wie im alten Rom, das ihm in jeder Hinsicht als Vorbild galt. Wenn er von diesem zukünftigen Volksheer spricht, bekommt seine Prosa einen feierlich-beschwörenden Klang. Erst dann werde man den Unterschied erkennen zwischen Soldaten, die als Bürger aus freien Stücken zur Waffe gegriffen haben, und solchen, die man bestochen hat. Bisher habe man nur schlechte junge Leute gewinnen können, die sich der väterlichen Autorität entziehen wollten und ihre Zeit in Bordellen vergeudet hatten. In Zukunft dagegen würden junge Leute kämpfen, die aus einer »ehrenwerten Schule und einer guten Erziehung«

hervorgegangen seien und deshalb »sich selbst und ihrer Heimat« Ehre zu machen verstünden.

Bei der Ausgestaltung seines Planes hatte Machiavelli der Stimmung in der Stadt und der besonderen Geschichte von Florenz Rechnung getragen. Wie bei den *Parole da dirle sopra la provvisione del danaio* lag allem – als Ergebnis seiner Studien und der Erfahrungen während seiner Reisen – das Prinzip zugrunde, daß jede Herrschaft auf Gerechtigkeit und bewaffnete Macht gegründet sei. Florenz aber übte wenig Gerechtigkeit gegenüber seinen Untertanen und besaß kein eigenes Heer. Für beides müsse man »mit öffentlichem Beschluß über die Bewaffnung und mit einer guten Ordnung für deren Erhaltung sorgen«. (Opere, 26f.)

Weil man nachher immer klüger ist, haben die Historiker festgestellt, daß Machiavellis Miliz viele Fehler anhafteten. Unklar blieb beispielsweise, wie die Kompanien bewaffnet und organisiert werden sollten. Zum Exerzieren wurden nie mehr als 300 Mann einberufen, die deshalb nie das Karree bilden konnten, für das man viel mehr Männer brauchte. Die Befehlshaber wurden zu oft ausgetauscht, so daß keine Vertrauensbasis zu den Soldaten entstehen konnte.

Alle diese Fehler rührten vom Mißtrauen der Florentiner gegenüber den einberufenen Soldaten her, denn in Florenz wußte man nur allzu gut, wie schwer die Republik den Contado mit Abgaben belastete. Dafür gestand die Stadt dessen Einwohnern weder die gleichen Bürgerrechte zu wie den anderen, noch gewährte sie ihnen wirksamen Schutz gegen die Übergriffe der einheimischen Signori und gegen die Einfälle feindlicher Heere. Die Herrschaft der florentinischen Republik war mit einem Wort ungerecht, wie Machiavelli in seiner Schrift über die Miliz richtig erkannt hatte, und darin lag das eigentliche Problem, aber trotz seines Wissens konnte Machiavelli dieses Problem nicht lösen.

Francesco Vettori, ein Freund Machiavellis, berichtet eine Episode, die für die Meinung der Florentiner über die Miliz, die sie »ordinanza« nannten, bezeichnend ist. Auf seiner Gesandtschaftsreise nach Deutschland habe er, erzählt Vettori, in der Nähe von Barberino di Mugello in einer Osteria haltgemacht, die von einem Florentiner Bürger namens Anselmo di Ser Bartolo geführt wurde. Als der Gesandte nach dem Essen plötzlich lauten Trommelwirbel hörte und den Wirt nach dem Grund fragte, erhielt er zur Antwort, dies seien die Bataillone der »ordinanza«. Um sich die Zeit zu vertreiben und von der großen Hitze abzulenken, verwickelte Vettori den Wirt in ein Gespräch darüber, ob die neue Miliz für Florenz gut oder schlecht sei.

Der Wirt antwortete mit folgenden Worten: »Und ich habe keinen Zweifel daran, daß diese Bataillone, wenn sie bewaffnet und ausgebildet sind, ähnlich wie gute Infanteristen sein können. Aber ich weiß nicht, ob wir Florentiner dann sicher sein können. Ich weiß auch nicht, ob die bewaffneten und ausgebildeten Männer unbewaffneten und unerfahrenen Befehlshabern gehorchen werden. Und ich bin mir nicht sicher, ob sie nicht denken, daß sie, die ehedem Untertanen waren, dann Herren werden können. Glaub mir, der ich den ganzen Tag mit ihnen zu tun habe, daß sie uns nicht lieben und auch keinen Grund dazu haben, denn wir beherrschen sie nicht, sondern wir tyrannisieren sie. Wenn wir Angst vor äußeren Feinden haben, die uns im Abstand von vier oder sechs Jahren bedrohen, dann ist es besser, Söldner dafür zu bezahlen, als in Furcht vor denen leben zu müssen, die uns jeden Tag überfallen können. Wenn wir sie zusammenrufen können, dann können auch sie selbst es tun, um uns zu schaden. Und wenn wir unseren Nachbarn mit diesen Soldaten auch Angst einjagen mögen, müssen wir doch selbst Angst vor ihnen haben und fügen uns Schaden zu.«

Trotzdem gelang es Machiavelli, am 15. Februar 1506 400 »mit einem weißen Wams, mit weiß-roten Uniformstrümpfen, einem weißen Barett und eisernen Schuhen und einem Brustpanzer« bekleidete und mit Lanzen und kleinen Gewehren bewaffnete »contadini« paradieren zu lassen, und das Volk begrüßte dies als »die schönste Sache, die man je für die Stadt Florenz eingerichtet hat«.

Während Machiavelli sich als Mann aus dem Volk und Urheber der Miliz doppelt freute, schauten die großen Herren aus ihren Palazzi mißmutig auf diese Truppen herab, die diszipliniert hinter den Standarten der Republik marschierten.

X Der Neid der Florentiner und ein kriegerischer Papst

Das Leben jedes Menschen besteht aus einer unendlichen Kette von Augenblicken, Gemütszuständen, Gedanken und Träumen, die im boden- und lichtlosen Brunnen der Zeit verschwinden. Wir können anhand von Briefen, Schriftstükken, Quellen und Zeugnissen Fragmente des Lebens der Person rekonstruieren, die wir dem Vergessen entreißen möchten, und es ist schon viel, wenn daraus eine klar erkennbare Geschichte mit einem nachvollziehbaren Lebenslauf entsteht. Auch winzige Momente im Leben können in diesem Zusammenhang von unschätzbarem Wert sein, wenn es gelingt, sie vor unserem geistigen Auge lebendig werden zu lassen.

Wir sind bei der Lebensbeschreibung Machiavellis an einem Punkt angekommen, an dem es vielleicht möglich ist, im einzelnen seine Gemütszustände und Gedanken zu erkennen und sie sozusagen aus der Nähe zu betrachten. Seit er sich dem Aufbau einer Miliz widmete, fühlte sich Machiavelli glücklich. Während er im Casentino von Ortschaft zu Ortschaft ritt, um Soldaten anzuwerben, schrieb er »fröhliche Briefe«, und bei seiner Reise ins Mugello scherzte er über die große Kälte, die der Nordwind brachte. Als größtes Hindernis für das Gelingen seiner Aufgabe schilderte Machiavelli den Dieci das Mißtrauen der bäuerlichen Bevölkerung des Contado gegenüber der Republik. Die jungen Leute schrieben sich zwar gern in die Listen ein, einige hätten aber Angst vor neuen Steuern oder fürchteten irgendeine Täuschung. Wenn man sie in dieser Hinsicht beruhigen könne, würden sie in Scharen zur Einschreibung kommen. Machiavelli hatte das Gefühl, er werde es schaffen, denn er erhielt Hilfe von allen Seiten: »Ich glaube mehr denn je, daß mit der nötigen Sorgfalt und Umsicht ein Werk von solcher Größe und Bedeutung wie die Reform einer Provinz tatsächlich zu leisten ist.« (LC, 927) Nach seiner Meinung nämlich handelte es sich bei seinen Bemühungen nicht nur um eine politisch-militärische Maßnahme, sondern darum, dem Staat und seinem Volk ein anderes Gesicht zu geben.

Der Sekretär war sich bewußt, an einer großen Sache zu arbeiten, und ging so vollkommen darin auf, daß er gänzlich absorbiert war von dieser Aufgabe, die seine geistigen und körperlichen Kräfte vervielfachte. Von Ort zu Ort eilend, machte er seinem Zorn Luft, weil die Waffen nicht rechtzeitig ankamen und er »Zeit verliert«. Er traf eine sehr strenge Auswahl unter den Bewerbern und ließ sich auf keinerlei Kompromiß ein. Deshalb lehnte er diejenigen Bewerber ab, die die Rücknahme der von der Republik gegen einige ihrer Mitbürger verhängten Todesstrafe forderten. Florenz wolle niemanden zwingen, begründete er seine Ablehnung, unter seiner Fahne zu kämpfen, denn die Fahne müsse für alle dieselbe Farbe haben. Der Sekretär empfand seine Aufgabe als eine wichtige Gelegenheit, um sich Ansehen und Ruhm zu erwerben, wie es ihm Kardinal Francesco Soderini vorausgesagt hatte, aber er war auch zutiefst davon überzeugt, daß er mit seiner Tätigkeit Italien dem traurigen Schicksal würde entreißen können, das ihm vorgezeichnet zu sein schien.

Daß Machiavelli in jenen Tagen dachte, Italien sei das Opfer eines grausamen Geschicks, läßt sich aus dem *Decennale* ablesen, das er im November 1504 schrieb und dem angesehenen Alamanno Salviati widmete, der Florenz sicher durch die Auseinandersetzung mit Cesare Borgia geführt hatte. In dieser Widmung beschreibt er die Leiden Italiens in den Jahren von 1494 bis 1504 als vom Schicksal gewollt, gegen das kein Widerstand möglich ist. Noch deutlicher spricht er am Anfang des Gedichts von den Sternen, die dem Wohl Italiens feindlich gesinnt seien, und schließt das Werk mit einer Aufforderung an die Florentiner zum Aufbau der Miliz.

Machiavelli war der Meinung, daß die Miliz eine militärische Wiedergeburt Italiens ermöglichen und das Ende der Fremdherrschaft herbeiführen könne, die unter dem Einfluß schlechter Sterne begonnen hatte. Um zu erfahren, ob sich die Menschen dem Einwirken der Sterne entziehen können, wandte er sich sogar an den Astrologen Bartolomeo Vespucci aus Padua. Dieser erklärte Machiavellis Ansicht für »völlig zutreffend«, insofern sich der Mensch durch Erfahrungen im Laufe seines Lebens, vor allem aber durch die Anpassung an neue Gegebenheiten ändern könne. Der Aufbau der Miliz war in Machiavellis Augen nichts anderes als der Versuch der Republik Florenz und ganz Italiens, sich selbst zu ändern, um sich der neuen politischen und militärischen Situation anzupassen, die seit der Invasion Karls VIII. im Jahre 1494 entstanden war.

Auch Machiavellis Freunde waren der Überzeugung, die Schaffung einer Miliz könne das Schicksal Italiens verändern, wie sich aus einem Brief Francesco Soderinis vom März 1506 ablesen läßt. Er sei sehr glücklich, schreibt der Kardinal, zu erfahren, daß die Aufstellung der Miliz gut voranschreite, denn dieses Projekt stimme vollkommen mit seinen Hoffnungen für die Sicherheit und die Würde der Heimat überein. Er könne nicht glauben, daß die fremde Infanterie der italienischen in diesen Zeiten überlegen sei, außer aufgrund der Tatsache, daß die einheimische seit vielen Jahren ohne wirkliche Disziplin sei. Soderini fügte noch einige Worte hinzu, bei denen wir uns die Freude Machiavellis lebhaft vorstellen können: »Ihr werdet nicht wenig zufrieden sein darüber, daß durch Eure Hand eine so würdige Sache in Angriff genommen worden ist: Führt sie also fort und bringt sie zum gewünschten Ende.« (L, 217)

Diesem Brief ist auch zu entnehmen, daß Machiavelli beim Bruder des Kardinals, dem Gonfaloniere Soderini, mehr Gerechtigkeit der Republik gegenüber der Stadt selbst und gegenüber dem Contado einforderte. Er wußte, daß nur die Lösung dieser Frage den Erfolg der Miliz garantieren konnte, und davon versuchte er die Regierung der Republik zu überzeugen, wie aus den Worten des Kardinals hervorgeht: »Ihr schreibt weise, daß für dieses Prinzip [die Miliz] vor allem Gerechtigkeit notwendig sei, in der Stadt ebenso wie im Contado.« Er werde, fügt der Kardinal hinzu, sich künftig an Machiavellis Zeilen erinnern, denn auch er sei der Überzeugung, daß dies für den Erfolg der Aufgabe notwendig sei.

Machiavelli war sich über die Widerstände gegen sein Projekt im klaren und machte sich darüber Sorgen, vor allem wenn er nicht in Florenz war und die Dinge nicht persönlich kontrollieren konnte. Kaum war er zu einer weiteren Mission aufgebrochen, von der noch die Rede sein wird, wollte er wissen, wie es um die »ordinanza« stand. Buonaccorsi, der wußte, daß er seinem Vorgesetzten mit dieser Nachricht eine Freude bereiten konnte, antwortete, der Kommandant der Rekruten von Valdarno, Bastiano Castiglione, habe mit der Ankündigung allgemeine Bewunderung erregt, »in vier Stunden siebenhundert Mann« kampfbereit versammeln zu können. Gute Nachrichten wie diese sowie die Unterstützung vieler und sehr einflußreicher Freunde bestärkten Machiavelli in dem Glauben, daß es ihm mit ein wenig Geduld gelingen könne, alle zu überzeugen. Diesen Gedanken vertraute er am 23. September Antonio Giacomini Tebalducci an, einem der besten Hauptleute, den die Republik je gehabt hatte und den Machiavelli aus tiefstem Herzen bewunderte. Der Brief an Tebalducci ist einer der sehr seltenen Fälle, in denen der Sekretär Hoffnung und Optimismus zum Ausdruck bringt, und verdient deshalb besonders erwähnt zu werden.

Am Ende des Sommers des Jahres 1506 mußte Machiavelli jedoch seine geliebte Miliz verlassen, um die komplizierten, aber sicherlich weniger bedeutsamen Verwicklungen der italienischen Politik zu verfolgen. Die Dieci schickten ihn zu Julius II. mit dem Auftrag, wie üblich auf Zeit zu spielen. Obwohl Machiavelli diese Taktik nun schon gewohnt war und sie ganz gut beherrschte, gefiel sie ihm nicht. Um die Herrschaft über den Kirchenstaat zurückzugewinnen, hatte sich Julius II. der französischen Unterstützung versichert und wollte nun Giampaolo Baglioni aus Perugia und Giovanni Bentivoglio aus Bologna vertreiben. Florenz sollte ihm den Kondottiere Marcantonio Colonna und seine Truppen, die im Sold der Republik standen, zur Verstärkung des Angriffs auf Bentivoglio zur Verfügung stellen.

Die Florentiner zögerten vor allem deshalb, weil Colonna und seine Söldner eigentlich gegen Pisa eingesetzt werden sollten. Gleichzeitig aber wollte man den hitzigen Papst nicht offen zurückweisen, um ihn nicht in die Arme der Venezianer zu treiben, die ihre Hilfe gegen Bologna anboten, wenn dafür ihre Herrschaft über Faenza und Rimini anerkannt würde. Deshalb galt es, den Papst mit schönen

Worten und Versprechungen hinzuhalten und abzuwarten, wie sich die Dinge entwickelten.

Mit diesem Auftrag machte sich der Sekretär in der Nacht vom 25. auf den 26. August 1506 auf den Weg und erreichte einen Tag später den päpstlichen Hof in Nepi, etwa sechzig Kilometer nördlich von Rom. Dort gelang es Machiavelli nicht, mit Seiner Heiligkeit zu sprechen, weil er angeblich »den Dingen entrückt« war. Daß der Papst tatsächlich in Andacht versunken war, ist wenig glaubhaft, wahrscheinlich ließ er es sich einfach gutgehen. Einen Tag später bekam der Gesandte dann in Civita Castellana eine Audienz und hielt seinen Vortrag, den er, wie es seine Art war, gemäß den Anweisungen der Dieci wohl vorbereitet hatte.

Die Gesandtschaft als solche hatte nur geringe politische Bedeutung, aber einem Papst zu folgen, der an der Spitze eines Heeres reitet, statt sich in der Sänfte tragen zu lassen, war eine wichtige, ja eine einmalige Gelegenheit, um das Handeln dieses außergewöhnlichen »princeps« zu studieren, der in der einen Hand das Schwert und in der anderen den Stab Petri hielt. Eine solche Chance ließ sich Machiavelli nicht entgehen, um mit geschärftem Blick dieser Gesandtschaft weitere wichtige Mosaiksteine für das große Bild der Politik zu entnehmen, das sich in seinem Geiste allmählich formte. Denn seine Leidenschaft, das Große und Bedeutsame auch in den weniger auffälligen Dingen zu erkennen und zu entdecken, war unstillbar.

Der erste kostbare Schatz, den Machiavelli bei dieser Gesandtschaft im Gefolge des kriegerischen Papstes entdeckte, berührt ein Thema, das ihm besonders am Herzen lag. Immer interessierte er sich vor allem für die Beweggründe und die Bedeutung der Handlungen der Akteure auf der politischen Bühne, und darüber dachte er anhand eines scheinbar einfachen Falles in seinem Brief vom 13. Dezember an die Dieci nach. Aufgrund eines mit Giampaolo Baglioni geschlossenen Vertrags marschierte der Papst »feierlich in Perugia« ein. Machiavellis aufmerksamem Auge aber war nicht entgangen, daß der Papst seine Truppen vor den Toren Perugias gelassen hatte und sich auf diese Weise »in die Gewalt von Giampaulo [sic]« begab, statt diesen in seine Gewalt zu bekommen. Warum aber nutzte Giampaolo Baglioni diese Gelegenheit nicht aus?

Den Grund dafür, daß Baglioni die Gelegenheit nicht nutzte, schreibt Machiavelli, der zu diesem Zeitpunkt die weitere Entwicklung noch nicht kannte, der »Gutmütigkeit und Menschlichkeit« des Kondottiere zu. (GS, III, 354) Wenn Baglioni darauf verzichtete, seinen Staat militärisch zu verteidigen, habe er auf Anraten des Herzogs von Urbino den Weg der Demut gewählt. Demut kann man leicht heucheln, aber einem Mann wie Giampaolo Baglioni »Gutmütigkeit und Menschlichkeit« zuzuschreiben geht wirklich ein wenig zu weit. Sollte Machiavelli wirklich nicht gewußt haben, mit wem er es da zu tun hatte, und das, obwohl er den Kondottiere ein Jahr zuvor kennengelernt und lange mit ihm gesprochen hatte?

An diese Episode erinnerte sich Machiavelli lange, griff sie später in seinen *Discorsi* auf und interpretierte sie dann ganz als Ausdruck der Leidenschaften, die den Papst und Baglioni beherrschten. Der Papst sei, von »jenem Ungestüm getrieben, mit dem er alle Dinge durchführte«, unbewaffnet in Perugia eingezogen und habe sich damit in die Hände seines Gegners begeben. Baglioni habe diesen Fehler des Papstes nicht ausgenutzt, nicht weil er von Natur aus gut und menschlich, sondern weil er feige war. Ausdrücklich betont Machiavelli in dieser späteren Interpretation, daß alle intelligenten Personen im Umkreis des Papstes es für ausgeschlossen hielten, daß Baglioni aus Gewissensgründen darauf verzichtet hatte, seinen Feind zu vernichten. Einem Menschen wie Baglioni, der seinen Vater umgebracht und seine Schwester zu seiner Geliebten gemacht hatte, war Mitleid fremd. Ihm hätte sich die Gelegenheit geboten, sich Bewunderung zu verdienen und sich »unsterblich« zu machen, »denn er wäre der erste gewesen, der den Prälaten gezeigt hätte, wie wenig man sich aus Leuten zu machen braucht, die wie sie leben und regieren, und er hätte eine Tat vollbracht, deren Größe jeden Schimpf und jede Gefahr, die daraus entstehen konnten, überwogen hätte«. (D, I.27, 80) Doch Baglioni war zwar böse, aber unfähig zu »Edelmut« und »Größe«, sein Handeln entsprang niedrigen Beweggründen. Der erste Entwurf zu jenem treffenden und aufwühlenden Bild der Leidenschaften eines »princeps« entstand in Perugia an jenem Sonntag des Jahres 1506, an dem Machiavelli diese Männer und diese Ereignisse selbst erlebt hatte.

An jenem Tag nahm vielleicht auch ein anderer, nicht minder wichtiger Gedanke erste Gestalt an, der später im *Principe (Vom Fürsten)* beim Thema der »geistlichen Fürstentümer«, das heißt der Staaten, die vom Papst oder von anderen Geistlichen regiert werden, klare Konturen bekam. Diese Fürstentümer stützten sich, schreibt Machiavelli, auf die traditionsreichen Einrichtungen der christlichen Kirche, die durch ihre Stärke die Fürstentümer trügen, wie immer auch der gerade Regierende sich verhalte. »Nur diese Herrscher haben Staaten, ohne sie zu verteidigen, und Untertanen, ohne sie zu regieren, und die Staaten gehen ihnen nicht verloren, obwohl sie schutzlos sind, und die Untertanen kümmern sich nicht darum, daß sie nicht regiert werden, und wollen und können nicht von ihnen abfallen.«

(P, XI, 78) Etwas Ähnliches hatte Machiavelli in Perugia erlebt, denn Giampaolo Baglioni war zwar zur Ermordung seines Vaters und ähnlichen Grausamkeiten fähig, hatte aber nicht den Mut, seinen Soldaten die Ermordung Julius' II. und der ihn begleitenden Kardinäle zu befehlen. Beim Nachdenken über diese Episode kam Machiavelli zu dem Schluß, den Papst habe nicht nur die Feigheit Baglionis gerettet, sondern auch der besondere Schutz, den die Religion verleiht.

Während einige Eindrücke von Perugia erst in spätere Überlegungen eingingen, setzte Machiavelli andere unmittelbar in fruchtbare Gedanken um. Das Handeln des Papstes bestärkte ihn in seiner lange gehegten Vorstellung, daß bei den Dingen der Welt unterschiedliche oder sogar entgegengesetzte Verhaltensweisen oft zum gleichen Resultat führen.

Darüber schreibt Machiavelli einen langen Brief an Giovan Battista Soderini, den Neffen des Gonfaloniere, denn »die Handlungen dieses Papstes und ihre Wirkungen« hätten die letzten Zweifel in dieser Frage beseitigt. Seinen Grundgedanken erläutert er an einem Beispiel aus der Antike, nämlich an der Frage, warum Hannibal mit Wortbrüchigkeit, Grausamkeit und Verachtung für die Religion erreichte, von den Völkern Italiens bewundert zu werden, während Scipio in Spanien das gleiche mit Barmherzigkeit, Zuverlässigkeit und Achtung der Religion schaffte? In der näheren Vergangenheit sicherte Lorenzo de' Medici seine Herrschaft dadurch, daß er Florenz entwaffnete, während Bentivoglio das gleiche Resultat durch die Bewaffnung der Bevölkerung von Bologna erzielte. Ein ähnlicher Gegensatz bestand zwischen Francesco Sforza, der Festungen baute, und dem Herzog von Urbino, der die vorhandenen schleifen ließ. Diese scheinbar widersprüchlichen Ergebnisse sind für Machiavelli so zu erklären, daß die Menschen nur dann Erfolg haben, wenn sie ihre Intelligenz, ihre Vorstellungskraft und ihr Handeln der jeweiligen Zeit und den jeweiligen Umständen anpassen. Aus diesem Grund können gegensätzliche Handlungsweisen an unterschiedlichen Orten und zu unterschiedlichen Zeiten zu den gleichen Resultaten führen.

Das Problem besteht nach Machiavellis Ansicht darin, daß sich die Zeitumstände und das Wesen der Dinge ändern, während die Menschen oft an ihren Vorstellungen und Verhaltensweisen festhalten. So könne es geschehen, daß eine Person eine gewisse Zeit Glück, dann aber Unglück habe. Wenn die Menschen ihr Verhalten dem Wesen der Zeiten und der Dinge anzupassen verstünden, dann könnte sich bewahrheiten, daß der Weise die Sterne und das Schicksal lenke. Kurzsichtig, wie die Menschen aber sind, und unfähig, ihre Natur und ihr Verhalten zu ändern, geschehe fast immer das Gegenteil, das heißt »das Schicksal verändert und lenkt die Menschen und hält sie unter ihrem Joch«. (L, 244) Damit vertritt Machiavelli genau das Gegenteil von dem, was er zwei Jahre zuvor dem Astrologen Bartolomeo Vespucci geschrieben hatte.

Von Perugia aus folgte Machiavelli dem Papst auf dem Marsch gegen Bologna, dem eigentlichen Ziel des Feldzugs, seine Gedanken waren jedoch bei der Miliz. Als er am 5. September in Cesena an einer Parade der Söldner des Papstes teilnahm, nutzte er diese Gelegenheit sofort, die neue Miliz in den Augen der Dieci in einem guten Licht erscheinen zu lassen. Wenn »Eure Herrlichkeiten diese Söldner sehen könnten«, schrieb er an seine Vorgesetzten, »würden sie sich nicht der ›ordinanza‹ schämen und sie nicht gering achten«. (LC, 1012) Ein bißchen Werbung in eigener Sache kann nie schaden, und im übrigen erntete die Miliz inzwischen von allen Seiten Zustimmung, so daß am 6. Dezember 1509 als neue Behörde für die Miliz und das Heereswesen die Nove ufficiali dell'ordinanza e milizia fiorentina (Neun Offiziere der Ordinanza und der Miliz von Florenz) ins Leben gerufen wurden. Damit war die Miliz als fester Bestandteil der republikanischen Institutionen anerkannt, und an ihre Spitze wurde als Kanzler natürlich Niccolò Machiavelli berufen.

Inmitten der allgemeinen Anerkennung und des Lobes gab es jedoch auch Leute, die Machiavelli und seinem Beschützer Soderini ablehnend gegenüberstanden und dies auch offen zum Ausdruck brachten. Machiavellis und Soderinis Gegner waren einflußreiche Leute, darunter auch Alamanno Salviati, der die »Partei« der großen Familien anführte. Buonaccorsi berichtete seinem Vorgesetzten in einem Brief vom 6. Oktober von einem Bankett, bei dem Alamanno in Anwesenheit zahlreicher junger Leute Machiavelli einen »Schurken« genannt und zu verstehen gegeben habe, er werde als Mitglied der Dieci Machiavellis Bestätigung im Amt verhindern. Im folgenden werden wir sehen, warum Machiavelli den Haß der großen Familien auf sich gezogen hatte, daß aber auch die Feindschaft eines Alamanno Salviati, dem der Sekretär sein *Decennale primo* gewidmet hatte, zunächst keine ernsten Konsequenzen hatte. Die Zeiten waren noch gut, und es gab noch Ruhm zu ernten, auch wenn sich am Horizont bereits die ersten Wolken eines furchtbaren Unwetters zusammenzogen.

XI Die Gesandtschaft an den kaiserlichen Hof und die Einnahme von Pisa

Die Feindschaft des Alamanno Salviati und der anderen großen Familien, die sich selbst nach dem Vorbild der römischen Republik als »Optimaten« bezeichneten, schadete Machiavelli, genau betrachtet, doch in gewisser Weise. Seit dem Frühjahr 1507 ging das Gerücht um, Maximilian von Habsburg plane einen Feldzug nach Italien, um die Franzosen aus der Lombardei zu vertreiben und sich vom Papst zum Kaiser krönen zu lassen. Mit Frankreich auf der einen und dem künftigen Kaiser auf der anderen Seite riskierte Florenz, zwischen zwei Feuer zu geraten. Eine Entscheidung war um so schwieriger, als in Florenz selbst die sogenannte Volkspartei, die »Popolanen« oder »Popolaren« des Gonfaloniere, trotz der schweren Niederlage, die französische Truppen durch die Spanier unter Gonzalo de Córdoba am Garigliano erlitten hatten, an der traditionellen Freundschaft mit Frankreich festhielt, die Optimaten dagegen nicht nur die Seite wechseln, sondern mit dem künftigen Kaiser einen Bündnisvertrag abschließen wollten.

Bevor irgendeine Entscheidung getroffen werden konnte, mußte man rasch herausfinden, ob und mit welchen Kräften Maximilian wirklich die Alpen überschreiten wollte. Eine solche Aufgabe war genau das Richtige für Machiavelli, der am 19. Juni den Auftrag erhielt, sich an den Hof Maximilians in die »Todescheria« zu begeben, wie die deutschen Länder in Florenz hießen.

Dagegen erhoben die Optimaten lauthals Einspruch mit dem Argument, zum zukünftigen Kaiser müsse statt des allzu eigenmächtigen Sekretärs einer der vielen »vornehmen jungen Leute« reisen, um im politischen Geschäft Erfahrungen zu sammeln. Sie setzten schließlich durch, daß nicht Machiavelli, sondern Francesco Vettori am 27. Juni den begehrten Auftrag erhielt.

Machiavelli auf diese Weise auszuschließen war von der Feindschaft gegen Soderini diktiert, aber die Begründung war ganz besonders arrogant. Man brauche einen »vornehmen« jungen Mann, bedeutete nichts anderes, als daß der Gesandte aus dem Kreis der großen florentinischen Familien stammen sollte, die seit jeher das Privileg für sich beanspruchten, die Politik der Stadt insbesondere in außenpolitischen Fragen zu bestimmen. Machiavelli war nicht »vornehm«, und deshalb mußte er zurücktreten. Da spielte es keine Rolle, daß er seine bedingungslose Ergebenheit gegenüber der Republik und seine außergewöhnlichen politischen Fähigkeiten ausreichend unter Beweis gestellt hatte. Eine demütigendere und beleidigendere Begründung für den Ausschluß des Sekretärs läßt sich kaum vorstellen.

Machiavelli war tief getroffen und litt darunter, daß all seine Mühe, seine Opfer, seine hervorragenden Berichte, die jedermann bewundert hatte, gegenüber der Frage der Herkunft in den Hintergrund treten sollten. Er fühlte sich verraten und mußte entdecken, daß gewisse Freunde sich als seine ärgsten Feinde entpuppten, wie er den wahren Freunden – sicherlich ohne zu jammern – in seiner Verbitterung anvertraute. Einer von ihnen namens Filippo Casavecchia erinnerte ihn in einem langen Brief vom 30. Juli an die zahllosen historischen Beispiele von Freundschaften, die sich in erbitterte Feindschaften verwandelten, wie bei Marius und Sulla, Cäsar und Pompeius, in Florenz bei Giuliano de' Medici und Francesco de' Pazzi. Casavecchia beschließt seinen Brief mit der Mahnung, sich mit dem Gedanken zu trösten, daß der Sieg derer, die ihn von der Gesandtschaft nach Deutschland ausgeschlossen hatten, ein Triumph von kurzer Dauer sein werde.

Am selben Tag begann ein anderer Freund namens Alessandro Nasi seinen Brief mit den Worten: »geehrter und keineswegs verstoßener Machiavel« und ermunterte ihn ebenfalls, nicht deprimiert, ja im Gegenteil froh darüber zu sein, nicht in die »Todescheria« reisen zu müssen. Am Ende des Briefes sprach Nesi das Grundproblem an, wenn er schrieb, daß jeder rechtschaffene, aufrechte, gottesfürchtige und dem Gemeinwohl verpflichtete Mensch Vertrauen verdiene, unabhängig davon, ob er »reich oder arm«, Optimat oder Popolare sei. In Florenz aber war es nicht so, und Machiavelli hatte damit einen Vorgeschmack dessen erhalten, was er noch erleiden sollte, weil er einen großen und freien Geist besaß, aber weder reich noch ein Optimat war.

Schließlich kam Machiavelli aber doch noch in die »Todescheria«, denn Soderini traute den Briefen Vettoris nicht, der entweder aus Unwissenheit oder aus politischem Kalkül versicherte, der Feldzug Maximilians stünde unmittelbar bevor, und die Zahl und Effizienz der Truppen weit übertrieb. Unter dem Vorwand, jemand müsse mündlich berichten, wenn die Briefe verlorengingen, schickte der Gonfaloniere Machiavelli an den Hof des deutschen Königs. Während er formal nicht mehr als ein Kurier war, hatte der Sekretär in Wirklichkeit die Aufgabe, dafür zu sorgen, daß der Inhalt der Briefe nach Florenz nicht Wasser auf die Mühlen von Soderinis Gegnern leitete.

Machiavelli brach am 17. Dezember auf und reiste über

die Lombardei, Savoyen, Genf, Bozen und Konstanz an den Hof des deutschen Königs. In der Lombardei wurde sein Gepäck von den Franzosen sorgfältig durchsucht, und er mußte alle Briefe vernichten, aus denen ersichtlich hätte werden können, daß Florenz trotz stärkster Bedenken zur Finanzierung des deutschen Feldzugs in Italien beitragen wollte. In Genf versuchte der Sekretär die Haltung der Schweizer Kantone zu ergründen und kam zu dem Schluß, daß diese wenig geneigt waren, Maximilian gegen die Franzosen zu unterstützen. In Konstanz wollte er innerhalb eines halben Tages mit möglichst vielen Leuten sprechen, um herauszufinden, wie real die Gefahr eines deutschen Einfalls in Italien war. Im Liebfrauenmünster traf Machiavelli zwei Mailänder, dann besuchte er den Musiker Heinrich Isaac und war beim Botschafter des Herzogs von Savoyen zum Abendessen eingeladen. Den veranlaßten die stürmischen Fragen seines Gastes zu dem Ausruf: »Du willst in zwei Stunden alles wissen, was ich in vielen Monaten nicht verstanden habe!« (LC, 1065f.)

Machiavelli übernahm die Ansichten seiner Gesprächspartner jedoch keineswegs ungeprüft, sondern verglich sie sorgfältig mit dem, was er mit eigenen Augen feststellen konnte, wie sich dies an einem Brief aus Bozen vom 17. Januar ablesen läßt. Darin stellt er fest, daß Baron de Viry, den er für einen »ziemlich klugen« Kopf hält, der Meinung sei, das Unternehmen Maximilians werde weitreichende Konsequenzen »in Krieg oder Frieden« haben. Er beschließt seinen Brief jedoch mit der Bemerkung: »Ich habe nach so vielen Meilen in diesem Land weder einen Soldaten zu Fuß noch zu Pferde gesehen«, und außerdem laufe bei den langwierigen Verhandlungen mit den Schweizer Kantonen die Zeit davon, und das Geld gehe aus.

In Bozen schloß Machiavelli mit Francesco Vettori Freundschaft, obwohl die Umstände ihres Zusammentreffens eher das Entstehen von Feindschaft und Ressentiments hätten erwarten lassen. Vettori hatte auf Betreiben der Optimaten Machiavellis Stelle eingenommen, Machiavelli dagegen war als Abgesandter Soderinis gekommen, um Vettori zu kontrollieren, und doch gelang es den beiden Florentinern, freundschaftlich zusammenzuarbeiten. Sie diskutierten über die Probleme und schrieben die Briefe gemeinsam, oder, genauer gesagt, Machiavelli schrieb, und Vettori unterzeichnete. Daß nicht er mit der Gesandtschaft beauftragt worden war, hatte den Sekretär verbittert und beleidigt, aber er hegte keinen Groll, denn er hatte Wichtigeres zu tun. Es galt, die politischen und militärischen Einrichtungen ihm gänzlich unbekannter Länder zu studieren und die Intentionen des höchst verschwiegenen und ebenso unentschlossenen deutschen Königs zu entschlüsseln. Auch abgesehen von dieser gemeinsamen Aufgabe verstanden, schätzten und respektierten Machiavelli und Vettori einander.

Die schönsten Zeugnisse seiner Reise nach Deutschland sind die Schriftstücke, die Machiavelli unmittelbar nach der Rückkehr nach Florenz am 16. Juni 1508 verfaßt hat. Er war am 10. Juni von Innsbruck aufgebrochen und hatte bereits am 14. Bologna erreicht, ein Zeichen dafür, daß er von Deutschen und Schweizern genug hatte und sich nach dem strahlenden Himmel seiner Heimat sehnte. Kaum war das Gepäck abgelegt, faßt er seine Gedanken über den zukünftigen Kaiser und dessen Untertanen in dem *Rapporto di cose della Magna (Bericht über Deutschland)* zusammen, der wahrscheinlich an die Dieci gerichtet war.

Nach Machiavellis Ansicht wird, wie wir bereits gesehen haben, Politik von Menschen gemacht und von ihren Leidenschaften, ihrem Temperament und ihren Vorstellungen bestimmt. Deshalb unternimmt er immer große Anstrengungen, um den Geist der »principes«, denen er begegnet, zu ergründen und ihre Masken und Täuschungsmanöver zu durchschauen. Über Maximilian schreibt er: »Seine nachgiebige gute Natur ist Ursache, daß ihn jeder aus seiner Umgebung hintergeht. Einer der Seinigen hat mir gesagt, jeder Mensch und jede Sache könne ihn einmal hintergehen, bis er es gemerkt habe. Es gibt aber so viele Menschen und so viele Sachen, daß es sein Los sein kann, jeden Tag hintergangen zu werden, wenn er es auch jedesmal merkte. Er besitzt eine Menge Tugenden, und wenn er sich in den zwei oben genannten Punkten mäßigte, so würde er ein ganz vollkommener Mann sein. Denn er ist ein vortrefflicher Feldherr, er hält große Gerechtigkeit in seinem Lande aufrecht, in den Audienzen ist er gefällig und freundlich, und er besitzt viele andere Eigenschaften des besten Fürsten, so daß man schließen muß, es würde alles gelingen, wenn er sich in jenen zwei Stücken mäßigte.« (GS, II, 172)

Von der Regel, daß es den Menschen selten gelingt, sich zu ändern, machte aber auch Maximilian keine Ausnahme und blieb deshalb trotz seiner großen Möglichkeiten immer ein mittelmäßiger Herrscher. Seine Aufgabe wurde dadurch erschwert, daß er als deutscher König und dann als Kaiser des »Heiligen Römischen Reiches« über »freie und reiche« Länder herrschte, die große Autonomie genossen. Wenn Maximilian Soldaten brauchte, mußte er erst die Einwilligung der deutschen Reichsstände einholen und sie dann gut und pünktlich bezahlen. Wenn der Sold nicht innerhalb von dreißig Tagen eintraf, liefen die Soldaten davon, und Maximilian konnte sie weder mit Bitten noch mit Drohungen zurückhalten. Die Länder und Städte des Reiches schickten ihre

Soldaten außerdem, wann und wie lange sie wollten, so daß manchmal die Truppen aus einem Land ankamen, wenn die aus einem anderen Land schon wieder abzogen. Auf dem Papier konnte Maximilian über ein großes Heer gebieten, aber in Wirklichkeit war es viel kleiner. Mit diesen wenigen Soldaten wollte er die Venezianer bezwingen, die anfangs auf seiner Seite gestanden, ihm dann aber die kalte Schulter gezeigt hatten. Der Habsburger erlitt eine vernichtende Niederlage und verlor ganz Friaul.

Am meisten beeindruckten Machiavelli die hervorragende militärische Organisation und der Reichtum der deutschen Länder und freien Reichsstädte, das heißt eigentlich die Tatsache, daß sie reich waren, weil die Bürger in ärmlichen Verhältnissen lebten: »Wenn ich sage, die Völker Deutschlands seien reich, so ist dies die Wahrheit; und reich macht sie hauptsächlich, daß sie ärmlich leben. Denn sie bauen nicht, sie machen keinen Aufwand für Kleider, sie verwenden nichts auf Hausgeräte. Es genügt ihnen, Überfluß an Brot und Fleisch und eine geheizte Stube zu haben, wo sie sich vor der Kälte schützen können. Wer weiter nichts hat, lebt ohne die anderen Dinge und strebt nicht danach. Auf ihren Leib verwenden sie zwei Gulden in zehn Jahren. Jeder lebt nach seinem Rang in diesem Verhältnis, und keiner veranschlagt, was er entbehrt, sondern wessen er notwendig bedarf, und ihre Bedürfnisse sind viel geringer als die unsrigen. Die Folge dieser ihrer Sitte ist, daß kein Geld aus ihrem Lande geht, da sie mit dem zufrieden sind, was es erzeugt.« (GS, II, 171)

Machiavelli fand diese »rauhe« Lebensweise, mit der sich die Deutschen zufriedengaben, keineswegs sonderlich anziehend. Er bewunderte aber die Freiheit, vor allem die »freie Freiheit« der Schweizer, die keinerlei Rangunterschied akzeptierten außer zwischen Bürgern und ihren gewählten Vertretern, nicht aber ihre Ungeschliffenheit. Obwohl er das Prinzip, eine frugale Lebensweise zu fördern, um die Kassen des Staates zu füllen, grundsätzlich billigte, gingen die Deutschen und Schweizer seiner Meinung nach darin zu weit. Zum Leben gehörte für ihn auch Wein, und zwar ein guter, und Gewänder aus Samt, wie sich Machiavelli gerade eines hatte machen lassen, dessen Stoff allein viereinhalb Dukaten gekostet hatte.

Von der militärischen Organisation der Deutschen und Schweizer, die Machiavelli für vorbildlich hielt, hätten die Florentiner und die Italiener allerdings vieles lernen können. Die deutschen Soldaten blieben »bewaffnet und in Übung«, wie es der Sekretär für die Florentiner Miliz vorgesehen hatte. Jede Stadt verfügte über große Zeughäuser mit stets einsatzbereiten Waffen und Munition, und daran wird sich Machiavelli wohl schmerzlich erinnert haben, als er vor den Mauern von Pisa Mühe hatte, Schießpulver zu beschaffen. Darüber hinaus stand ein Lebensmittel- und Brennholzvorrat für den Fall einer Belagerung zur Verfügung, der ein Jahr ausreichte. Das Leben der Deutschen mochte »rauh« sein, aber dafür liefen sie nicht Gefahr, zu Sklaven gemacht zu werden wie die eleganten und stolzen Florentiner, die wie Fürsten lebten, während ihre Republik bei ihren Gesandten sogar am Geld für die Kurierpost sparte.

Machiavelli kehrte später mehr als einmal mit seinen Überlegungen zu Kaiser Maximilian, den Schweizern und den freien deutschen Reichsstädten zurück, zunächst aber drängten sich andere Probleme in den Vordergrund. Zermürbt von der langen Belagerung durch Florenz zeigten sich in Pisa erste Ermüdungserscheinungen. Der Republik war es gelungen, die nicht sehr lautstarken Proteste des Königs von

Frankreich und Ferdinands von Aragonien mit Geld zum Schweigen zu bringen, deshalb waren ein Ende des Krieges und die ersehnte Rückeroberung der Stadt absehbar.

Da bei der Belagerung Pisas erstmals die Miliz zum Einsatz gekommen war, stand in den Augen der Florentiner nicht nur die Glaubwürdigkeit der neuen Truppen, sondern auch das Prestige Machiavellis auf dem Spiel, der sich so sehr dafür stark gemacht hatte. Wie es seine Art war, stürzte sich der Sekretär mit ganzer Kraft in das Unternehmen und eilte unermüdlich von einer Truppe zur nächsten, um die militärischen Operationen und seine Miliz ständig aus nächster Nähe zu verfolgen. Sein Einsatz und sein daraus gewonnenes Ansehen wurden so groß, daß er allein die Kriegsanstrengungen der Republik zu leiten schien und Biagio Buonaccorsi ihn in einem Brief vom Februar 1509 mit »erhabener Generalkommandant« ansprach. Das war natürlich nur scherzhaft gemeint, zeigt aber doch, welche herausragende Rolle Machiavelli bei der Leitung der militärischen Operationen spielte.

So viel Ansehen erregte in Florenz wiederum Eifersucht und Ressentiments, so daß man Briefe schreiben, besänftigen und begütigen mußte. Geradezu flehentlich bat ihn Buonaccorsi in einem Brief vom 21. Februar darum: »Tut es, ich bitte Euch!« Machiavelli aber hatte weder Zeit noch Lust, zu besänftigen und zu begütigen, sondern wollte mitten im Geschehen bleiben. Als ihm zu Ohren kam, daß ihn die Dieci in ein ruhigeres Lager in der Nähe von Cascina unter dem Kommando von Niccolò Capponi abschieben wollten, antwortete er mit einer Heftigkeit, aus der zu entnehmen ist, mit wieviel Leidenschaft er bei der pisanischen Unternehmung dabei war: »Ich weiß, daß der Standort weniger Gefahren und Mühe bedeuten würde, aber wenn ich Gefahren und

Mühen scheute, hätte ich Florenz nicht verlassen. Deshalb mögen mich Eure Herrlichkeiten in diesem Lager und mit diesen Kommissaren [Alamanno Salviati und Antonio da Filicaia] mit den laufenden Problemen herumquälen lassen, wo ich zu etwas gut sein kann, denn dort wäre ich zu nichts gut und käme um vor Verzweiflung.« (Ridolfi, 169)

Machiavelli wollte dort sein, wo man ihn brauchte und wo er mit seiner Intelligenz und seinem leidenschaftlichen Einsatz Entscheidendes bewirken konnte. Einen Monat, bevor er die obigen Worte schrieb, war er Mitte März in Piombino mit einer Delegation aus Pisa zusammengetroffen, um über die Möglichkeit der Kapitulation zu verhandeln. Die Pisaner blieben hinhaltend und brachten deutlich ihre Verstimmung darüber zum Ausdruck, daß Florenz nur »einen Sekretär« und nicht zwei oder drei angesehene Bürger zu dem Treffen geschickt hatte. Machiavelli aber gab ihnen von Anfang an zu verstehen, daß er zwar keinen klingenden Namen besaß, aber dennoch sehr wohl wußte, wie man Verhandlungen zu führen habe.

Zunächst spielten die Pisaner auf Zeit, um dann Garantien für die Sicherheit der Bewohner und des Besitzes in der Stadt und dem Contado zu fordern. Sie schlugen vor, die Jurisdiktion im Contado an Florenz zu übertragen, die Souveränität über die Stadt aber zu behalten. Machiavelli antwortete darauf, sie brauchten sich über ihre Sicherheit keine Gedanken zu machen, da die Signoria von Florenz weder ihr Leben noch ihr Hab und Gut, noch ihre Ehre, sondern einzig und allein »ihren Gehorsam« wolle. Den Vorschlag, Florenz solle sich mit dem Contado begnügen, lehnte er als vollkommen lächerlich ab, denn Florenz wolle »Pisa frei und mit dem ganzen Herrschaftsgebiet in die Hand« bekommen.

Machiavelli wollte den Pisanern klarmachen, daß sie keine andere Wahl hatten als die Kapitulation und die Unterwerfung unter die florentinische Herrschaft, aber er wollte sie auch davon überzeugen, daß sie den Sicherheitsgarantien der Signoria für die Bürger trauen konnten. Zuerst drohte er, dann aber versuchte er, die Pisaner mit eindringlichen Worten »zu bewegen«: »Ich wandte mich dann an die Bewohner des Contado und sagte, ihre Einfalt täte mir leid, denn sie spielten ein Spiel, das sie nicht gewinnen könnten. Wenn die Pisaner nämlich den Krieg gewönnen, würden sie sie nicht mehr als Bundesgenossen, sondern als Sklaven haben wollen, und sie müßten wieder an den Pflug zurückkehren. Wenn Pisa dagegen, wie sie jederzeit befürchten müßten, unterliege, würden sie ihr Hab und Gut, ihr Leben und alles verlieren.« (LC, 1166f.) Dieser offene Versuch, die Vertreter der Stadt und des Contado auseinanderzudividieren, hatte Erfolg, denn die ersteren wurden sehr zornig, während die letzteren Machiavellis Worte sehr überzeugend fanden. »Wir wollen den Frieden, wir wollen den Frieden, Herr Gesandter«, lautete die Antwort.

Der Friede kam am 4. Juni 1509. Die Kapitulation der Stadt unterzeichneten auf der Seite von Florenz der erste Sekretär Marcello Adriani und Niccolò Machiavelli, der das Unternehmen militärisch und diplomatisch geleitet hatte. Machiavelli machte sich sogar die Mühe, einen Astrologen zu befragen, welcher Tag und welche Stunde für den Einzug der florentinischen Kommissare in Pisa besonders geeignet wären. Der Astrologe antwortete, sie sollten »auf keinen Fall« vor Donnerstag um halb eins einziehen, sondern möglichst kurz nach ein Uhr, denn das sei »die glückbringendste Stunde für uns«.

Die Kommissare betraten Pisa am Freitag, den 8. Juni

1509, und darüber herrschte in Florenz große Befriedigung, ja geradezu Begeisterung. Alle seien außer sich vor Freude, und in der ganzen Stadt entzünde man Freudenfeuer, schrieb Agostino Vespucci an Machiavelli. Wenn ich nicht fürchten müßte, Euch hochmütig zu machen, fügte er hinzu, würde er zu behaupten wagen, daß Machiavelli mit seinen »Bataillonen« die Rückeroberung Pisas ermöglicht habe: »Ich schwöre bei Gott, die Begeisterung, die wir hier haben, ist so groß, daß ich Dir eine Rede schreiben könnte, die eines Cicero würdig wäre!« Einige Tage später lud Filippo Casavecchia Machiavelli brieflich ein, ihn einige Tage zu besuchen, um Forellen zu essen und einen besonders guten Wein zu trinken, und beglückwünschte ihn zum pisanischen Triumph. In Florenz war man sich, wie aus Casavecchias Schreiben deutlich wird, weitgehend dessen bewußt, daß sich Machiavelli große Verdienste um die Rückeroberung Pisas erworben hatte. »Die großartige Einnahme dieser edlen Stadt« möge ihm in tausenderlei Hinsicht Nutzen bringen, denn ihm »persönlich« sei sie zu verdanken, ohne dabei die Verdienste der anderen »sehr edlen Kommissare« schmälern zu wollen. Casavecchia fügte freilich hinzu, jetzt müsse man vorsichtig sein, denn Machiavellis Vorstellungen gefielen nur den weisen Männern, und das seien nur wenige.

Casavecchia hatte recht, denn Machiavelli hatte für seine Vaterstadt etwas wirklich Wichtiges erreicht, und seine Ideen ließen ihn, wie Casavecchia schrieb, fast als Propheten erscheinen. Aber gerade deshalb mußte er sich vor der Feindschaft vieler hüten, die nicht weise, sondern übelwollend, ehrgeizig und undankbar waren. Wahrscheinlich war sich auch Machiavelli selbst darüber im klaren, sicher dachte er über die Worte des Freundes nach und wußte, daß er sein Wesen hätte ändern und die Mächtigen hätte umschmeicheln müssen, wozu auch Buonaccorsi eindringlich riet. Er hätte seine Zunge zügeln, sich zurückziehen und auf seine großen Pläne verzichten müssen. Aber die Menschen, so hatte ja gerade er erkannt, sind selten in der Lage, ihr Wesen zu ändern, und bleiben deshalb Sklaven des Schicksals, das sein Rad willkürlich mal in die eine und dann in die andere Richtung dreht. Machiavelli hatte auf dem Rad seines Schicksals den höchsten Punkt erreicht.

Ein Mensch, der richtig handelt, dem öffentlichen Wohl mit absoluter Ergebenheit und Ehrlichkeit dient, die Gründe für die Probleme seiner Vaterstadt zu verstehen und die notwendigen Abhilfen aufzuzeigen sucht, sollte von seinen Mitbürgern eigentlich geschätzt und bewundert werden. Da die Menschen in ihrer Mehrzahl aber neidisch und erbärmlich sind, geschieht meist das Gegenteil. Je mehr sich einer mit Rechtschaffenheit und Klugheit für das Gemeinwohl einsetzt, desto mehr betrachten ihn die anderen mit Mißtrauen, versuchen, ihm zu schaden und ihn an der Fortsetzung seines Werkes zu hindern. Ehre und Erfolg werden dagegen dem zuteil, der die Mächtigen zu umgarnen, ihnen zu schmeicheln und zu dienen versteht.

Kaum sechs Monate nach der Eroberung Pisas, die ihm so viel Lob und Zuspruch eingebracht hatte, begann sich die Feindschaft gegen Machiavelli immer unverhohlener bemerkbar zu machen. Auch dieses Mal warnte Biagio Buonaccorsi seinen Freund und berichtete in einem Brief vom 28. Dezember 1509, daß eine Woche zuvor ein Mann mit verdecktem Gesicht ihn vor dem Magistrat angeklagt habe, »weil Ihr der Sohn des Soundso seid, dürft Ihr Euer Amt gar nicht innehaben«. (L, 325)

Der anonyme Ankläger bezog sich wahrscheinlich auf die Tatsache, daß Niccolòs Vater Bernardo bei der Steuerbehörde von Florenz Schulden hinterlassen hatte und der

Sohn deshalb keine öffentlichen Ämter bekleiden durfte. Gesetz und Präzedenzfälle sprachen für Machiavelli, wie Buonaccorsi sich zu unterstreichen beeilte, aber die Sache blieb dennoch beunruhigend, denn viele wandten sich gegen Machiavelli, und in der ganzen Stadt, einschließlich der Bordelle, wo der Sekretär offenbar gut bekannt war, sprach man von nichts anderem.

Buonaccorsi gab Machiavelli den Rat, Florenz so lange fern zu bleiben, bis sich die Aufregung gelegt hätte, und er selbst wollte die Sache in die Hand nehmen. Er wußte nur zu gut, daß Machiavelli, wäre er vor Ort gewesen, sich nur selbst geschadet hätte, statt, wie es notwendig war, zu schmeicheln und um den Bart zu gehen. »Alle Menschen wollen«, schrieb Buonaccorsi, »daß man sie anerkennt, ehrt und bittet, auch wenn die Sache klar ist. Und es erscheint nur richtig, daß man dem, der einem nützt, dankt und ihn vorher bittet und noch einmal bittet. Ob Ihr dazu in der Lage seid, überlaß' ich Eurem Urteil.« (L, 326f.)

Buonaccorsi übertrieb sicherlich die drohenden Gefahren, aber seine Worte lassen doch erkennen, wie schwer es Machiavelli fiel, um etwas zu bitten und für etwas zu danken, das ihm, wie er glaubte, nach Recht und Verdienst zustand. Und sie lassen auch erkennen, wie zahlreich die Gegner des Sekretärs in Florenz bereits waren und wie wenige ihn unterstützten. Das also war der Dank dafür, daß er sich so sehr um die Schaffung einer Miliz und die Rückgewinnung Pisas bemüht hatte!

Während Buonaccorsi diesen alarmierten Brief schrieb, war Machiavelli auf der Heimreise von einer Gesandtschaft im Auftrag der Dieci nach Mantua und Verona. Er sollte Kaiser Maximilian die zweite Rate der Summe aushändigen, zu der sich Florenz während der Belagerung Pisas verpflichtet hatte, und außerdem sollte er den Feldzug des Kaisers und des Königs von Frankreich gegen Venedig beobachten. Der Gesandte war guter Dinge, kümmerte sich nicht um den Parteienhader in Florenz und hoffte sogar – für ihn absolut einmalig –, ein bißchen Geld beiseite legen zu können, um nach seiner Rückkehr »irgendein Geschäftchen« zu machen. Weil er daran dachte, sich Hühner zuzulegen, bat er Luigi Guicciardini, einen gewissen Piero di Martino zu fragen, ob der sich nicht darum kümmern wolle.

Während er an seine Hühner dachte, brachte er sich in eine höchst ehrenrührige Situation, sofern wir seinen eigenen Worten in diesem Fall wirklich Glauben schenken dürfen. Luigi Guicciardini hatte ihm brieflich von einem amourösen Abenteuer erzählt und von seinem Verlangen, die schöne Dame wiederzusehen. Machiavelli antwortet dem Freund mit einer ähnlichen Geschichte, die jedoch ganz anders endete. Hatte Guicciardini eine Affäre erlebt, die ihm Lust auf weitere machte, so war Machiavelli nach der seinen für eine ganze Weile jede Lust vergangen, denn Guicciardini ging aus seinem Abenteuer als Sieger hervor, während Machiavelli sich blamierte und, um es mit seinen eigenen Worten zu sagen, als »ein rechter Tölpel« dastand.

»Blind vor Verlangen« war Niccolò der Einladung einer »alten Vettel« gefolgt, die ihm die Hemden wusch und ihm eine schöne Ware zu zeigen versprach, die er probieren sollte. Dabei handelte es sich um eine Frau, die in einer dunklen Ecke des Raumes stand und sich, als der Gast eintrat, das Gesicht mit einem Handtuch verdeckte. An diesem Punkt lasse ich Niccolò sprechen, auch wenn es sich um eine haarsträubende Geschichte handelt:

Schüchtern, wie ich nun einmal bin, war ich ganz verblüfft. Die Alte aber verließ den Raum und machte die Tür zu. Weil ich mit der anderen im Dunkeln blieb, stieß ich ihn ihr rein. Und obwohl sie ganz welke Schenkel, eine feuchte Möse hatte und ein bißchen aus dem Mund roch, war ich so verzweifelt geil, daß ich sie einfach vögeln mußte. Wie ich fertig war, wollte ich mir diese Ware doch ein bißchen anschauen, nahm einen Span vom brennenden Herd und zündete damit eine Laterne an der Decke an. Holla! Beinahe wäre ich tot umgefallen, so häßlich war dieses Weib. Sie hatte zwar einige halb graue, halb schwarze Haare, aber der Hinterkopf war ganz kahl, und über diese Kahlheit sah man die Läuse marschieren. Die wenigen Haare, die sie hatte, fielen ihr über die Stirn bis auf die Augenbrauen. Mitten auf dem kleinen runzligen Kopf hatte sie ein Feuerzeichen, wie man es den Tieren an der Säule auf dem Mercato Vecchio aufdrückt. Auf jedem Büschel der Augenbrauen klebten Läuseeier. Von den Augen schaute eins nach oben, eins nach unten, und eins war größer als das andere, beide aber waren voller eitriger Tränenflüssigkeit und ganz ohne Wimpern. Die Nase war ganz nach oben gestülpt, ein Nasenflügel aufgeschnitten und voller Rotz. Der Mund erinnerte an den von Lorenzo de' Medici, aber auf einer Seite war er auch noch schief, und da lief der Speichel heraus, weil sie ihn, zahnlos wie sie war, nicht zurückhalten konnte. Auf der Oberlippe hatte sie einen langen, aber dünnen Bart. Das Kinn lief spitz zu und war leicht nach oben gebogen, wovon noch ein kleiner Hautzipfel bis zum Halsansatz herunterhing. (L, 321f.)

Machiavelli spielt ein hinterlistiges Spiel, denn sein Freund hatte ihm in begeisterten Worten von der Schönheit seiner Geliebten gesprochen, während er die abstoßende Häßlichkeit seiner Zufallsbekanntschaft beschreibt. Ob sich die Begegnung wirklich so zugetragen hat, steht auf einem ganz anderen Blatt, der Reiz der Geschichte aber liegt darin, daß sich Machiavelli über den Freund, der mit seiner Liebesgeschichte prahlte, und über sich selbst lustig macht, indem er sich ausmalt, in eine solche schreckliche Situation gekommen zu sein.

Neben derartigen Liebesabenteuern versuchte Machiavelli, die komplizierte Entwicklung des Krieges zu verstehen, den der französische König und Kaiser Maximilian nur sehr zögernd gegen Venedig führten. In Mantua, wo er am 15. November angekommen war, hatte er nicht viel in Erfahrung zu bringen vermocht. Die Marchesa Isabella d'Este, die den Staat in Abwesenheit ihres Mannes Francesco Gonzaga regierte, der von den Venezianern gefangengenommen worden war, empfing den Florentiner erst am 18. November, nicht aus Bosheit oder Stolz, sondern weil es ihre Gewohnheit war, spät aufzustehen und nicht vor dem Mittagessen zu empfangen. Seit seiner Gesandtschaft nach Forlì zu Caterina Sforza stand Machiavelli nun zum zweitenmal einer regierenden Frau gegenüber, berichtete über sie aber lediglich, sie habe ihn »sehr höflich« empfangen und ihm keine genauen Informationen über den Stand der militärischen Operationen gegeben. Noch ungenauer waren die Nachrichten, die er aus Isabellas Umgebung erhielt, denn über den Hof in Mantua schrieb Machiavelli: »Hier am Ort wachsen, ja regnen die Lügen.« (GS, II, 454)

Um mehr zu erfahren, reiste der Sekretär nach Verona, wo er am 21. November ankam und sofort erkannte, daß der

Adel auf der Seite des Kaisers stand, das Volk und »die niedrigste Plebs« dagegen auf der Seite Venedigs: »Die diesseitigen [d. h. die kaiserlichen] Soldaten sind damit beschäftigt, das flache Land zu plündern und zu verheeren, wobei man erstaunliche, beispiellose Dinge sieht und erfährt. Es hat sich hierdurch Todesverachtung und Rachedurst der Gemüter des Landvolks bemächtigt, das hartnäckiger und wütender gegen die Feinde Venedigs geworden ist, als es die Juden gegen die Römer waren. Täglich ereignet es sich, daß Gefangene sich eher töten lassen, als daß sie Venedig verleugneten. Gestern erst wurde ein Mann vor den Bischof [den Stellvertreter des Kaisers] gebracht, der sagte: er sei Untertan von Sankt Markus und wolle als solcher sterben, nicht als eines anderen Untertan leben. Der Bischof ließ in aufknüpfen, und weder das Anerbieten, ihm das Leben zu schenken, noch andere Versprechungen konnten ihn von seinem Sinne abbringen.« (GS, II, 462)

Aus diesen Beobachtungen entwickelt Machiavelli, wie es seine Art ist, wichtige Voraussagen und politische Überlegungen, die er eilends nach Florenz berichtet. Zum Kriegsverlauf merkt er an, der Kaiser und der französische König müßten angesichts der außerordentlich großen Feindseligkeit der Bevölkerung alles tun, um die militärischen Operationen so schnell wie möglich abzuschließen. Statt aber gemeinsam zu handeln, belauerten die beiden Heerführer einander, und deshalb werden »diese Städte schneller unter die alte Herrschaft zurückkehren, als sie abgefallen sind«. (GS, II, 464)

Die bäuerliche Bevölkerung des venezianischen Contado blieb vielleicht nicht nur wegen der Übergriffe der Besatzer loyal gegenüber Venedig, sondern auch deshalb, weil die venezianische Herrschaft wenigstens erträglich war, erträglicher jedenfalls als die florentinische über die Toskana. Dieses Problem stellte sich Machiavelli jedoch nicht, sondern er untersuchte ganz allgemein die Frage, wie ein Staat oder eine Herrschaft aufrechtzuerhalten ist. In diesem Zusammenhang stellte er fest, die Venezianer ließen an allen Orten, die sie erobert hatten, einen Markuslöwen anbringen, der statt des traditionellen Buches ein Schwert halte: »Es scheint, sie sind durch Schaden klug geworden, einzusehen, daß zur Behauptung der Staaten Gelehrsamkeit und Bücher nicht hinreichen.« (GS, II, 470)

Mit diesen Schlußworten seines Briefes vom 7. Dezember kam er auf seine seit Jahren immer wieder betonte Auffassung zurück, daß für die Aufrechterhaltung von Staaten subtile diplomatische Manöver allein nicht ausreichten, sondern vielmehr eine entsprechende Militärmacht notwendig sei. Doch seine Worte enthielten darüber hinaus noch eine andere Mahnung. Auf der traditionellen Darstellung stützte der Markuslöwe seine Pranke auf die Bibel, und wenn die Venezianer an deren Stelle ein Schwert setzten, so brachten sie nach Machiavellis Ansicht damit ihre Erkenntnis zum Ausdruck, daß man zur Erhaltung von Staaten vor allem im Krieg die Prinzipien christlicher Moral beiseite schieben müsse.

Unter solchen Überlegungen machte sich der Sekretär kurz nach Weihnachten auf den Heimweg nach Florenz, wo er am 2. Januar 1510 ankam. Die anonyme Anklage, von der ihm Buonaccorsi berichtet hatte, war im Sande verlaufen, nicht zuletzt deshalb, weil der Gonfaloniere bedingungslos zu Machiavelli stand. Die ersten Monate des neuen Jahres verbrachte er mit der Regelung von Familienangelegenheiten, einigen zweitrangigen Gesandtschaften und Reisen zur Aushebung von Soldaten für seine Miliz.

Inzwischen stand das Barometer der italienischen Politik auf Sturm und kündigte ein äußerst gefährliches Unwetter für Florenz an. Julius II. wollte die Franzosen unter allen Umständen von italienischem Boden vertreiben und bereitete dazu einen neuen Kriegszug vor. Ein Sieg des Papstes hätte das Ende der florentinischen Freiheit bedeutet, denn die Stadt wäre dann auf allen Seiten von päpstlichen Territorien umgeben gewesen. Darüber hinaus standen hinter dem Papst die Medici, die nach wie vor Soderini verjagen, die Volksregierung stürzen und wieder Herren der Stadt werden wollten. Die Gefahr für Florenz wurde um so größer, als die Partei der Medici von Kardinal Giovanni de' Medici geführt wurde, der in der Kurie mit großer Geste Freundlichkeiten und Wohltaten verteilte und sich damit die Sympathie vieler Florentiner erworben hatte, darunter auch die von ehemaligen Gegnern seines Bruders Piero. Florenz konnte aber auch nicht offen Partei ergreifen und mit seinen Truppen die Reihen des französischen Heeres verstärken, wie es der König und vor allem dessen Statthalter in Mailand, Kardinal d'Amboise, verlangten. Der Forderung der Franzosen nachzugeben hätte bedeutet, Florenz zur leichten Beute der päpstlichen Truppen zu machen, die im Gegensatz zu den Franzosen gefährlich nahe waren.

Als einziger Ausweg mußte der Krieg verhindert und ein wie auch immer gearteter Kompromiß zwischen dem König von Frankreich und dem Papst gefunden werden. Es galt, den französischen König Ludwig XII. davon zu überzeugen, daß es weder in seinem Interesse liege, den Krieg zu Ende zu führen, noch von Florenz zu verlangen, seine Festungen preiszugeben. Diese Aufgabe mußte jemand übernehmen, der den Hof des Königs kannte und wußte, wie er vorzugehen hatte. Die Wahl konnte nur auf Machiavelli fallen.

Der Gesandte kam am 7. Juli in Lyon an, im Gepäck neben den üblichen Instruktionen der Dieci ein persönliches Schreiben Soderinis, aus dem die Grundlinien der florentinischen Außenpolitik in dieser äußerst schwierigen Situation ablesbar sind. Machiavelli solle, schreibt Soderini, in seinem Namen sagen, »daß ich keinen andern Wunsch auf der Welt habe als drei Dinge: die Ehre Gottes, das Wohl meines Vaterlandes und die Ehre Seiner Majestät des Königs von Frankreich«. (GS, III, 407) Machiavelli müsse den König davon überzeugen, daß der beste Weg zur Wahrung seiner Macht in Italien die Schwächung Venedigs und die Aufrechterhaltung guter Beziehungen zum Kaiser sei. Vor allem aber müsse Ludwig XII. »alles tun, um nicht mit dem Papst zu brechen; denn ein Papst als Freund ist nicht viel wert, schadet aber viel als Feind durch das Ansehen, welches die Kirche nach sich zieht, und weil man nicht mit ihm ›de directo‹ Krieg führen kann, ohne die ganze Welt als Feind gegen sich herauszufordern.« (GS, III, 408)

Unter den Italienern herrschte alles andere als Einigkeit, auch wenn sich Julius II. noch so lautstark zum Verteidiger der Freiheit Italiens aufschwang und verkündete, mit Hilfe Venedigs, der Spanier und der Schweizer die französischen Barbaren aus Italien verjagen zu wollen. Sein Plan fand in ganz Italien und auch in Florenz Anhänger, wer aber wie Francesco Guicciardini die politische Wirklichkeit aus nächster Nähe kannte, ließ sich »die Augen nicht vom Glanz des Namens blenden«, sondern fürchtete, daß die Initiative des ungestümen Papstes die Fremdherrschaft in Italien nur noch drückender und vollständiger machen würde.

Der Papst und Venedig waren nicht stark genug, um die Franzosen und die Spanier zu besiegen, und deshalb war es sehr wahrscheinlich, daß entweder Frankreich oder Spanien

Italien ganz in die Hand bekommen und auch die wenigen Staaten, die mühsam ihre Freiheit verteidigten, unterwerfen würde. In Erwartung besserer Zeiten galt es wie bisher im Königreich Neapel die Herrschaft Spaniens und im Herzogtum Mailand die Herrschaft Frankreichs zu akzeptieren, um sich einmal an diese, das andere Mal an jene Macht anzuschließen.

Machiavelli war dieser Meinung, und auch am französischen Hofe teilten einige seine Ansicht, schrieb er am 26. Juli nach Florenz: »Es mißfällt jedem, der hier ist, diese Schilderhebung des Papstes; jedermann glaubt, er würde die Christenheit zerstören und den gänzlichen Ruin Italiens herbeiführen.« Auch der Abgesandte des Papstes, Bischof Camillo Leonini, den er als einen Herrn »von wahrhaft guten Gesinnungen, sehr klug und erfahren in Staatssachen« beschrieb, dachte genauso: »Er sagte mir wohl, wenn er bedenke, welch einen Krieg dies geben könne, auf welche Weise angegriffen und verteidigt, so stünden ihm die Haare zu Berge. Zuletzt beklagte er die Fehler, die in Frankreich und in Italien gemacht worden seien, worunter die armen Völker und kleineren Staaten zuerst leiden müßten.« (GS, III, 420) Im Dialog mit Leonini erkannte Machiavelli die Möglichkeit einer diplomatischen Initiative, um zwischen König und Papst Frieden zu stiften, und dafür setzte er sich ein: »Ich bin daher von einer bedeutenden Person von guter Gesinnung gebeten worden, Eure Herrlichkeiten zu bitten, daß dieselben nicht anstehen möchten, diese Sache zu übernehmen, und mit ihrer Autorität dem Papst alle die Dinge eröffnen möchten, welche sich ihm verständigerweise sagen lassen. Daß die Sache hier gut aufgenommen werde, stehe diese Person nicht an zu glauben.« (GS, III, 428)

Die Vermittlungsbemühungen hätten gute Erfolgsaussichten, erklärte Machiavelli, weil der Papst nach dem Scheitern seines Versuches, den Franzosen Genua zu nehmen, wahrscheinlich bescheidener und ängstlicher werde, während der König, obwohl er sich hart angegriffen fühle, wisse, daß er mit einem direkten Angriff auf den Papst »die ganze Welt« gegen sich haben werde. Aus diesem Grund riet Machiavelli offen, Florenz solle sich zur »Mittlerin« machen, obwohl dies seine Kompetenzen überschritt, wofür er sich entschuldigte: »Ich habe diesen Teil Euren Herrlichkeiten schreiben wollen, weil ich mein Amt nicht zu überschreiten glaube, wenn ich schreibe, was ich an hiesigem Hofe erfahre und höre.« (GS, III, 428)

Machiavelli hatte erkannt, daß sich eine Gelegenheit bot, der tödlichen Falle zu entkommen, und er wollte die Signoria in Florenz dazu bringen, den Augenblick zu nutzen, statt wie gewöhnlich zu zögern und zu hoffen, daß die Zeit für sie arbeitete. Am 3. August sprach er wiederum eindringlichst von der Notwendigkeit zu vermitteln:

> Ich bin diesen Unterhandlungen nicht ausgewichen, da ich urteilte, daß Eurer Stadt kein schrecklicheres Unglück widerfahren könne als die Feindschaft dieser beiden Fürsten, aus den Gründen, die man von vornherein sieht und begreift. Alle Mittel, die man ergreifen kann, den Vergleich herbeizuführen, habe ich für gut erachtet. Auch sehe ich nicht, daß Eure Herrlichkeiten, wenn sie Mittler werden, anders als gewinnen können. Denn es gelingt, oder es gelingt nicht. Gelingt es, so wird der Friede die Folge sein, den wir erhoffen und wollen; es werden die Gefahren vermieden, die uns der Krieg ins eigene Haus bringen könnte; und um so größer wird Eure Genugtuung sein, je mehr Anteil Ihr an der Versöhnung haben

> werdet, indem Ihr Euch den König und den Papst verpflichtet, für die nicht weniger geschieht als für Euch. Gelingt es nicht, so bleibt Euch Seine Majestät verpflichtet, da Ihr getan, was er zugegeben, und da Ihr ihm eine gerechtere Ursache gewährt, seine Klagen gegen den Papst in den Augen der ganzen Welt zu begründen. Auch der Papst wird sich nicht über Euch beschweren können, wenn er, nachdem Ihr zum Frieden geraten, keinen Frieden will und Ihr im Kriege gegen ihn handelt. Alle diese Gründe haben mich bestimmt, mich bereitwillig in diese Unterhandlungen einzulassen. Wenn Eure Herrlichkeiten es billigen, so ist es mir lieb; wenn nicht, so werden Sie mich entschuldigen; nach dem, was hier geschieht, konnte ich die Dinge nicht anders beurteilen. (GS, III, 437)

Der Vermittlungsversuch scheiterte innerhalb weniger Wochen, denn Julius II. hörte die florentinischen Botschafter, die mit ihm über den Frieden sprechen wollten, nicht einmal an. Statt dessen drohte er ihnen voller Zorn, als ob sie ihn beleidigt hätten, und die Armen konnten ihn nicht besänftigen, geschweige denn ihn von der Notwendigkeit des Friedens überzeugen. Bei der letzten Audienz vor ihrer Rückkehr nach Florenz mußten sie sich sogar sagen lassen, Florenz wolle den Plan des Papstes, Italien den Händen der Franzosen zu entreißen, verhindern und werde dies, so sei sein fester Wille, teuer bezahlen. Die florentinischen Botschafter hatten den jähzornigen Papst lediglich noch mehr erzürnt, mußten sich aber dennoch glücklich preisen im Vergleich zum Herzog von Savoyen, der, ebenfalls als Friedensstifter gekommen, in den Kerker geworfen und als angeblicher Spion gefoltert wurde.

Der Mißerfolg der Friedensmission schadete Florenz. Deshalb gaben die Dieci Roberto Acciaiuoli, der als permanenter Botschafter an den französischen Hof ging, den Auftrag, den König davon in Kenntnis zu setzen. Auch Machiavelli, der die Initiative so sehr gefördert hatte, schadete ihr Scheitern, aber er brauchte sich darüber nicht weiter zu grämen. Auf jeden Fall war es besser, zu verhandeln als neutral zu bleiben oder eine Entscheidung hinauszuzögern, um einmal dem König, dann wieder seinen Feinden die florentinische Freundschaft zu versprechen.

Davon versuchte Machiavelli die Regierung in Florenz mit all dem Scharfsinn und der Leidenschaft, derer er fähig war, zu überzeugen. »Gestern morgen« habe er lange mit Florimond Robertet, dem französischen Schatzmeister, über die Situation in Italien gesprochen, schrieb er am 9. August aus Blois, und der habe ihm zu verstehen gegeben, daß »sie Euern Herrlichkeiten nicht ganz trauen noch jemals trauen werden, solange sie dieselben nicht mit den Waffen in der Hand als ihre Verbündeten sehen [...] Eure Herrlichkeiten müssen glauben, wie Sie ans Evangelium glauben, daß, wenn zwischen dem Papst und Seiner Majestät Krieg ausbricht, dieselben nicht vermeiden können, sich für eine Partei zu erklären, mit Hintansetzung aller Rücksichten auf die andere.« (GS, III, 440f.) Unter Zuhilfenahme eines alten Tricks der Diplomaten legte Machiavelli seine Meinung, um ihr mehr Nachdruck zu verleihen, jemandem in den Mund, der »Euch hier liebt« und deshalb urteile, »daß Eure Herrlichkeiten, ohne abzuwarten, daß Ihnen die Zeiten auf den Nakken kommen und daß die Not sie zwinge, sich alle gegenwärtigen Verhältnisse vornehmen und erörtern, welchen Weg die Dinge nehmen könnten, und für jeden möglichen Fall einen Entschluß fassen«. (GS, III, 442)

Wenn kein Friede zustande komme und wenn der englische König ihn nicht daran hindere, werde Ludwig XII. mit einem so großen Heer nach Italien ziehen, daß sein Weg nach Rom nur ein Spaziergang sei. Hoffentlich, macht Machiavelli seinem Herzen Luft, nehme Gott dem Papst den »teuflischen Geist«, von dem er anscheinend besessen sei, und hindere ihn daran, Florenz und sich selbst zu vernichten. Freilich wäre es wünschenswert, »wenn die Staaten Eurer Herrlichkeiten anderswo lägen [...] auf daß auch diesen unsern Priestern ein bitterer Bissen von dieser Welt zufiele«. (GS, III, 451) Der Sekretär vermochte seine Zunge nicht im Zaum zu halten, denn zu groß war seine Verachtung für die korrupten Geistlichen, die wie Fürsten lebten, sich der Religion bedienten und nichts anderes taten, als ihre Macht und ihren Reichtum zu vermehren; zu groß war sein Haß auf Julius II., der unter dem Vorwand der Befreiung Italiens Florenz den Medici und Italien den Spaniern untertan machen wollte.

Vorläufig mußte man sich selbst helfen, eine Entscheidung treffen und an dieser festhalten. Für Machiavelli gab es keinen Mittelweg zwischen der Erhaltung des Friedens und dem Krieg an der Seite des französischen Königs. Da der Frieden besser war, galt es, die stolzen Franzosen davon zu überzeugen, daß ein Krieg gegen den Papst und seine Verbündeten nicht klug sei und daß es noch weniger klug wäre, die Entsendung florentinischer Truppen nach Mailand zu fordern, während das päpstliche Heer die Republik jederzeit von mehreren Seiten angreifen konnte. Machiavelli versuchte dem französischen Schatzmeister klarzumachen, daß die Franzosen den Papst nur unter großen Gefahren offen bekriegen könnten. Täten sie es nämlich allein, würden sie nur schwerlich siegen, mit einem mächtigen Verbündeten dagegen müßten sie sich Italien dann teilen, und daraus würde ein noch viel gefährlicherer Krieg erwachsen. Auch vor dem Staatsrat wiederholte Machiavelli dieses Argument und unterstrich, daß die Truppen des Papstes bereits an den Grenzen des florentinischen Herrschaftsgebietes stünden, das ihnen als leichte Beute in die Hände falle, wenn Florenz sein Heer abziehen sollte.

Auf diese Worte reagierten die französischen Würdenträger zunächst voller Empörung, ließen sich aber schließlich von deren Richtigkeit überzeugen. Am 29. August versuchte Machiavelli vergebens, mit dem König selbst zu sprechen, der noch krank und »gerade mit der Königin eingeschlossen war«. (GS, III, 459) Niemand hatte mehr Verständnis für die Bedürfnisse der Sinne und des Herzens als Machiavelli, deshalb ließ er den König und die Königin in Frieden und begab sich zum Kanzler, bei dem der Staatsrat versammelt war. Den Ratsmitgliedern erklärte er, die florentinischen Truppen würden, solange sie in der Toskana blieben, dem »Papst besser die Zügel« anlegen und auf diese Weise der Sache des Königs besser dienen als außerhalb der Grenzen. Am 5. September konnte der Sekretär endlich nach Florenz schreiben, das florentinische Heer könne auf Beschluß des Königs in der Toskana bleiben und werde zur Verteidigung der Republik französische Verstärkung erhalten.

Mehr konnte Machiavelli nicht tun, und mehr blieb im Augenblick nicht zu tun. Dank eines Darlehens, das ihm der Kaufmann Bartolomeo Panciatichi aus Pistoia gewährt hatte, ritt er nach Florenz zurück, denn ohne dies Geld, so hatte er an die Dieci geschrieben, hätte er seine Pferde verkaufen und zu Fuß nach Hause laufen müssen.

XIII Wie eine Republik zugrunde geht

Aus zeitlichem Abstand betrachtet, erscheinen dramatische Ereignisse der Geschichte wie der Untergang eines republikanischen Staatswesens und der Verlust der Freiheit eines Volkes mit den unendlichen Qualen und Leiden, die sie für die Individuen mit sich bringen, als unvermeidliche Konsequenz eines notwendigen Ablaufs. Die Beteiligten wirken wie gefangen in einem Netz, das eine über ihnen stehende Macht geknüpft hat. Diese Macht, die man Schicksal, Bestimmung oder Vorsehung nennt, breitet auf ihrem weiteren Weg über die Protagonisten, seien sie groß oder klein, edel oder gemein, klug oder dumm, mutig oder feige, einen barmherzigen Schleier.

Aus der Nähe betrachtet, erscheinen die Ereignisse dagegen als Ergebnis vieler unzusammenhängender Episoden, ergriffener und versäumter Gelegenheiten und gänzlich zufälliger Geschehnisse. Das große Drama löst sich in viele einzelne Geschichten auf, in den Mangel an Einsicht bei diesem oder jenem Staatsmann, in den Mut des einen und die Angst des anderen, in die widerstreitenden Gefühle und Leidenschaften im Herzen jedes einzelnen. Der Fluß der Geschichte scheint in jedem Augenblick eine andere Richtung nehmen zu können, und die handelnden Personen werden vor unserem geistigen Auge lebendig. Wir können uns ihre Gesichter vorstellen, als ob sie auf einer Theaterbühne stünden, und wir nehmen an ihren tragischen Erlebnissen teil, wir hören, was sie denken, ergreifen leidenschaftlich Partei für den einen und hassen den anderen. Jeder einzelne bildet sich schließlich ein Urteil, und gleichgültig, wie es ausfällt, werden wir etwas über das vielleicht wichtigste Problem erfahren haben, das die Geschichte uns hartnäckig immer wieder stellt, als wollte sie uns eine Erkenntnis, die wir nicht annehmen oder vergessen möchten, einhämmern, die Erkenntnis nämlich, wie Menschen ihre Freiheit verlieren und zu Sklaven werden.

Als Machiavelli im Spätherbst des Jahres 1511 aus Frankreich zurückkehrte, konnte er in der Landschaft um Florenz sicher einen farbenprächtigen Anblick genießen, wie ihn nur der Herbst in der Toskana bietet. Leider hat er uns mit keiner Zeile verraten, welche Gedanken und Gefühle er angesichts solcher Naturschauspiele hegte, obwohl er doch ein tiefes Gespür für die Poesie des Lebens hatte und für Schönheit sehr empfänglich war. Vielleicht fand er nur keine Zeit, dem Ausdruck zu geben, weil er immer unterwegs, immer in Eile war und politischen Ereignissen hinterherjagte, die für die geringen Kräfte seiner Person und der Republik viel zu schnell auf ein unheilversprechendes Ende zusteuerten. Vielleicht aber auch waren seine Gedanken und Blicke immer auf die Menschen gerichtet, unter denen es sehr viel Elend und so wenig Größe gab.

Machiavelli freute sich gewiß, Monna Marietta und die Kinder wiederzusehen, denn während seines Aufenthalts in Frankreich hatte er in der Kanzlei immer wieder um Nachrichten von seiner Familie gebeten und war über das Schweigen seiner Freunde und Kollegen erbost. Marcello Adriani nahm ihn wegen dieser ängstlichen Besorgtheit ein bißchen auf den Arm: »Deine Frau ist hier und durchaus lebendig, die Kinder laufen auf ihren eigenen Füßen, und was mit dem

Haus los ist, weiß man nicht (?), und auf dem Landgut in Sant'Andrea di Percussina wird es eine magere Weinernte geben.« (LC, 339) Machiavelli hatte zwar in Frankreich eine gewisse Jeanne gefunden, die ihm die Einsamkeit besser zu ertragen half als die alte Vettel in Verona, aber deshalb hatte er Frau und Kinder keineswegs vergessen. In seinem großen Herzen war Platz für Zuneigung und leidenschaftliche Liebe zu mehr als einer Frau.

Florenz fand er bei seiner Rückkehr politisch noch zerrissener als vor seiner Abreise. Die Parteigänger der Medici profitierten davon, daß Kardinal Giovanni de' Medici in Rom großzügigst allen Seiten seine Gunst bezeugte, konnten immer mehr Anhänger gewinnen und zeigten von Tag zu Tag offener ihren Willen, Piero Soderini loszuwerden. Darüber hinaus standen die großen Familien dem Gonfaloniere mit wachsender Feindseligkeit gegenüber und beschuldigten ihn, ihre Interessen nicht genügend zu berücksichtigen und ihnen in der Leitung der öffentlichen Angelegenheiten nicht die ihnen zustehende hervorragende Rolle einzuräumen. Weil es nach Machiavellis Meinung unausweichlich zu einem Krieg zwischen dem Papst und dem König von Frankreich kommen mußte, wußte er, daß diese innere Zerrissenheit das Ende der Republik einläutete. Selbst für eine geeinte Republik wäre es schwierig gewesen, dem offenen Angriff des Papstes und seiner Verbündeten standzuhalten, um so mehr galt dies für den von Parteienkämpfen zerrissenen Staat, in dem die angesehensten und reichsten Männer den Sturz der Volksregierung wie eine Befreiung herbeisehnten.

Angesichts der herannahenden Flutwelle, die die Regierung zu überwältigen drohte, galt es, in aller Eile die bestehenden Dämme zu verstärken und neue zu bauen. Die

Beibehaltung der bisher in der florentinischen Politik stets befolgten Maxime, abzuwarten und auf Zeit zu spielen, bedeutete glatten Selbstmord. Doch diese Erkenntnis teilte mit Machiavelli nur eine verschwindende Minderheit seiner Mitbürger, und der Sekretär besaß nicht die Macht, sie in die Tat umzusetzen. Andere trafen die wichtigen Entscheidungen, er selbst konnte sich nur um die militärischen Fragen, um Festungen und Soldaten kümmern, das aber tat er mit der ihm eigenen unermüdlichen Energie. Er inspizierte die Befestigungsanlagen von Pisa, Arezzo und Poggio Imperiale entlang der Grenze, von der aller Wahrscheinlichkeit nach die päpstlichen Truppen den Angriff beginnen würden, und er stürzte sich mit aller Kraft in die Aufgabe, eine leichte Reiterei aufzustellen. Den Kern eines Heeres bildete für ihn die Infanterie, aber er wußte genau, daß ohne Kavallerie keine Schlacht zu gewinnen war. Deshalb warb er im Chianatal Männer an, so daß er am Weißen Sonntag die neue Kavallerie durch die Straßen von Florenz paradieren lassen konnte. Die Stadt verfügte nun zwar über eigene Fußsoldaten und Reiter, aber die Männer hatten noch nie gekämpft, sondern höchstens an einigen Paraden teilgenommen und ein bißchen exerziert, und sie kannten den Krieg nur aus der Sicht der Zivilisten. Auch gebrach es an erfahrenen Kommandanten, die Disziplin zu halten, Mut einzuflößen und Befehle zu erteilen verstanden.

Im Laufe der Zeit wären der Mangel an Erfahrung und das Fehlen von Kommandanten zu beheben gewesen, aber die Feinde der Republik warteten nicht. Die Auseinandersetzung zwischen dem Papst und dem französischen König trat in eine neue entscheidende Phase, und die Gegner kämpften sowohl mit geistigen als auch realen Waffen. Der König von Frankreich überredete einige französische Kardinäle dazu, für September nach Pisa ein »Allgemeines Kirchenkonzil« einzuberufen, um den Papst zu verurteilen und die Kirche zu reformieren, woraufhin Julius II. mit der Exkommunikation der rebellischen Kardinäle und der Einberufung eines neuen Konzils nach Rom für den Mai 1512 die französische Initiative zunichte machte.

Wie leicht vorherzusehen, ging der Kampf mit den geistigen Waffen zugunsten des Papstes aus, denn die mit lauter Stimme vorgetragenen Aufrufe der papstfeindlichen Kardinäle zur Reform der Kirche vermochten niemanden zu täuschen. Allzu offensichtlich standen hinter diesen Proklamationen die politischen Pläne des französischen Königs und sein persönlicher Ehrgeiz. Ebenso offensichtlich war es, wie Francesco Guicciardini schrieb, daß für denjenigen, »der von diesen [den rebellischen Kardinälen] den Stuhl Petri besteigen würde, eine Reform ebenso notwendig sein wird wie für die, die jetzt reformiert werden sollen.« (*Storia d'Italia*, X, 7)

Dem Papst schadete das Konzil in Pisa keineswegs, wohl aber Florenz. Weil Pisa zum florentinischen Herrschaftsgebiet gehörte, verhängte Julius II. über die Stadt das Interdikt, das heißt eine Kirchenstrafe, die für ein Gebiet oder eine Stadt Gottesdienste, kirchliche Begräbnisse und einige Sakramente verbot. Florenz erlitt diese Strafe nicht zum erstenmal, aber für die Regierung ergaben sich daraus jedesmal ernste Schwierigkeiten. Das eigentliche Problem war jedoch politischer Natur, denn durch die Forderung des französischen Königs, das Konzil in Pisa stattfinden zu lassen, geriet Florenz zwischen Hammer und Amboß. Die Forderung abzuschlagen bedeutete, den einzigen Verbündeten der Republik vor den Kopf zu stoßen, ihr nachzukommen jedoch, den Haß des Papstes bis zum äußersten zu steigern.

Man mußte den französischen König und die Kardinäle dazu überreden, auf das Konzil zu verzichten, es nicht im Gebiet von Pisa abzuhalten oder es wenigstens um einige Monate zu verschieben, in der Hoffnung, daß ein Wunder, vielleicht sogar der Tod des Papstes, dem bedrängten Florenz zu Hilfe käme. Um diesen komplizierten Knoten zu lösen, schickten die Dieci Machiavelli zu einer Unterredung mit dem König nach Frankreich. Zuvor aber sollte er die Kardinäle Bernardino Carvajal, Titular der Kirche Santa Croce in Gerusalemme, Guillaume Briçonnet, Bischof von Narbonne, und Francisco Borgia, Bischof von Cosenza, auf ihrem Weg von Mailand nach Pisa aufsuchen. Er traf die Geistlichen in Begleitung von Kardinal Federico Sanseverino bei Pisa, und es muß Machiavelli nicht gerade Vergnügen bereitet haben, mit diesen Gestalten zu verhandeln, die er am liebsten zur Hölle gewünscht hätte und die ihn zudem noch Stunden warten ließen, bevor sie auf seine Vorschläge antworteten. Und wie mag er es wohl ertragen haben, den großspurigen Deklamationen zuzuhören, mit denen die Kardinäle ihr Unternehmen als für Gott und die Christenheit segensreich rechtfertigten und ihn davon zu überzeugen suchten, daß Florenz aus Liebe zu Gott und zum Wohle der Kirche sich die Last des Konzils in Pisa aufbürden müsse?

Die Gefahr wurde abgewehrt. Vielleicht ließen sich die Kardinäle von der feindseligen Haltung der Bevölkerung und des Klerus in Pisa einschüchtern, vielleicht waren sie beunruhigt über die ablehnende Haltung von Florenz oder hatten sich tatsächlich von Machiavelli davon überzeugen lassen, daß es in ihrem eigenen Interesse liege, die Versammlung zu verlegen, jedenfalls verschwanden sie im November nach Mailand, wo ein totgeborenes Konzil abgehalten wurde, von dem niemand Notiz nahm.

Die Gefahr war abgewehrt, aber nicht aus der Welt geschafft. Nachdem der französische König im Kampf mit geistigen Waffen eine Niederlage erlitten hatte, wollte der diabolische Papst die Auseinandersetzung auch auf politischem und militärischem Gebiet führen. Anfang Oktober 1511 schloß er mit Venedig, dem Herzog von Ferrara und mit König Ferdinand dem Katholischen von Aragonien den Heiligen Bund, um die Einheit der Kirche zu erhalten, die päpstliche Herrschaft über Bologna wiederherzustellen und jeden – gemeint war der französischen König – zu vertreiben, der sich dem entgegenstellen sollte. Der spanische Vizekönig in Neapel, Ramon di Cardona, wurde zum Oberkommandierenden des Heeres ernannt, der englische König Heinrich VIII. schloß sich am 17. November dem Bund an, und später beteiligte sich faktisch auch Kaiser Maximilian. Frankreich war allein und von Feinden umgeben, desgleichen Florenz: eingekreist von Feinden und wehrlos.

Auf dem Schlachtfeld behielten jedoch die Franzosen zunächst die Oberhand. Unter dem Kommando des hervorragenden und mutigen Gaston de Foix, der seine Soldaten mit Worten und durch sein Vorbild zu begeistern verstand, eroberten und plünderten die königlichen Truppen Brescia und brachten am 1. April 1512 bei Ravenna den spanischen und päpstlichen Soldaten eine vernichtende Niederlage bei. Der französische Sieg war jedoch vertan, weil Gaston de Foix in dieser Schlacht sein Leben verlor, während er zu Pferd die spanischen Fußsoldaten verfolgte, die sich geordnet zurückzogen. Ohne seinen Kommandanten war das Heer desorganisiert und trat, statt gegen Rom zu marschieren, einen langen Rückzug an.

Ludwig XII. selbst hatte seine Truppen zurückgerufen, weil ihn der Einfall der gefürchteten Schweizer Infanterie beunruhigte, die auf die Seite des Papstes getreten war. Die Schweizer Landsknechte waren wie immer von der Gier nach Gold und Beute getrieben, aber auch von einem tiefen Haß gegen den französischen König, der ihnen die deutschen Soldaten vorzog. Die Kräfteverhältnisse verschoben sich schließlich endgültig zugunsten des Papstes, als Kaiser Maximilian die deutschen Soldaten, die für den französischen König kämpften, zurückrief, so daß dem König von Frankreich nichts anderes übrigblieb, als die Feindseligkeiten abzubrechen. Mailand fiel in die Hände der Schweizer, auch wenn formal der Heilige Bund von dem Herzogtum Besitz ergriff. Bologna, Piacenza und Parma lieferten sich dem Papst aus, und Genua vertrieb die französische Besatzung, so daß Julius II. als unangefochtener Herrscher triumphal das Laterankonzil in Rom eröffnen konnte. »Überaus prachtvolle und feierliche« Zeremonien wurden veranstaltet, erzählt Guicciardini, »die die Menschen tief im Herzen berührten, wenn man glauben könnte, daß die Gedanken und Ziele der Urheber dieser Dinge so sind, wie ihre Worte klingen.« (*Storia d'Italia*, X, 14)

Nur mit Florenz mußte die Rechnung noch beglichen werden, und das Schicksal der Stadt wurde bei einem geheimen Treffen zwischen den Führern des Heiligen Bundes im Juni in Mantua entschieden. Man beschloß, Piero Soderini dazu zu zwingen, als Gonfaloniere zurückzutreten, die Volksregierung aufzulösen und die Herrschaft der Medici wiederherzustellen. Die spanischen Truppen, die wie durch ein Wunder bei Ravenna der Vernichtung entgangen waren, setzten sich unter Führung von Ramon di Cardona Richtung Florenz in Marsch, überschritten den Apennin und schlugen ihr Lager in Barberino del Mugello auf.

In welchem Zustand sich Florenz angesichts der heranrückenden spanischen Truppen befand, läßt sich aus einem Brief Biagio Buonaccorsis vom 27. August an Machiavelli ablesen, der sich im Lager der Milizsoldaten bei Prato aufhielt: »Von Pier Soderini soll ich Euch auffordern, schnell etwas zu unternehmen, denn daß das feindliche Heer heute abend Campi erreicht, um dort Quartier zu nehmen, gefällt ihm überhaupt nicht und überrascht ihn. Adieu. Tut, was Ihr könnt, damit nicht mit Formalitäten Zeit verloren wird.« (LC, 353)

Der oberste Repräsentant der Republik wunderte sich darüber, daß die Spanier in Campi waren, als ob er nicht wüßte, welche Zukunft der Heilige Bund für Florenz ins Auge gefaßt hatte. Und in seiner Hilflosigkeit fordert er Machiavelli zum Handeln auf, als könne dieser mit seiner Miliz, die aus völlig kampfunerfahrenen Bauern ohne Offiziere und ohne Artillerie bestand, das Wunder der Rettung der Republik vollbringen. Buonaccorsi war sich dessen vollkommen bewußt, wenn er seinen Vorgesetzten aufforderte, das zu tun, was in seinen Kräften stand. In dem »Adieu« am Schluß des Briefes kommt die Ahnung zum Ausdruck, daß es mit der Republik zu Ende geht und daß die beiden Freunde jene Säle im Palazzo Vecchio, wo sie jahrelang gearbeitet, gelebt, gelitten und gelacht hatten, für immer verlassen mußten.

In der Zwischenzeit erklärte Vizekönig Cardona, der sich seiner militärischen Schwäche bewußt war, seine Partei wolle Florenz keineswegs seiner Freiheit berauben und auch nicht die Regierungsform ändern. Es genüge, wenn Pier Soderini zurücktrete und die Medici als normale, den Gesetzen und dem Magistrat der Stadt unterworfene Bürger in Florenz leben dürften.

Dieser Kompromißvorschlag stieß in Florenz auf geteilte

Meinungen. Die Befürworter argumentierten, es sei nicht richtig, daß die ganze Stadt schwersten Gefahren ausgesetzt werde, nur um einen einzigen zu verteidigen, daß die Medici, wenn sie als einfache Bürger zurückkehrten, die Freiheit der Republik nicht gefährden würden und daß Florenz, vom französischen König im Stich gelassen, dem Heiligen Bund keinen Widerstand leisten könne. Die Gegner eines Kompromisses hielten es für illusorisch zu glauben, das spanische Heer sei nur mobilisiert worden, um Soderini abzusetzen und die Medici als Bürger wie alle anderen nach Florenz zurückkehren zu lassen. Ohne den Gonfaloniere wäre Florenz eine Herde ohne Hirten, und die Medici könnten dann mit der Rückendeckung des spanischen Heeres die Partei der Republikgegner anführen, den Consiglio Grande auflösen und die freiheitliche Ordnung vernichten.

Soderini berief den Consiglio Grande und hielt eine denkwürdige Rede, die Francesco Guicciardini in seiner *Storia d'Italia* (XI, 3) festgehalten hat:

> Würde ich glauben, daß die Forderung des Vizekönigs nur mein persönliches Interesse betrifft, dann hätte ich selbst längst die Entscheidung getroffen, die mit meinem Anliegen übereinstimmt. Da ich immer bereit war, mein Leben hintanzusetzen für Euer Wohl, wäre es mir ein leichtes gewesen, auf das Amt, das Ihr mir gegeben habt, zu verzichten, um Euch von Schaden und der Kriegsgefahr zu befreien, denn ich habe längst mein Bestes gegeben, mein Körper und mein Geist sind müde von den vielen Mühen und Plagen der vielen Jahre, die ich dieses Amt innehabe. Aber in dieser Frage mag es sich nicht nur um meine Person handeln, und diesen meinen ehrenwerten Kollegen und mir schien es, daß man ohne die öf-

fentliche Zustimmung diese Frage, die das Interesse jedes einzelnen in so schwerwiegender und umfassender Weise betrifft, nicht nur innerhalb der beschränkten Anzahl von Bürgern beraten kann, von denen andere Dinge normalerweise behandelt werden, sondern nur mit Euch, die Ihr der Fürst dieser Stadt seid, dem allein eine so gewichtige Entscheidung zusteht. Ich will Euch weder in die eine noch in die andere Richtung beeinflussen, es sei Euer Ratschlag, es sei Eure Entscheidung. Die Entscheidung, die Ihr treffen werdet, werde ich annehmen und loben, denn ich lege nicht nur das Amt, das Euer ist, in Eure Hände, sondern auch meine Person und mein Leben. Und ich würde mich einzigartig glücklich preisen, wenn ich glauben könnte, daß dies das Mittel zu Eurer Rettung ist. Prüft, was die Forderung des Vizekönigs für Eure Freiheit bedeutet, und Gott möge Euch gnädig sein und Euch erleuchten, damit Euer Geist die beste Entscheidung zu treffen versteht. Sollten die Medici die Möglichkeit bekommen, als Privatleute in dieser Stadt zu leben und das Urteil der Magistrate und die Gesetze zu beachten, wäre ihre Rehabilitierung lobenswert, damit sich unser aller Vaterstadt wieder in Einigkeit zusammenschließt. Wenn sie aber anderes im Sinn haben, dann seid Euch der Gefahr bewußt und denkt nicht nur an die finanziellen Lasten und Schwierigkeiten, um Eure Freiheit zu bewahren. Wie wertvoll die Freiheit ist, habt Ihr vergebens erkannt, als Ihr – es ist schrecklich zu sagen – der Freiheit beraubt wart. Niemand darf außerdem glauben, daß die Regierung der Medici die gleiche sein muß wie vor ihrer Vertreibung, denn die Form und die Grundlagen der Dinge haben sich gewandelt. Damals lebten sie unter uns als gleichberechtigte Bürger, hatten das reichste Vermögen durch die Stellung, die sie einnahmen, und waren von niemandem beleidigt worden. Deshalb gründeten sie ihre Herrschaft auf Wohltaten für die Bürger, berieten mit den ersten unter ihnen die öffentlichen Belange und sorgten dafür, daß ihre Größe durch den zivilen Umgang mit allen mehr verdeckt als aufgedeckt wurde. Jetzt aber haben sie viele Jahre außerhalb der Stadt gelebt, haben sich an fremde Lebensweisen gewöhnt und sind wenig mit den Dingen der Stadt vertraut. Außerdem erinnern sie sich an die Vertreibung und an das, was sie erlitten haben, sie sind äußerst arm an Vermögen, sind von vielen Familien beleidigt worden und wissen, daß der Mehrheit, ja der ganzen Stadt die Tyrannis verhaßt ist. Deshalb würden sie niemandem mehr vertrauen und würden aus Armut und Mißtrauen alles an sich reißen, sie würden nicht die Wohltätigkeit und Liebe zu ihren Mitbürgern erhöhen, sondern die Gewalt und die Waffen, so daß diese Stadt in kürzester Zeit wie Bologna zur Zeit der Bentivogli, wie Siena oder Perugia würde. Ich sage dies denjenigen, die die Zeit und die Regierung des Lorenzo de' Medici predigen, unter dem zwar harte Bedingungen und eine – wenn auch mildere als viele andere – Tyrannis herrschte, wir jedoch im Vergleich zu heute in einer goldenen Zeit lebten. Jetzt ist es an Euch, eine kluge Entscheidung zu treffen zum Wohle Eurer Heimatstadt. An mir ist es, entweder mit beständigem und fröhlichem Herzen auf dieses Amt zu verzichten oder, wenn Ihr anders entscheidet, beherzt mich für die Bewahrung und Verteidigung Eurer Freiheit einzusetzen.

Der Consiglio Grande beschloß, den Medici die Rückkehr als einfache Bürger zu gestatten, weigerte sich jedoch, Pier

Soderini seines Amtes zu entheben. In einem letzten verzweifelten Versuch der Selbstbehauptung wollten die Vertreter der im Sterben liegenden Republik Freiheit und Gemeinwohl mit allen zur Verfügung stehenden Kräften, ja wenn nötig mit dem Leben selbst verteidigen.

Diesen edlen Absichtserklärungen stand jedoch nicht die entsprechende politische Klugheit zur Seite. Soderini beschloß, in Florenz das Gros seiner Truppen aus 350 schweren Reitern, den 500 von Machiavelli rekrutierten, mit Armbrust und Büchse bewehrten leichten Reitern und 14000 Infanteristen der Miliz zusammenzuziehen. Unter dem Kommando von Luca Savello sollten 100 Schwerbewaffnete und etwa 3000 Milizsoldaten Prato sichern, das auf dem Weg der spanischen Truppen lag. Um die republikanische Regierung vor möglichen inneren Unruhen zu schützen, ließ Soderini im Palazzo Vecchio etwa dreißig Anhänger der Medici einsperren.

Am 29. August stand das spanische Heer mit 200 Schwerbewaffneten, 5000 Infanteristen und zwei Kanonen vor Prato. Weil der Vizekönig über den Mangel an Verpflegung für seine Soldaten beunruhigt war und wußte, daß es schwierig werden würde, eine gut befestigte Stadt wie Prato mit nur zwei Kanonen zu belagern, schlug er, statt zum Angriff überzugehen, Florenz ein neues Abkommen vor. Diesmal war nicht mehr von der Absetzung Soderinis die Rede, der Vizekönig forderte nur noch, daß die Medici als einfache Bürger nach Florenz zurückkehren sollten, für sich wollte er 30000 Dukaten und bis zu einer Entscheidung Brot für seine ausgehungerten Soldaten. Damit bot sich eine einmalige und auch die letzte Gelegenheit, um die Republik noch zu retten, aber Soderini ging nicht auf das Angebot ein, sondern zog die Verhandlungen in die Länge. In der festen Überzeugung, daß die Spanier auf jeden Fall abziehen würden, ließ er auch das Brot nicht schicken.

Dies war ein schwerwiegender Fehler, denn am 30. August begannen die völlig ausgehungerten Spanier, mit ihrer unzureichenden Artillerie Prato zu bombardieren. Nach vielen Stunden konnten sie eine etwa sechs Meter breite Bresche in die Mauer schlagen und gingen voller Haß und Verachtung für die als Soldaten verkleideten Bauern, die die Stadt verteidigen sollten, zum Sturmangriff über. An der Bresche wurden die Spanier von einer Einheit von Infanteristen erwartet, die mit kleinen Armbrüsten und Piken ausgerüstet waren, um die Feinde daran zu hindern, von der Mauer herunterzukommen. Statt dessen lösten sich die florentinischen Soldaten beim Anblick der Feinde in Panik aus der Formation, warfen ihre Waffen weg und flüchteten. Die Spanier strömten in Massen nach und hieben die um Mitleid flehenden florentinischen Soldaten im wahrsten Sinne des Wortes in Stücke, drangen in die Häuser ein, vergewaltigten, folterten, töteten, plünderten und verbrannten alles, was sie fanden.

Bei diesem »Sacco di Prato« wurden mehr als 4000 Menschen massakriert, und nach dem Bericht eines Zeitgenossen hausten die spanischen Soldaten so grausam, daß »die helle Sonne ihr strahlendes Gesicht« bedeckte, um diese Untaten nicht sehen zu müssen. In einem Brief an eine unbekannte Dame schrieb auch Machiavelli am 16. September, dort »verloren über 4000 Menschen das Leben; die übrigen wurden gefangen und auf verschiedene Weise gezwungen, sich loszukaufen. Selbst der Jungfrauen schonten sie nicht, der eingeschlossenen in geheiligten Orten, die durch Schändung und Sakrileg entweiht wurden.« (GS, V, 334)

Der »Sacco di Prato« bedeutete das Ende der Republik. Sobald die ersten Flüchtlinge in Florenz angekommen waren, die das Massaker überlebt hatten und von den erlebten Schrecken erzählten, brach in der Stadt Panik aus. Dieselben, die ihren Besitz und ihr Leben in Soderinis Hand gelegt hatten, damit er die Freiheit rette, klagten ihn jetzt an, der Grund für alles Übel zu sein, weil er erst Prato ohne Verteidigung gelassen und dann den Kompromiß mit dem Vizekönig abgelehnt hatte. Als seine Feinde erkannten, daß Soderini völlig isoliert, gelähmt vor Angst und voller Schuldgefühle war, gingen sie zum Angriff über. Einige junge Anhänger der Medici drangen in den Palazzo Vecchio ein und, ohne auf Widerstand zu stoßen, bis zu den Räumen des Gonfaloniere vor, dem sie das Leben zu schenken versprachen, wenn er den Palast verließe. Ein letztes Mal wandte sich Soderini in dieser Situation an Machiavelli und forderte ihn auf, Francesco Vettori als Garanten der Abmachung zu holen. Der kam sofort, fand den Gonfaloniere »allein und verängstigt« vor, brachte ihn in seinen Palast und sorgte dafür, daß er in der Nacht in Richtung Siena fliehen konnte. Der Führung beraubt, war die Republik bereit, sich wieder den alten Herren zu unterwerfen.

XIV Die Tragödie und das Lachen

Das Schicksal schlägt manchmal Wunden, die nie mehr heilen, und die Lebensgeschichte zerbricht in ein Vorher und ein Nachher. Wer solche Schicksalsschläge erlebt hat, ist von einem bestimmten Tag an nicht mehr dieselbe Person wie vorher, leidet an nie gekannten Ängsten, entdeckt in sich aber auch nie gekannte Ressourcen und sieht die Welt und die Menschen in einem kälteren Licht. Der Mensch kann stärker oder auch verletzlicher werden, in jedem Fall ist er anders als vorher.

Großes Leiden wirkt wie ein Wind, der die kleinen Sorgen wegfegt, und befähigt die Seele, wenn sie die Wurzeln des Lebens nicht ganz austrocknen, die großen Dinge zu erkennen. Einige Menschen vermögen sogar noch zu lachen, auch wenn sie alles verloren haben, was ihnen im Leben wichtig war. Es ist ein herausforderndes Lachen, das auf den Lippen erstirbt, ohne das Leiden, von dem das Herz gefangen bleibt, lindern zu können.

So lächelte Machiavelli nach jenem traurigen 7. November 1512, an dem die Signoria ihn mit einer lakonischen Mitteilung informierte, daß er nicht mehr Kanzler der Zweiten Kanzlei und nicht mehr Sekretär der Dieci di Libertà sei. Das gleiche Schicksal erlitt auch Biagio Buonaccorsi; für beide endete eine Epoche und mit dieser Epoche auch ihre Freundschaft. Buonaccorsi sollte sich weiterhin um Machiavelli bemühen, indem er zuerst dessen *Principe*, dann die *Arte della guerra* abschrieb und den alten Freund gegen infame Beschuldigungen verteidigte, aber der sprach nicht mehr von ihm. Ich stelle mir vor, daß Machiavelli, als das Portal des Palazzo Vecchio hinter ihnen zuschlug, den Freund tröstete und ihm dafür dankte, daß er ihm so oft in der Kanzlei und in familiären Dingen geholfen hatte.

Der Beschluß, Machiavelli aus seinem Amt zu entlassen, gehörte zu den vielen Maßnahmen der neuen Regierung nach der Vertreibung Pier Soderinis. Der Consiglio Grande wählte in das Amt des Gonfaloniere, das nicht mehr auf Lebenszeit, sondern auf vierzehn Monate begrenzt wurde, Giovambattista Ridolfi. Dieser sehr angesehene Mann hatte zu den Anhängern Savonarolas gezählt und wurde von den zeitgenössischen Geschichtsschreibern sogar als deren Oberhaupt angesehen.

Die Leitung der florentinischen Politik ging freilich nicht in die Hand der Parteigänger Savonarolas, sondern in die der Medici über, die nach achtzehn Jahren aus dem Exil zurückkehrten. Zwar war ihnen die Rückkehr nur als einfache Bürger erlaubt, aber das wollten sie keineswegs bleiben, wie Pier Soderini in seiner letzten Rede vor dem Consiglio Grande richtig vorausgesehen hatte. Am 16. September strömten Anhänger der Medici und Soldaten auf die Piazza della Signoria und forderten lautstark ein »Parlament«, das heißt eine allgemeine Versammlung des Volkes.

In diesem Parlament billigte das versammelte Volk die Einrichtung eines aus ungefähr fünfzig Männern gebildeten Rates, der zur Reform der Stadtverfassung bevollmächtigt wurde. Die ausgewählten Bürger gehörten allesamt zur Partei der Medici, zu den »palleschi«, wie sie nach den »palle« (Kugeln) auf dem Wappen der Medici genannt wurden. Innerhalb weniger Tage zerstörten sie die Fundamente der florentinischen Freiheit und lösten am 18. September das Amt der Nove della milizia auf und damit die Miliz, für die sich Machiavelli mit so großer Mühe eingesetzt hatte. Pier Soderini wurde verbannt und der Consiglio Grande aufgelöst.

Die Gefühle Machiavellis in jenen Septembertagen vor seiner Vertreibung aus dem Palazzo Vecchio lassen sich leicht vorstellen. Weil ihm die neuen Herren keine Aufgaben mehr erteilten, wird er untätig an seinem Arbeitsplatz gesessen, über die Gründe nachgedacht haben, die zum Untergang der Republik geführt hatten, und über die Verantwortung ihrer Regierenden. Sein Urteil über den abgesetzten Pier Soderini fällt vernichtend aus. Noch vor dem Staatsstreich der Medici warf Machiavelli in dem bereits erwähnten Brief vom 16. September an eine hochstehende Dame Soderini vor, den Kompromißvorschlag des Vizekönigs nicht akzeptiert zu haben, der sich mit der Zahlung einer bestimmten Summe zufriedengegeben hätte. Soderini habe nach den Worten Machiavellis diese Fehlentscheidung getroffen, weil er der Stimmung »der Menge« statt dem Rat »der Weisen« folgte.

Machiavelli änderte sein hartes Urteil über Soderini auch in späteren Jahren nicht und warf ihm auch dann vor, nicht jene außerordentlichen Maßnahmen ergriffen zu haben, die der Ernst der Lage erfordert hätte. Nach Machiavellis Meinung hinderten ihn sein gutartiges Wesen und seine tiefe Ehrlichkeit daran, denn als Mensch verdiente er Respekt und Bewunderung, über den Staatsmann dagegen urteilte Machiavelli in den *Discorsi* hart und bitter, weil seine Entscheidungen den Untergang der Republik bewirkt hätten.

Pier Soderini »glaubte, nach der Wiederherstellung der alten Regierung mit Geduld und Güte den Ehrgeiz, von dem die Söhne des Brutus [die Anhänger der Medici] erfüllt waren, überwinden zu können; doch er täuschte sich. Obwohl er bei seiner Klugheit diese Notwendigkeit einsah und das Schicksal und der Ehrgeiz jener, die ihn befehdeten, ihm Gelegenheit gaben, sie zu vernichten, konnte er doch niemals den Mut hierzu finden. Denn abgesehen davon, daß er glaubte, durch Geduld und Güte mit der bösen Gesinnung fertig zu werden und durch Wohltaten für den und jenen deren Feindschaft versöhnen zu können, war er auch der Ansicht (und er vertraute sie oft seinen Freunden an), daß er zur kraftvollen Niederschlagung der Opposition und zur Züchtigung seiner Gegner ungesetzliche Gewalt anwenden und mit den Gesetzen auch die bürgerliche Gleichheit umstoßen müsse [...] Aber seine erste Meinung täuschte ihn; er sah nicht ein, daß Böswilligkeit weder durch die Zeit ausgeglichen noch durch Geschenke versöhnt wird. So verlor er, weil er dem Brutus nicht zu gleichen wußte, gleichzeitig mit seiner Heimat Herrschaft und Ansehen.« (D, III.3, 281f.)

Machiavelli warf Soderini seine Naivität vor, das heißt seine Unfähigkeit, das unvermeidliche Böse zu tun, um die Republik zu retten. Auch bei Soderinis Tod am 13. Juni 1522 wiederholte der einstige Sekretär in berühmt gewordenden Versen diesen Vorwurf:

La notte che morì Pier Soderini,
l'alma n'andò dell'Inferno a la bocca;
gridò Pluton: – ch'inferno? anima sciocca,
va' su nel Limbo fra gli altri bambini. – (SL, 438)

(Die Nacht, da Piero Soderini starb,
kam eine Seele an die Höllenpforte:
Du in der Hölle, dummes Ding du – schrie sie Pluto an,
marsch hinauf in den Vorhimmel, zu den andren
Kindern!)

Trotz des scherzhaften Tonfalls lassen diese Zeilen erkennen, daß der Zusammenbruch der Republik zwischen den beiden Männern einen unüberbrückbaren Graben hatte entstehen lassen. Staatsmänner hätten, so gibt uns Machiavelli zu verstehen, eigentlich die Aufnahme in die Hölle verdient, aber nicht als Strafe, sondern als Belohnung, denn er war der Meinung oder gab es zumindest zum Scherz so vor, daß die Hölle interessanter sei als das Paradies.

In jenem Herbst des Jahres 1512 war es Machiavelli jedoch keineswegs zum Scherzen über Himmel und Hölle zumute, denn er wußte genau, daß er vor allem von den großen Familien als »Marionette« Soderinis betrachtet wurde, die ihn deshalb aus dem Palazzo vertreiben wollten. Nur wenn ihn die Medici unter ihre Fittiche nahmen, konnte er darauf hoffen, seinen Feinden zu entkommen. Es galt, die Medici davon zu überzeugen, daß auch sie von seiner politischen Erfahrung profitieren konnten, und deshalb bot Machiavelli als seinen einzigen Besitz seine Klugheit als politischer Berater an. Am 29. September schrieb er einen Brief an Kardinal Giovanni de' Medici und riet ihm, Mäßigung und Gnade bei der Wiederherstellung der 1494 enteigneten Ländereien der Medici walten zu lassen. Obwohl er keinerlei Zeichen dafür erhielt, daß man ihm für diesen unerbetenen Rat dankbar war, versuchte er es Anfang November aufs neue mit einer Schrift, der die modernen Herausgeber den Titel *Ai palleschi (An die Partei der Medici)* gegeben haben. Darin legte Machiavelli den Medici auseinander, daß es gar nicht in ihrem Interesse liegen könne, Werk und Namen Pier Soderinis auszulöschen, denn eine derartige Strategie werde nur die Macht der »Großen« stärken und die ihre schwächen.

Diesmal erhielt Machiavelli als Antwort am 7. November seine Entlassung aus dem Amt, und am 10. November wurde er für ein Jahr aus der Stadt verbannt, durfte aber das florentinische Herrschaftsgebiet nicht verlassen, seit dem 17. November durfte er zudem für ein Jahr den Palazzo Vecchio nicht mehr betreten. Auch wenn wir nicht wissen, ob die Strafen bewußt so dosiert wurden, waren sie doch gerade in dieser Kombination für Machiavelli besonders hart. Zuerst nahm man ihm die Arbeit als Sekretär weg, die ihm alles bedeutete, dann sperrte man ihn in das Gebiet von Florenz ein und beraubte ihn so der Möglichkeit, zu reisen und neue Horizonte kennenzulernen, wie er es so sehr liebte, und schließlich schlug man ihm das Tor zum Palazzo Vecchio, seinem eigentlichen Wohnzimmer, vor der Nase zu.

Einmal mußte er freilich noch in den Palazzo Vecchio kommen, aber nur, um über die Verwendung der riesigen Summen Rechenschaft abzulegen, die er als Sold für die Miliz erhalten hatte. Seine alten Mitarbeiter, die er so oft mit seinen Briefen und seinen Wortspielen zum Lachen gebracht hatte, saßen jetzt vor ihm, um ihn über die Ausgabe jedes einzelnen Florin auszufragen. Daneben saß als sein Nachfolger Niccolò Michelozzi, der schon immer als Sklave der Medici gegolten hatte, und forschte Machiavelli im Namen der neuen Herren der Stadt aus. Obwohl die Untersuchung sich bis zum 10. Dezember hinzog, fand man keine Unregelmäßigkeit. Die großen Summen, die durch seine Hände gegangen waren, hatte er mit untadeliger Ehrlichkeit zum Wohle der Republik verwendet. Zum Dank dafür stand er nach vierzehnjähriger Tätigkeit im Staatsdienst ärmer da als zuvor. Doch es sollte noch schlimmer kommen.

In Florenz, wo ein gereiztes, von Mißtrauen geprägtes Klima herrschte, kam eine Verschwörung ans Licht, als deren Hauptbeteiligte Pietro Paolo Boscoli, Agostino Capponi, Niccolò Valori und Giovanni Folchi verhaftet wurden. Wie wenig ernst das Vorhaben war, läßt sich am Leichtsinn der Beteiligten erkennen, denn einer von ihnen, vermutlich Paolo Boscoli, verlor einen Zettel mit zwanzig Namen von Gegnern der Medici. Da auch Machiavellis Name darunter war, schickten die Otto die Polizei zu ihm nach Hause, um ihn zu verhaften. Aus Zufall oder vielleicht, weil er gewarnt wurde, trafen ihn die Polizisten dort nicht an, und deshalb wurde ein Steckbrief ausgestellt, der jedem, der Machiavellis Aufenthalt kannte, ihn aber nicht anzeigte, wegen Rebellion die Einziehung seines gesamten Besitzes androhte.

Machiavelli stellte sich den »Otto«, die ihn ins Gefängnis werfen ließen, und das bedeutete Dunkelheit, Feuchtigkeit, Kälte, unsäglichen Gestank von Exkrementen, Wunden und Geschwüre, Läuse, Ratten, das Klirren von Ketten, Hand- und Fußfesseln und Schreie der Gefolterten. Machiavellis Leben hing am seidenen Faden, denn ein Wort eines Mitgefangenen genügte, um ihn für immer im Gefängnis schmoren zu lassen oder aufs Schafott zu bringen. Giovanni Folchi sagte aus, mehrmals mit Machiavelli über Pier Soderini gesprochen zu haben, meist aber über die Kriegslage und nicht über die innenpolitischen Probleme. Machiavelli habe dabei die Meinung geäußert, das neue Regime werde sich nur schwer halten können, denn es fehle jemand, »der am Steuer steht«, und außerdem könne sich der Heilige Bund, der die Medici an die Macht gebracht hatte, »leicht eines Tages auflösen«.

Diese Aussagen reichten nicht als Beweis für eine direkte Beteiligung Machiavellis an der Verschwörung aus; deshalb versuchte man, ihm durch die Folter ein Geständnis abzupressen. Man fesselte ihm die Hände hinter dem Rücken, zog ihn mit einem Flaschenzug bis zur Decke und ließ ihn dann plötzlich bis fast auf die Erde herunterfallen. Diese

Foltermethode war als »das Seil« oder »das Seilreißen« bekannt und riß die Gelenke schmerzhaft auseinander. Sechsmal wurde Machiavelli mit dem Seil hochgezogen, er sagte aber nichts, was ihn hätte belasten können. In den zeitgenössischen Strafprozessen galt ein Geständnis, auch wenn es unter Folter zustande gekommen war, als der einzig wahre und ausreichende Schuldbeweis.

Machiavelli wußte ganz genau, daß ein neues Regime nicht lange nach Beweisen sucht, um tatsächliche oder mutmaßliche Verschwörer zu bestrafen. Daß auch die Medici darin keine Ausnahme bildeten, erlebte er am 23. Februar kurz vor Sonnenaufgang, als er von seiner Zelle aus den Grabgesang hörte, der Pietro Paolo Boscoli und Agostino Capponi auf dem Weg zum Schafott begleitete.

Pietro Paolo Boscoli verbrachte unter dem geistlichen Beistand von Luca della Robbia und Pater Cipriano di Pontassieve die Nacht im Gebet, denn er wollte als Christ sterben und den Ideen vom gerechten Tyrannenmord, die ihn zur Verschwörung getrieben hatten, entsagen. Agostino Capponi empfahl sich Gott, obwohl er bis zum letzten Augenblick seine Unschuld beteuerte. Die beiden Verurteilten wurden, begleitet von den Gesängen der Laienbruderschaft der »Neri«, zum Richtblock geführt. Der Henker enthauptete Pietro Paolo Boscoli mit einem Schlag, für Agostino Capponi dagegen benötigte er zwei Hiebe.

Die Trauergesänge und der Gedanke an die beiden jungen Leute, die zum Sterben gingen, erregte keine mitleidigen Gedanken in Machiavelli, der statt dessen in dieser Nacht oder wenig später folgende beißende Verse schrieb:

Quel che mi fe' più guerra
è che stanotte, presso all'aurora,

cantando sentii dire: pro eis ora.
Hor vadin in buonhora. (SL, 424)

(Was mir am ärgsten zusetzt,
ist, daß ich des Nachts, so um die Morgenröte,
sie singen hör': »Pro eis ora.«
Laß sie doch ziehen …«)

Der Zynismus dieser Worte hat die Biographen Machiavellis erschüttert und in erhebliche Erklärungsnöte gebracht. Doch als Machiavelli sie schrieb, war er innerhalb weniger Monate aus den Amtsräumen des Palazzo Vecchio in eine Zelle des Bargello geworfen worden, man hatte ihn an Armen und Beinen gefesselt, seine Gelenke waren von der Folter ausgerenkt, und er wußte nicht, ob er wie Boscoli und Capponi enden oder in irgendeiner Festung des florentinischen Herrschaftsgebiets schmachten würde, wie es anderen erging, die in die Verschwörung verwickelt waren. Schuld daran war die Leichtfertigkeit, mit der einige junge Leute sich als Tyrannenmörder gebärden und die Stadt befreien wollten, dabei aber so unvorsichtig waren, die Namen möglicher Sympathisanten schriftlich festzuhalten. Deshalb verdiente die Tat in Machiavellis Augen keinen Respekt, er nahm weder ihre Ideale noch ihre Gefühle ernst, und am allerwenigsten sorgte er sich um ihr Seelenheil. Darum sollten sich die Mönche und die Mitglieder der »Compagnia dei Neri« kümmern.

Darüber hinaus darf man nicht vergessen, daß die zynischen Worte »laß sie doch ziehen« Teil eines Sonetts waren, das Machiavelli Giuliano de' Medici widmete, um ihn um Mitleid anzuflehen und sein Eingreifen zu erbitten. Deshalb durfte er kein Mitleid und Verständnis für diejenigen zeigen, die Giuliano hatten ermorden wollen. Denn das Gedicht endet mit den Worten »purchè la tua pietà ver me si voglia« (wenn dein Erbarmen nur zu mir sich wendet ...), und damit sagte er soviel wie, Boscoli und Capponi mögen ruhig sterben, solange sich Giulianos Mitleid ihm selbst zuwendet. Diese Zeilen sind nur zu verstehen als die Worte eines Mannes, der den Tod vor Augen hat, und sich durch eine verzweifelte Geste zu retten versucht.

Erstaunlicher vielleicht als der Inhalt des Gedichts ist die Tatsache, daß Machiavelli Sonette schrieb, um Hilfe zu erbitten. Im Kerker schreibt man, um im Leiden einen Sinn oder Gründe zu finden, um zu sich selbst zu finden und in der Tiefe der Seele Widerstandskräfte zu mobilisieren. Vor allem aber schreibt man wie Machiavelli Gesuche an Personen, die für den Gefangenen eintreten können. In einem solchen Fall aber versucht der Schreibende gewöhnlich mit einem ernsten Brief beim Adressaten Mitgefühl zu erregen, statt, wie es Machiavelli tut, in einem Sonett sich selbst, sein Elend, den Kerker und die Folter ins Lächerliche zu ziehen.

Io ho, Giuliano, in gamba un paio di gheti
con sei tratti di fune in su le spalle.
L'altre fatiche mie vi vo' contalle
poi che cosi si trattano e' poeti.

(Ich hab' ein paar Eisen an den Beinen,
und sechsmal hat man mit dem Seil mich hochgezogen,
und auch die anderen Leiden will ich Euch erzählen,
denn so behandelt man hier die Poeten.)

Die Läuse an den Wänden der Zelle beschreibt er groß wie Schmetterlinge, und den Gestank vergleicht er mit dem der Leichen auf dem Schlachtfeld von Roncesvalles aus Ariostos

Orlando furioso oder dem der Tierkadaver am Ufer des Arno. Ironisch bezeichnet der Gefangene seine Zelle als »angenehme Herberge«, in der man das entnervende Geräusch zuschlagender Türschlösser und die Schreie der Gefolterten hören kann.

Machiavelli fleht um Mitleid, aber mit einem Lachen auf den Lippen, nicht mit Tränen in den Augen. Er hat Angst, leidet, ist voller düsterer Befürchtungen und hegt tiefen Groll in seinem Herzen, aber er lächelt. Machiavelli lacht in erster Linie über sich selbst und sein Los, denn das ist das einzige, was er noch tun kann, aber er lacht auch über die Mächtigen, die ihn verfolgen. Freilich kann er es sich nicht erlauben, sich offen über diese lustig zu machen, aber er kann zeigen, daß weder der Kerker noch die Folter ihn gebrochen, ihn demütig, unterwürfig, ehrerbietig, kurzum zu einem anderen Menschen gemacht haben. Mit seinem Sonett will er sagen, daß er noch immer derselbe wie vorher, daß er immer noch »der Machia«, der respektlose, scharfzüngige Spaßmacher ist, als den man ihn kennt, und nicht »der Dazzo«, das heißt der mittelmäßige Dichter Andrea Dazzi, der in Florenz von sich reden machte. »Ich bin es«, schreibt Machiavelli in dem zweiten an Giuliano gerichteten Sonett, und als Niccolò Machiavelli habe er es verdient, freigelassen zu werden. Wenn man die beiden Gedichte genau liest, erscheinen sie nicht so sehr als Bitte um Mitleid, sondern als das Flehen eines Mannes, der – mit einem Lächeln auf den Lippen – um jeden Preis er selbst bleiben will.

Ein unerwarteter Glücksfall brachte das Ende des Alptraums. Nach dem Tod des schrecklichen Julius II. wurde am 11. März 1513 Kardinal Giovanni de' Medici als Leo X. auf den Stuhl Petri erhoben. Die Florentiner waren außer sich vor Freude, vor allem beim Gedanken an die großartigen Geschäfte, die man nun mit Rom machen konnte, und an die Wohltaten, die der Papst mit vollen Händen verteilen würde. Diese Wahl verwandelte alle Florentiner in Anhänger der Medici, die sich ihrerseits nun einen Gnadenakt leisten konnten. Mit Ausnahme von Niccolò Valori und Giovanni Folchi, die in der Festung Volterra inhaftiert blieben, wurden die als Verschwörer Verdächtigten amnestiert.

Auch Machiavelli konnte am 11. oder 12. März das Gefängnis verlassen und schrieb am 18. März, daß er selbst darüber überrascht sei, so schwere Leiden gelassen und mutig ertragen zu haben. Ohne falsche Bescheidenheit äußert er diese Selbsteinschätzung: »Ihr sagt, ich soll dem Schicksal die Stirn bieten. Ihr mögt an meinem Leiden diese Freude haben, daß ich sie so gleichmütig ertrug, daß ich mir selbst darum wohlwill und daß ich mich jetzt für tüchtiger halte, als ich mir früher zugetraut.« (GS, V, 338)

Der Mann, der das Gefängnis verließ, war noch derselbe Machiavelli wie der, der es betreten hatte, aber das schreckliche Erlittene hatte ihn stärker gemacht. Vorausgesetzt, daß nicht auch alle seine Freunde an den Jubelfeiern für die Medici teilnahmen, sondern gekommen waren, um ihn abzuholen, zeigte er ihnen vermutlich sein altes spöttisches Lächeln, um zu versichern, daß er sich nicht geändert hatte.

XV Scheinlebendig

Nach der Entlassung aus dem Gefängnis fühlte sich Machiavelli vor allem als der Mann, der Sekretär der Republik Florenz gewesen war, und signierte beispielsweise einen Brief vom April 1513 mit »einstmals Sekretär«. Seine neue Rolle als Exsekretär empfand er wie eine zweite Haut, unter der er zutiefst litt, und sehnte sich nach dem ereignisreichen Leben von einst und nach dem Vergnügen, Bedeutendes zu bewegen, das ihm der Staatsdienst beschert hatte. Beides fand Machiavelli zumindest teilweise wieder beim Niederschreiben seiner Gedanken über Politik und Geschichte, die ihn unsterblich gemacht haben. Bevor er diese Werke schrieb und noch während er sie schrieb, zwang ihn der Schmerz, der stärker war als seine Scheu, sich zu öffnen, immer wieder dazu, von seinen Gefühlen, seinen Ängsten und seiner Liebe zu erzählen. So lernen wir den Menschen, der sich hinter der Maske des Sekretärs der Republik Florenz versteckt gehalten hatte, näher kennen und können mit seiner Hilfe das Rätsel seines Lächelns besser entschlüsseln.

Kaum aus dem Gefängnis entlassen, wäre er am liebsten gleich wieder in den Palazzo Vecchio zurückgekehrt. Diese Erwartung äußerte er offen gegenüber seinem Freund Francesco Vettori. Machiavelli hoffte, Vettori werde Papst Leo X. dazu überreden, den Exsekretär der Republik mit einer politischen Aufgabe zu betrauen. Er glaubte, dies nicht als eine Gunst, sondern als Anerkennung seiner Fähigkeiten verdient zu haben. »Gefällt es meinen Beschützern, mich von der Erde zu erheben,« schreibt er am 18. März an Vettori, so wird es mich freuen; ich glaube mich dann auf eine Weise benehmen zu können, daß auch sie Ursache haben sollen, es nicht zu bereuen. Gefällt es nicht, so werd' ich leben, wie ich kam; ich bin arm geboren und lernte früher entbehren als genießen.« (GS, V, 338f.)

Manchmal versuchte auch Machiavelli, an der allgemeinen Feststimmung in Florenz teilzunehmen, und begab sich deshalb jeden Tag mit seinen Freunden in das Haus »eines schönen Kindes, um wieder zu Kräften zu kommen«. Nach dem Schrecken des Kerkers genoß er die Freuden des Lebens um so mehr, aber seine Freunde hatten sich verändert. Der »Verein«, schreibt er am 16. April an Vettori, wirke ganz verloren, weil es keinen Treffpunkt mehr gebe und keiner der Freunde mehr so gute Laune habe wie früher: »Tommaso ist so seltsam, grob, langweilig und geizig geworden, daß Ihr einen anderen Menschen werdet zu finden glauben, wenn Ihr wiederkommt. Hört, wie es mir gegangen. Er kaufte verflossene Woche sieben Pfund Kalbfleisch und schickte es zu Marione. Später reute ihn die Ausgabe, er wollte jemanden, der mitbezahlte, und bettelte umher, wer dort bei ihm essen wolle. In meinem Mitleid kam ich mit zwei Freunden, die ich ihm sogar noch aufgebracht hatte. Wir aßen, und als die Rechnung gemacht wurde, kamen vierzehn Soldi auf den Mann. Ich hatte nur zehn bei mir und blieb ihm vier Soldi schuldig, die er jeden Tag von mir fordert; gestern abend noch zankte er mit mir darum auf dem Ponte Vecchio.« (GS, V, 344)

Machiavelli erzählt weiter von einem anderen Freund, der nach dem Tod seiner Frau wie eine »betäubte Barbe« war, dann aber sei ihm »der Kamm wieder geschwollen«, und er wolle wieder eine Frau nehmen. Ein anderer namens Donato del Corno habe ein neues Geschäft aufgemacht und pendele zwischen dem alten und dem neuen »wie ein Tölpel« hin und her. Wieder ein anderer namens Filippo Casavecchia liege mit einem weiteren Mitglied des »Vereins« namens Giuliano Brancacci im Streit, weil der ihm seine Pläne in Rom vereitelt habe. Machiavelli erzählt diese Geschichten mit einem Lächeln, weil ihm die Beobachtung der »comédie humaine« mit all ihren Leidenschaften und Launen immer Vergnügen bereitet hat und es nun, da er alles verloren hat, seine einzige Zuflucht bleibt.

Hinter dem Lächeln aber verbirgt sich Trauer, und das gesteht er selbst, wenn er, unmittelbar nach der Darstellung der letzten bedeutungslosen Streitereien zwischen den beiden Freunden, Petrarca zitiert:

Però se alcuna volta io rido o canto,
follo perchè non ho se non questa una
via da sfogare il mio acerbo pianto.

(Denn wenn ich manchmal scherze oder singe,
so tu' ich es, weil ich nur diesen einen
Weg hab', meine bange Klage auszuschütten.)

Machiavelli lächelt, aber sein Herz ist gequält von Wut, Hoffnung und Angst, und zu weinen würde ihn mehr erleichtern als zu lachen. Diese Erkenntnis spricht er in Versen aus, deren Entstehungszeit unbekannt ist, die aber wie eine Ergänzung zu den Worten Petrarcas klingen:

Io spero, e lo sperar cresce 'l tormento;
io piango, e il pianger ciba il lasso core;

io rido, e el rider mio non passa drento;
io ardo, e l'arsion non par di fore;
io temo ciò che io veggo e ciò che io sento;
ogni cosa mi da nuovo dolore;
così sperando, piango, rido e ardo,
e paura ho di ciò che io odo e guardo. (SL, 422)

(Ich hoffe, und die Hoffnung mehrt die Qual;
ich weine, und das Weinen nährt die Müdigkeit des Herzens;
ich lache, und das Lachen dringt nicht bis ins Innere;
ich brenne, und des Feuers Schein ist draußen nicht zu sehn;
ich fürchte, was ich sehe, was ich fühle;
alles fügt neuen Schmerz mir zu;
so hoffend lache, wein' und brenne ich,
und habe Angst vor allem, was ich hör' und sehe.)

Das Lächeln, das die Tränen verbergen soll, kann das Herz nicht erreichen, und so wirkt auch das Lächeln Machiavellis weder höhnisch noch spöttisch, sondern eher wie eine Maske über der Trauer, die ihn vor fremden Blicken schützt, die nicht sehen sollen, wie ratlos und resigniert er der Feigheit und der Bosheit der Welt gegenübersteht. Das Lächeln gewährt einen Augenblick der Ruhe, der ihm hilft, über den Tag zu kommen.

Wenn das Lächeln nicht mehr ausreicht, muß er seine leidenschaftlichen Wünsche und seine Sehnsucht nach politischer Tätigkeit unterdrücken, und diese Kunst lernt Machiavelli schon in den ersten Monaten nach seiner Entlassung aus dem Gefängnis. In einem Brief an Vettori vom 9. April schreibt er: »... ich habe mich daran gewöhnt, nichts mehr leidenschaftlich zu wünschen [...] Ich sag' Euch einmal für immer, macht Euch wegen nichts, um das ich Euch ersuche, Sorge; wenn ich es nicht erhalte, macht es mir keinen Kummer.« (GS, V, 342) Machiavelli tat gut daran, sein Herz nicht mehr an diese Hoffnungen zu hängen, denn Francesco Vettori, der Botschafter beim Papst war, vermochte weder für ihn noch für andere etwas zu erreichen. Vettori setzte sich wohl nicht wirklich für den Freund ein, und außerdem befand er sich in einer objektiv schwierigen Lage.

Die einzige, vielleicht nicht einmal gewollte, Unterstützung, die Vettori Machiavelli zuteil werden ließ, bestand darin, dessen außerordentliche Fähigkeit zu politischer Analyse wachzuhalten. Vettori gestand dem Freund zunächst in einem Brief vom 30. März, daß er es satt habe, »mit der Vernunft zu argumentieren«, das heißt vernünftige Voraussagen und Vermutungen über die Politik anzustellen, weil allzuoft die Geschichte einen ganz anderen Weg eingeschlagen und alle Theorien über den Haufen geworfen habe. Darauf gab Machiavelli folgende Antwort:

> Wenn Euch zuwider geworden ist, die Dinge zu erörtern, weil man oft den Erfolg allen Vernunftschlüssen und Entwürfen widersprechen sieht, so habt Ihr recht. Mir ist es ebenso gegangen. Könnte ich indes mit Euch sprechen, so vermöchte ich nicht mich zu enthalten, Euch den Kopf mit Luftschlössern anzufüllen. Das Schicksal wollte, daß ich weder von Seide noch Wollweberei, weder von Gewinn noch von Verlust zu reden weiß, sondern ich muß vom Staat sprechen, und ich kann nur geloben zu schweigen oder darüber argumentieren.« (GS, V, 342)

Machiavelli drückt vor dem Freund seine ganze Trauer darüber aus, daß er aus der Welt der Politik ausgeschlossen ist, und enthüllt ihm und uns, daß in der Beschäftigung mit den Fragen des Staates seine ganze Leidenschaft liegt. Dennoch hält er sich zurück und erwidert nichts auf die Überlegungen, die Vettori anläßlich der Wahl des neuen Papstes angestellt hatte, denn es tut ihm weh, über Politik nur zu reden, ohne durch Tat oder Ratschlag selbst eingreifen zu können.

Machiavelli gibt jedoch schließlich nach, als Vettori es ein zweites Mal versucht und fragt, warum der spanische König am 1. April 1513 mit dem französischen König einen Waffenstillstand geschlossen habe, der ihm auf den ersten Blick keinerlei Vorteil bringt. Weil der ehemalige Sekretär einfach nicht schweigen kann, fängt er wieder an, über Politik zu reden, denn allmählich begreift er, daß er für sehr lange Zeit nicht in die aktive Politik zurückkehren wird. So untätig in Florenz zu leben, hält er nicht mehr aus und beschließt deshalb, »jedes menschliche Antlitz« zu fliehen und in Sant'Andrea in Percussina auf dem Land zu leben, wo ihm sein Vater Bernardo ein Haus hinterlassen hat. Machiavelli macht sich Mut und antwortet dem Freund, »um ein Lebenszeichen zu geben und Euch zu gehorchen«. (GS, V, 354)

In diesen Briefen, in denen er über Ziele und Auswirkungen des politischen Handelns von Fürsten, Kaisern, Königen, Päpsten und Völkern spricht, ist Machiavelli ganz lebendig. Satz für Satz spürt man die gespannte, zornige Aufmerksamkeit, und in seinen meisterhaften Reflexionen können wir gleichsam mit Händen greifen, wie sein Verstand arbeitet. Nie gibt er sich mit dem äußeren Schein zufrieden, und noch weniger vertraut er einer wie auch immer gearteten Autorität, sondern verläßt sich nur auf das, was er mit eigenen Augen sehen kann, und auf Meinungen, die auf guten Gründen fußen. Um Machiavelli davon zu überzeugen, daß die Schweizer, die sich zu Herren des Herzogtums Mailand gemacht haben, nicht zu fürchten seien, beruft sich Vettori auf Aristoteles' *Politik* als unanfechtbare Weisheit des politischen Denkens. Aber Machiavelli erwidert, was Aristoteles über die Bundesstaaten sage, wisse er nicht, »aber ich bedenke doch, was vernünftigerweise sein könnte, was ist und was war«. (GS, V, 401)

»Das, was war«, das heißt die Geschichte, lehre, erklärt Machiavelli seinem Freund Vettori, daß auch Bundesstaaten zu großer territorialer Expansion fähig seien, wie das Beispiel der Etrusker zeige, die Italien bis zu den Alpen beherrscht hatten. Gerade an diesem Beispiel könne man auch sehen, daß nur Staaten und Souveräne, die ihre Völker bewaffneten, Großes vollbracht hätten. Weil die Schweizer ein Volksheer hätten, sei zu erwarten, daß sie stärker als Spanier und Italiener würden.

Auch wenn er fest davon überzeugt ist, daß er die Lehren aus der Geschichte und die Erfahrung auf seiner Seite hat, ist Machiavelli doch keineswegs dogmatisch davon überzeugt, die Wahrheit gefunden zu haben. In einer Diskussion über mögliche Abkommen zwischen den europäischen Mächten erkennt auch Vettori an, daß sein Freund nie halsstarrig bei seiner Meinung bleibt, sondern durch Vernunftgründe zu überzeugen ist. Diese Haltung ist nicht nur eine Charakterfrage, sondern gründet auf dem Bewußtsein, daß jeder, der über Politik nachdenkt, von einer jeweils eigenen Leidenschaft bewegt und geprägt ist. Deshalb sind in der Politik Urteile und Voraussagen nicht unumstößliche Wahrheiten, sondern Vermutungen mit größerem oder geringerem Wahrscheinlichkeitsgrad. Wer behauptet, in diesen Dingen die

Wahrheit zu wissen, schöpft, anders als Machiavelli, sein Wissen über Politik nur aus Büchern.

Die politischen Diskussionen mit Vettori gaben Machiavelli einerseits die Illusion, den großen Dingen noch nahe zu sein und sich deshalb lebendig zu fühlen. Auf der anderen Seite verstärkte sich dadurch das Gefühl, unwiderruflich von allen wichtigen Entscheidungen abgeschnitten, aufs Land verbannt zu sein, und darunter litt Machiavelli. »Mir geht es körperlich gut, in jeder anderen Hinsicht aber schlecht«, schreibt er an seinen Neffen Giovanni Vernacci, der in der Levante als Kaufmann tätig ist. Marietta brachte in diesen Augusttagen ein Mädchen zur Welt, das nach drei Tagen starb. Das Glück war wahrlich nicht auf Machiavellis Seite.

In den Briefen dieses schrecklichen Jahres 1513 tauschten Machiavelli und Vettori neben ihren Gedanken über Politik auch Nachrichten darüber aus, wie sie – der eine in Rom, der andere in Sant'Andrea in Percussina – ihre Tage verbrachten. Vettori ist gelangweilt, skeptisch, desillusioniert und resigniert, in der Politik sieht er nichts als »Zeremonien, Lügen und Märchen« und große, große Beschränktheit. An der Kurie wechselt er mit dem Papst höchstens zwanzig Worte, nur zehn mit Kardinal Giulio de' Medici oder Pietro Ardinghelli, dem Privatsekretär von Papst Leo X. Auch wenn er den einen oder anderen Botschafter trifft, werden nur bedeutungslose Nachrichten ausgetauscht. Ganz im Gegensatz zu den aufregenden Berichten, die Machiavelli von seinen Gesandtschaften an die Dieci geschickt hatte, meldet Vettori alle vier Tage irgendwelche unwichtigen Neuigkeiten nach Florenz.

Als religiöser Mensch, so schreibt Vettori in einem Brief vom 23. November, besuche er an Feiertagen die Messe und mache es »nicht so wie Ihr, die Ihr sie häufig auslaßt«.

(L, 422) Um sich die Zeit zu vertreiben, liest er die Werke der Geschichtsschreiber der Antike, besonders diejenigen, die von den Schrecken der Kaiserzeit berichten, und diese Lektüre bringt ihn zum Nachdenken darüber, welch unendliches Elend das arme Rom, »das einst die Welt erzittern ließ«, hat ertragen müssen.

Abgesehen von der Lektüre lenkt sich Vettori von der Langweile der Politik durch Ausritte in die Umgebung von Rom ab, durch Gespräche mit Giuliano Brancacci und Giovanbattista Nasi und durch die Gesellschaft von Kurtisanen, besonders einer, »die recht hübsch ist und mit der man sich gut unterhalten kann«. Auch eine andere Kurtisane sei, erzählt Vettori weiter, früher gekommen, »aber aus Angst vor der Sommerhitze habe ich mich dann zurückgehalten«. Um den Freund nach Rom zu locken, spricht Vettori von der schönen Tochter einer Nachbarin, »die Euch nicht mißfallen würde, und obwohl sie aus adeliger Familie ist, tut sie doch das eine oder andere«. (L, 439)

Der Gedanke an die schöne Nachbarin Vettoris mag Machiavelli gereizt haben, aber er schob den Gedanken an eine Reise nach Rom sofort beiseite, weil es viel zu gefährlich war. In Rom lebten Francesco und Pier Soderini, der in der Zwischenzeit vollkommen rehabilitiert war. Wenn Machiavelli nach Rom gekommen wäre, hätte er sie aufsuchen müssen, und das hätte bedeutet, bei der Rückkehr nach Florenz direkt in eine Zelle des Bargello zu wandern, mit dem er ja schon Bekanntschaft gemacht hatte. Auch wenn die Medici ihre Herrschaft in der Zwischenzeit sehr gefestigt hatten, waren sie doch noch nicht lange an der Macht und deshalb voller Mißtrauen. Nach allem, was er erlebt hatte, achtete Machiavelli sorgfältig darauf, keine Fehler zu begehen.

Die Einladung nach Rom schlug Machiavelli aus, aber die in Vettoris Brief implizit enthaltene Aufforderung, nun seinerseits von seinem Alltag auf dem Land in Sant'Andrea in Percussina zu berichten, griff er auf. Damit wollte er zeigen, daß sein Leben viel trister war als das des florentinischen Botschafters in Rom: »Meint Ihr, daß es einen Tausch mit dem Eurigen wert wäre, so würde ich es nur zu gerne ändern.« Machiavelli wollte sich aber auch gegen sein Schicksal auflehnen und seinem Freund zeigen, daß er geistig noch ganz von den Fragen des Staates gefangen und jederzeit bereit sei, wieder seinen Platz auf der Bühne der Politik einzunehmen.

Machiavellis Darstellung seines Tagesablaufs steht in scharfem Kontrast zu der seines Freundes. Vettoris Leben ist trotz seines Wohlstands und seines Ansehens von Langeweile, Banalität und rein äußerlich respektierten Konventionen geprägt. Machiavelli dagegen lebt in ländlicher Armut, Einsamkeit und gesellschaftlicher Ächtung. Dennoch wird sein Leben von starken Gefühlen, großen Gedanken, Tatendrang und der Kampfansage gegen die um sich greifende Dummheit und Beschränktheit beherrscht. Vettoris Erzählung plätschert in gedämpftem Ton eintönig dahin, Machiavelli dagegen leitet seinen Brief mit dem langsamen Auftakt des Tagesanbruchs im Wald ein, läßt mit dem Kartenspiel in der Osteria eine Art »Allegro con brio« folgen, verlangsamt dann das Tempo beim Abendessen im Kreise der Familie und setzt einen feierlichen Schlußakkord mit der Nacht, die er im Gespräch über die großen Fragen der Weltgeschichte mit den bedeutenden Gestalten der Antike verbringt, den einzigen, mit denen er wirklich reden kann, den einzigen, die ihn wirklich verstehen.

»Ich wohne also auf dem Lande«, beginnt Machiavelli

seine Erzählung. Für andere Florentiner bedeutete das Leben »in villa« seit alters, von den Geschäften und den Aufregungen des Stadtlebens frei zu sein und Muße für Studium, Meditation und ländliche Lustbarkeiten zu finden. Für Machiavelli dagegen bedeutet es den Verzicht auf das Leben, das er liebt. Müßige Lektüre, das Nachdenken über philosophische und religiöse Fragen und der ländliche Friede interessieren ihn nicht, denn er liebt die Stadt mit ihren Straßen, Plätzen, Arkaden und Bänken, wo er mit seinen Freunden über Alltagsbegebenheiten lachen und an der Lösung der wichtigen Fragen des Staates teilnehmen kann.

Um seinem Freund klarzumachen, daß das Landleben nicht sein Leben ist, erzählt Machiavelli, wie er eine Zeitlang Leimruten gelegt habe, an denen die Vögel um so mehr festkleben, je mehr sie sich flatternd zu befreien versuchen: »Ich habe bis jetzt eigenhändig den Drosselfang betrieben, stand vor Tage auf, legte meine Leimruten und ging dann los mit einer solchen Ladung von Käfigen, daß ich aussah wie Geta, wenn er mit Amphitryons Büchern vom Hafen zurückkommt.« (GS, V, 405) Es fällt schwer, sich etwas Absurderes, Lächerlicheres und gleichzeitig Bedrückenderes vorzustellen als diesen Machiavelli, der noch wenige Monate zuvor Sekretär der Republik Florenz war und nun vor Tag aufsteht, um Drosseln zu fangen, und sich Käfige auflädt wie Geta, der Sklave Amphitryons in einer französischen Fassung der Komödie des Plautus. Machiavelli selbst nennt diese Tätigkeit »wenig wert und sonderbar«, als würde er aus Trotz etwas für ihn Unnatürliches, Fremdes tun, das nicht sein Handwerk ist. Dennoch habe er dem sonderbaren »Zeitvertreib« nachgetrauert, als die Drosseln weitergezogen waren, denn selbst ein seinem Wesen derart fremdes Spiel gewinnt in Machiavellis damaligem Leben einen Wert. Damit gibt

Machiavelli seinem Freund, sich selbst und uns zu verstehen, daß er seine Tage als leer empfindet.

Zur Leere gesellt sich die Dummheit der Menschen, die ihn schon gequält hatte, als er noch Sekretär der Republik war, und der er auch auf dem Lande begegnet. »Nun hört, wie ich's seitdem treibe«, beginnt Machiavelli die eigentliche Darstellung seines nunmehrigen Tagesablaufs: »Ich stehe mit der Sonne auf und begebe mich in ein Wäldchen, das ich ausholzen lasse.« In diesem Wald muß Machiavelli die Arbeit des Vortags kontrollieren und sich mit den Streitereien der Holzarbeiter untereinander oder mit anderen Arbeitern in der Nähe auseinandersetzen. Das Holz läßt Machiavelli für seinen eigenen Bedarf schlagen, aber auch zum Verkauf, und daraus erwächst neuer Ärger. Ein gewisser Frosino da Panzano beispielsweise ließ »einige Klafter abholen, ohne mir etwas zu sagen, und beim Bezahlen wollte er mir zehn Lire abziehen, die ich angeblich vor vier Jahren beim Criccaspiel bei Antonio Guicciardini verloren hatte«. Als noch geiziger erwies sich Tommaso del Bene, der, als die Tramontana aus dem Norden blies, einen Klafter Holz holte. Er schichtete das Holz so auf, daß es weniger erschien, und wollte nur die Hälfte dessen bezahlen, was Machiavelli verlangte. Zum Aufschichten hatte er »seine Frau, seine Kinder und die Mägde« mitgebracht, so daß es zuging, wie wenn Gaburro, ein in Florenz sehr bekannter Metzger, »am Donnerstag mit seinen Burschen einen Ochsen schlachtet«. Sobald er merkt, daß er, statt am Holzverkauf zu verdienen, draufzahlt, beschließt Machiavelli, das Geschäft einzustellen, und läßt allen ausrichten, er habe kein Holz mehr.

»Von meinem Wäldchen aus gehe ich zu einer Quelle und von da zu einem meiner Vogelherde«, fährt Machiavelli fort. Müde von den Streitereien mit den Holzarbeitern und den Freunden, die Holz verlangen, zieht er sich mit einem Buch, das er offenbar schon die ganze Zeit bei sich trug, an einen einsamen Ort zurück und liest dort Dante, Petrarca und lateinische Dichter wie Tibull und Ovid. »Ich lese von ihren Liebesleiden und -freuden, erinnere mich der eigenen und ergötze mich eine Weile mit solchen Gedanken.« Von den Geliebten, an die Machiavelli denkt, wenn er bei Liebesgedichten Trost sucht, kennen wir einige Namen. Wir wissen von einer Dame, die in der Nähe des Ponte delle Grazie wohnte, von einer gewissen Jeanne oder Gianna, der er in Lyon begegnet war, und von einer Lucrezia mit Kosenamen Riccia, aber keine von ihnen scheint eine wirklich große Liebe gewesen zu sein. Es ist möglich, aber nicht sehr wahrscheinlich, daß es noch andere Frauen in seinem Leben gab, von denen wir nichts wissen, und vielleicht verklärte die Erinnerung Liebesabenteuer, die in Wirklichkeit gar nicht so überwältigend gewesen waren. Im Exil seines »Albergaccio« in Sant'Andrea in Percussina war eine neue Liebe aufgetaucht, von der noch die Rede sein wird.

Jedenfalls enthüllt Machiavelli mit diesen Zeilen eine wichtige Seite seines Wesens. Als überwältigende Leidenschaft erlebte Liebe, die das Herz gefangenhält, nicht bloße literarische Phantasie ist für ihn das Gegengift gegen die Trostlosigkeit des Lebens und die Bosheit der Menschen. Man hat Machiavelli oft als einen Menschen mit eiskaltem Herzen beschrieben, der sich hinter einem undurchdringlichen Lächeln verbarg, aber hier erweist er sich ganz im Gegenteil als ein Mann, der in den finstersten Tagen seines Lebens Freude und Trost daran findet, sich an eigene Liebeserlebnisse zu erinnern und von denen der Dichter zu lesen.

Die nächste Szene des Briefes führt Machiavelli in eine Osteria, um dort seine unersättliche Neugier zu stillen:

»Dann aber kehre ich zur Straße zurück in ein Wirtshaus, rede mit denen, die da vorbeikommen, frage nach Neuigkeiten aus ihrer Gegend, erfahre alles mögliche und lerne, wie verschieden Ansichten und Einbildungen der Menschen sind.« Diese Stelle erinnert uns an die Neugier Machiavellis auf seinen Gesandtschaftsreisen, wo er genauso alles wissen und kennenlernen wollte, aus dem puren Vergnügen zu sehen, wie bunt und bizarr die Welt ist.

Aus der Osteria kehrt Machiavelli nach Hause zurück, um mit Frau und Kindern, die er seinen »häuslichen Verein« nennt, zu essen. Interessanterweise ist die Familie für ihn ebenso »ein Verein« wie der Freundeskreis, über den er am 16. April an Vettori geschrieben hatte: »Der Verein, Ihr kennt ihn schon, wirkt ganz verloren.« Mit dieser Bezeichnung für seine Familie scheint Machiavelli zum Ausdruck bringen zu wollen, daß man sie sich eher als eine durch Armut und Fährnisse zusammengehaltene Gemeinschaft denn als eine hierarchische Ordnung vorzustellen hat. Leider sagt er uns über das Essen nicht mehr, als daß die Speisen auf den Tisch kommen, wie sie eben das »ärmliche Haus« und das äußerst ärmliche Vermögen hergeben. Auch über Machiavelli als Vater erfahren wir erst viele Jahre später etwas.

Nach dem Essen geht's wieder ins Wirtshaus, diesmal, um mit dem Wirt, dem Totengräber, dem Müller und zwei Ziegelbrennern »tricche tracche«, eine Art Backgammon, zu spielen. Machiavelli läßt vor unseren Augen eine köstliche Szene entstehen, wie das Spiel »zu unendlichen Streitereien und Beleidigungen führt, und wenn es auch meist nur um einen Quattrino geht, so hört man uns doch mindestens bis San Casciano brüllen«, das zwei Meilen von Sant'Andrea entfernt liegt. Während sich der Leser amüsiert, verbirgt Machiavelli damit seine Bitterkeit. Zwar gelingt es ihm, durch Spiel und Streitereien »den Kopf aus dem Staub« zu heben, doch um auszudrücken, wie es ihm eigentlich dabei geht, erfindet er das geradezu lautmalerische »m'ingaglioffo«, was soviel heißt wie: »ich verblöde vollkommen«. Er tut dies, um sein Herz auszuschütten »über die Niedertracht meines Schicksals, dem ich mich zufrieden zeige mit der Art, wie es mich niedertritt. Denn ich will doch sehen, ob es sich dessen nicht schämt.«

Wenn der Abend kommt, wird es Zeit, nach Hause zurückzukehren. Und hier muß Machiavelli selbst zu Wort kommen:

> Ist es Abend geworden, gehe ich nach Hause und betrete mein Arbeitszimmer. An der Schwelle werfe ich das schmutzige, schmierige Alltagsgewand ab, ziehe mir eine königliche Hoftracht an und betrete passend gekleidet die Hallen der Großen des Altertums. Ich werde von ihnen liebevoll aufgenommen, und hier nehme ich die Nahrung zu mir, die allein mir angemessen ist und für die ich geboren bin. Hier darf ich ohne Scheu mit ihnen reden, sie nach den Beweggründen ihres Handelns fragen, und in ihrer Freundlichkeit antworten sie mir. Vier Stunden lang werde ich dessen nicht müde, vergesse allen Kummer, fürchte die Armut nicht und fürchte mich nicht vor dem Tod, so ganz fühle ich mich unter sie versetzt. (GS, V, 407)

In diesen wunderbaren Worten offenbart Machiavelli seine Seele und seine ganze innere Größe. Wenn er auf der Schwelle zu seinem Arbeitszimmer das Alltagsgewand ablegt, legt er auch die Maske ab, die er getragen hat, weil

Fortuna ihn zwingt, gewöhnlich und gemein, das heißt anders zu sein, als er wirklich ist. Die Maske akzeptiert er in der Hoffnung, daß die launische Schicksalsgöttin ihres grausamen Spieles müde wird, aber wenn er sich für sein Arbeitszimmer »die königliche Hoftracht« anlegt, die er trug, als er mit Königen, Fürsten, dem Kaiser und dem Papst verkehrte, dann ist er ein anderer Mensch. Endlich kann der wahre Machiavelli seine Kunst ausüben und darüber nachdenken, wie Staaten gegründet, bewahrt und wiedergewonnen werden.

Im Dialog mit den großen Staatsmännern der Antike, das heißt im Nachdenken darüber, was die antiken Geschichtsschreiber über ihre Entscheidungen und ihr Handeln geschrieben haben, findet Machiavelli endlich zu sich selbst. Er entfernt sich von der Alltagswelt, um mit Hilfe der Vorstellungskraft die Welt des Denkens und der Dichtung zu betreten. Langeweile, Mühen, Armut und Tod werden nichtig angesichts der Größe der Männer, mit denen er nun Umgang pflegt, und weil sie nichtig geworden sind, ängstigen sie ihn nicht mehr und tun ihm nicht mehr weh. Der Zauber, von dem Machiavelli in seinem Brief schreibt, ist der Zauber wahrer Größe. Ihm verdankt er vier Stunden Frieden, Frieden mit sich selbst, in der Stille der ländlichen Winternacht mit dem knisternden Kaminfeuer im Rücken. Gönnen wir ihm die Ruhe, die er braucht.

XVI »Der Fürst« und die Liebe

Viele Menschen glauben, daß die großen Werke des politischen Denkens aus einer Distanz zum Leben und kalter, durch keinerlei Leidenschaften getrübter Vernunft entstehen. Diesen Irrglauben haben trockene Akademiker in die Welt gesetzt. Die wenigen wirklich großen Werke sind im Gegenteil aus dem Schmerz geboren, der sich in Worten voller Kraft und Lebendigkeit äußert, um mit allen Konventionen und den von der Mittelmäßigkeit gesetzten Grenzen zu brechen. Diese Werke werden dadurch groß, daß der Autor die ganze Intensität eines Lebens hineinlegt, das ihm zu entgleiten droht. Damit ist die Vernunft keineswegs ausgeschlossen, aber sie erhält ihre Überzeugungskraft aus der Leidenschaft, die nicht nur der Klarheit der Analyse dient, sondern die Darstellung auch mit Bildern, Metaphern und Vorstellungen bereichert, die Geist und Herz des Lesers berühren und bis tief in seine Seele dringen, um ihn nicht mehr loszulassen.

Dies gilt für Machiavellis *Il Principe (Der Fürst)* oder *De Principatibus (Über die Fürstentümer)*, wie der Autor selbst sein in der Einsamkeit des »Albergaccio« entstandenes kleines Büchlein genannt hat. Es enthält alles, was Machiavelli aus der Geschichte der Antike gelernt und was er aus nächster Nähe in seinen Jahren als Sekretär erfahren hatte. Durch die Lektüre seiner kleinen Schrift könne man sich überzeugen, schreibt er am Schluß des Briefes vom 10. Dezember,

»daß ich meine fünfzehn Jahre Studium der Staatskunst nicht verträumt noch vertrödelt habe, und einen Mann, der seine Erfahrungen bei anderen gemacht hat, sollte man doch überall gern zum Dienst heranziehen«.

Machiavelli wünschte sich, daß die Medici, Papst Leo X. in Rom und Lorenzo in Florenz, sein Werk zu lesen bekämen. Vor allem aber dachte er an Giuliano de' Medici, der als Kardinal an der Kurie weilte, und ihm widmete er sein Buch. Der Empfänger sollte erkennen, so hoffte Machiavelli, daß der ehemalige Sekretär besser als jeder andere wußte, was ein Fürst, vor allem ein »neuer« Fürst, wie es die Medici im Jahre 1513 waren, zur Festigung seiner Herrschaft zu tun hatte. Machiavelli hegte also noch immer die Hoffnung, irgendeine Aufgabe zu erhalten, und sei es nur, »einen Felsen zu wälzen«.

Im Zweifel darüber, ob er selbst nach Rom reisen sollte, um sein Buch Giuliano zu überreichen, oder ob er es durch Vettori übermitteln sollte, fragte Machiavelli den Freund um Rat, der den Papst und Giuliano de' Medici täglich aus der Nähe erlebte. Um eine Gefälligkeit zu bitten fiel ihm schwer, aber die Not trieb ihn dazu, denn die erzwungene Untätigkeit zermürbte ihn, und er fürchtete, wegen seiner Armut sich selbst und anderen verächtlich zu werden und für seine Familie eine Last statt eine Stütze zu sein.

Vettori gab wie gewöhnlich eine ausweichende Antwort, nicht aus Böswilligkeit, sondern einfach, weil er nicht in der Lage war, sich bei den Mächtigen, mit denen er zu tun hatte, Gehör zu verschaffen, und weil er außerdem seinen eigenen Ruf nicht aufs Spiel setzen wollte, nur um seinem Freund einen kleinen Vorteil zu verschaffen. Erst am 24. Dezember antwortete Vettori auf Machiavellis Brief: »Ihr schreibt mir [...] daß Ihr ein gewisses Werk über die Staaten verfaßt habt. Wenn Ihr es mir schickt, würde ich mich freuen.« (L, 433) Er wolle sein Urteil abgeben, auch wenn er sich dafür nicht kompetent genug fühle, und dann werde man sehen, wie man es Giuliano de' Medici zukommen lassen könne. Am 18. Januar 1514 nimmt Vettori dann Stellung: »Ich habe einige Kapitel aus Eurem Werk gesehen, und sie gefallen mir außerordentlich gut, aber solange ich nicht alles in Händen habe, will ich kein abschließendes Urteil abgeben.« (L, 441)

Mit diesen wenigen kühlen und förmlichen Worten handelte Vettori eines der Hauptwerke der politischen Literatur ab und hütete sich natürlich, es dem Papst oder Giuliano vorzulegen, sondern verlor darüber kein Wort mehr. Als Machiavelli deshalb erkennen mußte, daß seine Mühe vergebens war und sich weder in Rom noch in Florenz, noch anderswo eine Tür für ihn öffnete, ließ er seiner Bitterkeit und Verzweiflung am 10. Juni 1514 in einem Brief freien Lauf, nicht um Mitleid zu erregen, sondern um endgültig jede Hoffnung zu begraben:

> So werde ich also in meinem Elend bleiben, ohne daß sich ein Menschenkind meiner Ergebenheit erinnert oder meint, ich könne zu irgend etwas gut sein. Aber es ist unmöglich, daß es lange so bleibe; denn ich zehre mich auf und sehe, daß, wenn Gott sich mir nicht günstiger zeigt, ich eines Tages gezwungen sein werde, mein Haus zu verlassen und Repetitor oder Schreiber bei einem Obersten zu werden, wenn ich nicht anders kann, oder mich an einen einsamen Ort zu verkriechen, die Kinder lesen zu lehren. Meine Familie werde ich hier lassen; sie mag mich dann für gestorben halten. Ohne mich wird sie viel besser auskommen; ich verursache ihr doch

> nur Kosten, da ich von meiner Gewohnheit, Geld auszugeben, nicht mehr lassen kann. Ich schreibe Euch dies nicht, weil ich wünschte, Ihr solltet Euch meinetwegen Mühe oder Sorge machen, sondern nur um mein Herz auszuschütten und um Euch nicht mehr über dieses Thema zu schreiben, das so widerwärtig wie möglich ist. (GS, V, 434)

Der *Principe* fand, als er zunächst in Abschriften und dann gedruckt in Umlauf gebracht wurde, nur sehr wenige Leser, die seinen Wert zu erfassen vermochten. Statt auf Zustimmung stieß das Werk auf breite Ablehnung und wurde als bösartig und vom Teufel persönlich inspiriert verschrien, da sein gottloser Verfasser einen Fürsten lehren wolle, wie er mit Habgier, Grausamkeit und Verstellung an die Macht kommt, sich an der Macht hält und die Religion bloß als zynisches Mittel benutzt, um die Untertanen fügsam zu halten. Einige wenige sahen in Machiavellis *Principe* eine Satire, die unter dem Vorwand, sich an einen Fürsten zu wenden, eigentlich den Untertanen zeigen will, daß die Herrschaft des Fürsten sich auf Grausamkeit und Täuschung gründet, und sie zum Haß auf den Fürsten anstacheln will. Für die meisten aber blieb der *Principe* ein übles Machwerk und sein Autor nach den Worten eines seiner finstersten Interpreten ein »Meister des Bösen«.

So viel Empörung hatte Machiavelli dadurch erregt, daß er erklärte, die Gedanken derjenigen, die vor ihm Fürstenspiegel verfaßt hatten und auf diesem Gebiet als Autorität galten, seien falsch oder nur in begrenztem Umfang richtig. Seine Vorgänger hatten dem Fürsten, der sich an der Macht halten und Ruhm erwerben will, die Kardinaltugenden Klugheit, Gerechtigkeit, Tapferkeit und Mäßigung ans Herz gelegt und als besondere Tugenden der Fürsten Milde, Großzügigkeit und Verläßlichkeit gepredigt.

Machiavelli ist dagegen der Meinung, daß ein Fürst, der diesen Ratschlägen unter allen Umständen folgt, seine Macht keineswegs erhalten, sondern sie statt dessen mit Sicherheit verlieren und sich außerdem der Lächerlichkeit und dem Vergessen preisgeben wird. Machiavelli weiß genau, daß er sich damit einer jahrhundertealten Tradition entgegenstellt, die zu seiner Zeit von bedeutenden Denkern neu belebt worden war. Deshalb will er es nicht »als anmaßend« empfunden wissen, wie er im 15. Kapitel schreibt, wenn er von dem Verfahren der anderen abweiche: »Aber da es meine Absicht ist, zum Nutzen derer zu schreiben, die mich verstehen, schien es mir richtiger, mich an die tatsächliche Gestalt der Dinge zu halten als an ein Phantasiegebilde. Viele haben sich Republiken und Fürstentümer ausgemalt, von deren Existenz man nie etwas gesehen noch vernommen hat. Denn zwischen dem Leben, wie es ist und wie es sein sollte, ist ein so gewaltiger Unterschied, daß, wer das, was man tut, aufgibt für das, was man tun sollte, eher seinen Untergang als seine Erhaltung bewirkt; ein Mensch, der immer nur das Gute tun wollte, muß zugrunde gehen unter so vielen, die nicht gut sind. Daher muß ein Fürst, der sich behaupten will, auch imstande sein, nicht gut zu handeln und das Gute zu tun und zu lassen, wie es die Umstände erfordern.« (P, XV, 95)

Diese Grundthese spricht Machiavelli mit dem Mut und der Respektlosigkeit aus, die nur großen Denkern eigen sind, und macht Stück für Stück die geltenden Lehren zunichte. Der gute Fürst, so hatte man die aus der Antike übernommenen Grundsätze jahrhundertelang wiederholt, soll weder wild und grausam sein wie der Löwe noch schlau und heuchlerisch wie der Fuchs, sondern muß durch seine Tugend regieren. Der Herrscher soll nicht danach trachten, daß seine Untertanen ihn fürchten, sondern daß sie ihn lieben, denn, so lautet die Schlußfolgerung, kein Fürst ist sicherer auf seinem Thron als derjenige, den die Liebe seiner Untertanen umgibt. Für Machiavelli dagegen muß ein Fürst, besonders wenn seine Herrschaft noch nicht gefestigt ist, »gleicherweise die Rolle des Tieres und des Menschen« beherrschen und von den Tieren »sich den Fuchs und den Löwen aussuchen; denn der Löwe ist wehrlos gegen Schlingen, der Fuchs gegen Wölfe. Man muß also Fuchs sein, um die Schlingen zu erkennen, und Löwe, um die Wölfe zu schrecken.« (P, XVIII, 104) Die politischen Philosophen, die sich an der Antike, vor allem an Cicero, orientierten, behaupteten genau das Gegenteil.

Mit derselben Unverfrorenheit widerlegt Machiavelli die These, nach der ein Fürst großzügig sein, seine Freunde mit Geschenken und Wohltaten überhäufen und große Pracht entfalten muß. Ein Fürst, der diesen Rat wirklich befolgen wolle, um sich den Ruf der »Freigebigkeit« zu erwerben, werde unweigerlich seine Mittel verbrauchen »und schließlich, wenn er den Ruf der Freigebigkeit wahren will, genötigt sein, das Volk durch außergewöhnliche Lasten zu drükken, Steuern einzutreiben und zu allen möglichen Mitteln zu greifen, um Geld zu erlangen. Dadurch wird er sich den Haß seiner Untertanen zuziehen und die Geringschätzung aller, da er in Armut gerät.« (P, XVI, 97)

Ähnlich behandelt Machiavelli auch das Thema der Grausamkeit. Ohne Zweifel müsse ein Fürst danach trachten, als gnädig und milde zu gelten, »doch er muß darauf bedacht sein, die Milde nicht verkehrt anzuwenden«. Um nicht als grausam zu gelten, hätten die Florentiner beispielsweise zugelassen, daß Pistoia durch innere Parteienkämpfe zerstört wurde, Cesare Borgia hingegen, der als grausam galt, habe mit seiner Grausamkeit der Romagna Ordnung und Eintracht zurückgegeben. »Ein Fürst darf es sich also nicht anfechten lassen, grausam gescholten zu werden, wenn er seine Untertanen einig und treu halten will.« (P, XVII, 100)

Wie radikal Machiavellis Kritik an der klassischen Theorie des guten Fürsten ist, zeigt sich am deutlichsten an seinem Umgang mit einem der Kernsätze Ciceros, der unzählige Male wiederholt worden ist. In Ciceros *De officiis (Vom pflichtgemäßen Handeln)* heißt es: »Sed nihil, quod crudele, utile.« (Aber es ist nichts nützlich, was rücksichtslos ist. Off. III, 11, 46) Machiavelli hält dagegen, das hänge davon ab, »ob die Grausamkeiten gut oder schlecht angewandt sind. Gut angewandt kann man diejenigen nennen – wenn anders man das Schlechte gut nennen darf –, die ein Fürst begeht aus Notwendigkeit, um sich zu sichern, und bei denen er späterhin nicht verharrt, sie vielmehr, soweit möglich, zum Wohle der Untertanen zu wenden sucht. Schlecht angewandt sind diejenigen, welche zwar im Anfang gering an Zahl sind, mit der Zeit aber eher zunehmen als verschwinden.« (P, VIII, 70)

Cicero und die Humanisten behaupteten, nichts sei wirksamer, um die Macht zu verteidigen und zu halten, als von seinen Untertanen geliebt zu werden, nichts schädlicher dagegen, als gefürchtet zu werden. Machiavellis »Antwort lautet, daß es am besten wäre, geliebt und gefürchtet zu sein; da es aber schwer ist, beides zu vereinigen, ist es weit sicherer, gefürchtet zu sein als geliebt, wenn man schon auf eins verzichten muß«. (P, XVII, 101) In derselben Weise behandelt Machiavelli auch die Treue: »Wie rühmlich es für einen Fürsten ist, die Treue zu halten und redlich, ohne Falsch, zu leben, sieht jeder ein. Nichtsdestoweniger lehrt die Erfahrung, daß gerade in unseren Tagen die Fürsten Großes ausgerichtet haben, die es mit der Treue nicht genau genommen haben.« (P, XVIII, 102)

Mit Sätzen voller Spannung, lebendiger Erfahrung und Lehren aus der Geschichte erläutert Machiavelli die Staatskunst, in der er selbst Meister ist, und entwirft das Bild des neuen Fürsten, der »am Guten festhalten [muß], soweit es möglich ist, aber im Notfall vor dem Schlechten nicht zurückschrecken« darf. (P, VIII, 105). Ein Fürst, der Großes vollbringen will, muß, das weiß Machiavelli wohl, in der Lage sein, gegen Löwen wie Julius II., gegen Füchse wie Ferdinand den Katholischen von Spanien und auch gegen Herrscher, die wie Cesare Borgia beides in sich vereinen, kämpfen. Der Fürst, den Machiavelli vor Augen hat, muß deshalb siegen können und darf kein zweiter Pier Soderini sein, der aus Angst davor, als grausam in die Geschichte einzugehen, Staat und Heimat verloren hatte.

Warum sein Fürst zu siegen lernen muß, erklärt Machiavelli im letzten Kapitel mit der Überschrift: »Esortazione a pigliare l'Italia e liberarla dalle mani dei barbari« (Aufruf, Italien von den Barbaren zu befreien). Es wurde von den vielen, die das ganze Buch nicht verstanden haben, als ein Zusatz angesehen, der nichts mit dem Ganzen zu tun habe. Der Fürst, von dem Machiavelli träumt, ist ein außergewöhnlicher Mensch, dem es gelingen kann, Italien »von den Grausamkeiten und den Gewalttätigkeiten der Barbaren«, das heißt von der Fremdherrschaft, zu erretten. Wie die großen Erlöser der Geschichte, allen voran Moses, kann auch der Befreier Italiens auf Gottes Hilfe vertrauen, und wenn er, um zu siegen, Böses tun muß, wird Gott an seiner Seite stehen, denn das Vorhaben ist gerecht. Machiavelli hat nie behauptet, der Zweck heilige die Mittel oder in der Politik sei erlaubt, was im normalen Leben verboten ist. Er wollte vielmehr klarmachen, daß große Taten wie die Befreiung eines Volkes, die Gründung eines Staates, die Wiederherstellung von Recht und Gesetz, wo Anarchie und Willkür geherrscht haben, und die Reformierung einer zerrütteten Republik nur dem gelingen werden, der nicht fürchtet, als grausam oder knauserig angesehen zu werden, sondern der das Notwendige zur Lösung dieser Aufgabe zu tun versteht. Darin äußert sich Größe, und die sollte Machiavellis neuer Fürst besitzen.

Zunächst wollte Machiavelli, wie gesagt, den *Principe* Giuliano de' Medici widmen. Dann aber widmete er ihn Lorenzo, dem Neffen Papst Leos X., der seit August 1513 praktisch die Herrschaft in Florenz ausübte. Auch in der zwischen September 1515 und September 1516 verfaßten Widmung unterstreicht Machiavelli, daß es in dem Buch um die Taten großer Männer geht: »Da auch ich nun wünschte, Eurer Durchlaucht ein Zeugnis meiner Ergebenheit darzubringen, habe ich unter all meiner Habe nichts gefunden, was mir teurer wäre oder was ich so hoch schätzte wie die Kenntnis der Taten großer Männer, die ich durch lange Erfahrung in der Gegenwart und durch anhaltendes Studium des Altertums erworben habe.« Wer das Buch lesen werde, dem biete es Gelegenheit, sich »in kürzester Zeit all die Kenntnisse anzueignen, die ich in so langen Jahren und unter so vielen Mühen und Gefahren erworben habe. Ich habe dieses Werk nicht ausgeschmückt und überladen mit wohlgebauten Perioden, hochtrabenden und großartigen Worten oder anderem äußerlichen Zierat, womit viele ihre Schriften aufzuputzen pflegen. Denn ich wollte, daß nichts Äußeres ihm Ehre macht und daß allein die Mannigfaltigkeit des Inhalts und der Ernst des Gegenstands ihm Gunst erwerbe.« (P, Widmung, 33f.)

Machiavelli wußte sehr wohl, daß Lorenzo wie alle anderen Medici ihm gegenüber ein tiefes Mißtrauen hegte, weil er als Mann »von niederem und geringem Stande« den Kreisen der großen Familien fernstand, weil er unter der Republik Soderinis Sekretär gewesen war und zudem weil man ihn verdächtigt hatte, in die Verschwörung der Boscoli und Capponi verwickelt zu sein. Um das Argument der sozialen Distanz zu entkräften, wendet Machiavelli alle Kunstgriffe seiner Eloquenz an. »Denn wie die Landschaftszeichner ihren Standpunkt in der Ebene nehmen, um die Beschaffenheit der Berge und der hochgelegenen Orte zu studieren, und oben auf die Berge gehen, wenn sie die Niederungen betrachten wollen, so muß man Fürst sein, um den Charakter des Volkes zu durchschauen, und dem Volke angehören, um den des Fürsten richtig zu erfassen.« Dem Verdacht der politischen Gegnerschaft begegnet Machiavelli mit dem »heißen Wunsch [...] daß Ihr zu der Größe gelangt, die das Schicksal und Eure Gaben Euch bestimmt haben.«

Als Francesco Vettori, der in der Zwischenzeit zu einem der einflußreichsten Berater Lorenzos aufgestiegen war, das Buch überreichte, würdigte es der hohe Herr kaum eines Blickes, sondern zeigte sich viel interessierter an zwei Rassehunden, die er zum Geschenk erhalten hatte. Lorenzo hatte keinerlei Interesse an einer derartigen Lektüre, und wenn er den *Principe* gelesen hätte, hätte er ihn wohl schwerlich verstanden. Die Nichtachtung durch Lorenzo war ein weiterer harter Schlag für die Hoffnungen Machiavellis auf einen Posten und eine weitere Enttäuschung, die ihn lange quälte. Das läßt sich an den wenige Jahre später entstandenen *Discorsi sopra la prima deca di Tito Livio (Gedanken über Politik und Staatsführung)* ablesen, die er an die Freunde Zanobi Buondelmonti und Cosimo Rucellai richtete. Darin schrieb er bitter, aber mit Entschiedenheit, er habe sein Werk keinem Fürsten gewidmet, sondern vielmehr Männern, die es wegen ihrer »zahllosen guten Eigenschaften« verdienten, Fürsten zu sein. »Denn ein Mann von gutem Urteil soll diejenigen wertschätzen [...] welche einen Staat zu regieren verstehen, und nicht die, welche regieren, ohne es zu verstehen.« (D, Widmung, 2) Damals wie heute besteht das Problem darin, daß auf Thronen und Ministersesseln immer Leute sitzen, die das Regieren nicht verstehen, während der, der es versteht, entweder nicht angehört oder sogar verlacht wird.

Mitten in all dieser Trostlosigkeit erfuhr Machiavelli eine ebenso unerwartete wie wohltuende Tröstung, nicht eine neue Anstellung, nicht irgendeine Anerkennung für seinen *Principe*, sondern eine große Liebe. Wir wissen aus dem Brief Vettoris vom 18. Januar 1514, daß Machiavelli nicht zum erstenmal verliebt war: »Ich habe Euch schon mehrere Male verliebt gesehen und erlebt, wie leidenschaftlich Ihr liebt.« (L, 441) Der Angesprochene selbst aber hatte bis zu diesem Zeitpunkt in seinen Briefen nichts Derartiges verlauten lassen. Abgesehen von der geheimnisvollen Janna oder Jeanne und einer anderen anonymen Geliebten, von denen andere sprechen, erwähnt Machiavelli nur die Riccia genannte Lucrezia, mit der er mindestens zehn Jahre lang eine Beziehung hatte. Wie aus einem Brief von Roberto Acciaiuoli vom 7. Oktober hervorgeht, verkehrte Machiavelli mit ihr schon im Jahre 1510, als er auf der Höhe seines Ruhmes stand, und noch 1520 unterhielten sie zumindest ein freundschaftliches Verhältnis zueinander, als Machiavelli bereits die Fünfzig überschritten und Ruhm und Geld verloren hatte. Dies jedenfalls geht aus einem Brief von Filippo de' Nerli hervor, der Machiavelli versichert, ein gewisser Bastiano di Possente werde ihm in Pistoia ein gutes Quartier bieten »aus Liebe zu Riccia und zu mir«. Riccia war eine Kurtisane, aber anders als viele Männer hielt sie Machiavelli die Treue, auch als ihn das Glück verlassen hatte.

Riccia war großherzig und treu, aber sie hatte auch eine spitze Zunge und verstand es, ihren Besucher ohne große Mühe auf Distanz zu halten. In einem Brief vom 4. Februar 1514 erzählt Machiavelli, er halte sich, wenn er in Florenz sei, entweder bei Donato del Corno oder bei Riccia auf, »und beiden fürchte ich zur Last geworden zu sein. Der eine nennt mich Störer im Geschäft, die andere Störer im Hause. Doch mache ich mich bei beiden als einen guten Ratgeber gelten, und bis jetzt hat mir diese Reputation so viel genützt, daß Donato mich an seinem Herd wärmen läßt, und die andere läßt sich manchmal küssen, doch nur verstohlenerweise. Ich glaube, diese Gunst wird nicht lange dauern; denn ich habe beiden gewisse Ratschläge gegeben, und nie habe ich es getroffen. Heute erst sagte mir Riccia, indem sie sich stellte, als spreche sie mit dem Kammermädchen: Ach diese Klugen, diese Klugen, ich weiß nicht, wo sie zu Hause sind; mir scheint, jeder greift die Dinge verkehrt an.« (GS, V, 417)

Vettori muntert den Freund in seinem Antwortbrief vom 9. Februar auf, er solle sich Riccias Worte nicht so sehr zu Herzen nehmen, denn sie seien vielleicht in einem Augenblick des Zorns gesprochen, aber deshalb dürfe man nicht glauben, »daß sie Euch deshalb nicht liebt und Ihre Tür Euch nicht offensteht, wenn Ihr wollt. Denn dann würde ich sie als undankbar ansehen, und dabei habe ich sie bisher immer für freundlich und liebenswürdig gehalten.« (L, 446) Auch wenn sie jetzt einen so wichtigen Mann wie Anton Francesco degli Albizzi als Geliebten habe, werde sie, so meint Vettori, sicher nicht hochnäsig geworden sein. (L, 446)

Riccia hatte tatsächlich ein großes Herz, wie Vettori in einem Brief fast ein Jahr später bestätigte: »Es erregt meine Bewunderung, daß Ihr, wie Ihr sagt, bei Riccia so viel Treue und Mitgefühl gefunden habt. Bisher stand ich aus Liebe zu Euch auf ihrer Seite, aber jetzt verspreche ich Euch, daß ich ihr ergebener Diener geworden bin, denn meistens lieben die Frauen das Glück und nicht die Männer, und wenn das Glück sich wendet, wenden auch sie sich.« (L, 487)

An diesem Punkt könnten wir uns schweren Herzens von Riccia verabschieden im Bewußtsein, daß diese schöne, großzügige, selbstsichere und unabhängige Kurtisane eine wichtige Rolle in Machiavellis Leben gespielt hat, und in der Hoffnung, eines Tages durch neue Quellen vielleicht mehr über diese faszinierende Frau zu erfahren. Ich muß jedoch noch eine, wie man früher gesagt hätte, heikle Angelegenheit erwähnen, in der Machiavelli und Riccia eine Hauptrolle gespielt haben und die die Biographen meist verschwiegen haben. Es handelt sich um eine anonyme Anzeige wegen Sodomie vom 27. Mai 1510 bei den Otto di Guardia, der Strafjustizbehörde in Florenz, mit folgendem Wortlaut: »Hiermit wird Euren Herrlichkeiten von den Otto zur Kenntnis gegeben, daß Niccolò di Messer Bernardo Machiavelli Lucrezia, genannt Riccia, in den Hintern fickt. Laßt sie vorführen, und Ihr werdet die Wahrheit erfahren.«

Gewiß hatte nicht Riccia, die mit Machiavelli über viele Jahre Umgang pflegte und ihm nahe war, die anonyme Anklage angestiftet, sondern einer seiner Gegner, der ihm besonders übelwollte. Um das Gewicht der Anklage zu ermessen, muß erwähnt werden, daß Sodomie in der damaligen Zeit offiziell mit Geldstrafen, Pranger und Gefängnis bestraft wurde und daß bis 1502 dafür eine eigene Behörde namens Ufficiali di notte e conservatori dei monasteri (Nachtwächter und Beaufsichtiger der Klöster) existierte, die widernatürliche Sexualpraktiken verhindern sollte. In der Praxis wurden diese allerdings toleriert, und auch das Verfahren gegen Machiavelli verlief im Sande. Die Episode hatte demnach kein weiteres Gewicht, aber sie beleuchtet doch einen wesentlichen Charakterzug Machiavellis. In seinen Leidenschaften, seinem Verlangen und seinen Liebesabenteuern ließ er sich nur von der Natur und nur von seiner eigenen Natur leiten ohne jede Rücksicht auf die Meinung von Moralisten und Sittenwächtern. Er respektierte ebenso streng die Gesetze im öffentlichen Leben und in der Politik, wie er freimütig und freizügig sein Verlangen in der Liebe auslebte.

Man hat auch die Vermutung geäußert, Machiavelli habe homosexuelle Beziehungen gehabt, denn die beiden Quellen, in denen von Riccia die Rede ist, deuten darauf hin. Ein Satz Machiavellis aus einem Brief an Vettori vom 19. Dezember 1513 geht in diese Richtung. Im Anschluß an die Darstellung der furchterregenden Prophezeiungen des Predigers Francesco da Montepulciano heißt es da: »Diese Dinge haben mich so erschreckt, daß, während ich heute den Morgen bei Riccia zubringen sollte, ich nicht hinging; ich weiß nicht, ob, wenn ich ihn bei Riccio hätte zubringen sollen, diese Predigt mich abgehalten haben würde.« (GS, V, 411) Ein weiterer Passus aus einem Brief Vettoris vom 9. Februar 1514 läßt sich ebenfalls so deuten, denn Vettori rät, falls Riccia Machiavelli die Tür vor der Nase zuschlagen sollte: »Haltet Euch an den Riccio von Donato, der wendet sich nicht ab, weil Euch das Glück verlassen hat, sondern hat gute Nerven und Rückgrat und paßt besser zu den Freunden niedrigen als denen hohen Standes.« (L, 447)

Riccio war ein junger Mann, der mit den homosexuellen Freunden Machiavellis verkehrte, und die beiden Briefstellen scheinen zu belegen, daß auch Machiavelli seine Reize zu schätzen wußte. Richtig gelesen, deuten sie jedoch auf das genaue Gegenteil. Vettori wollte mit seinen Worten nur einen kleinen Scherz machen, um Machiavelli aufzuheitern, der fürchtete, Riccias Gunst zu verlieren. Er meinte damit, Machiavelli könne sich immer noch an Riccio halten, wenn die Freundin ihm die Nase vor der Tür zuschlagen sollte. Ähnliches gilt für den Satz aus seinem eigenen Brief, wo er sich selbst einen Scherz erlaubt, indem er zwei offensichtliche Lügen auftischt. Zum einen behauptet er, daß ihn die Predigt des Franziskanermönchs in Florenz, »dem Magneten aller Marktschreier der Welt«, zu Tode erschreckt habe, während er in Wirklichkeit, sofern er sie überhaupt gehört hatte, sicher darüber gelacht hat. Und genauso offensichtlich lügt Machiavelli, wenn er behauptet, daß er nicht zu Riccia gegangen sei, aber zu Riccio gegangen wäre, wenn er mit ihm verabredet gewesen wäre, und sich nicht um die Predigt des finsteren Mönches gekümmert hätte.

Wenn wir aber den Brief Machiavellis vom 5. Januar 1514 an Vettori aufmerksam lesen, kommen wir zu der gegenteiligen Schlußfolgerung, daß Machiavelli, wie er selbst zugibt, homosexuelle Beziehungen mit jungen Männern hatte, wie es in Florenz zu seiner Zeit weithin üblich war. Tatsächlich schreibt er: »Euch völlig aufzuklären, müßte ich während Eurer strengen Stimmung nach Rom geraten, der ich Kontakt habe und den Frauen zugetan bin. Kaum hätte ich die Sache gemerkt, so würde ich gesagt haben: ›Gesandter, Ihr werdet krank werden, es scheint mir, Ihr erlaubt Euch keine Erholung. Hier gibt es keine jungen Männer, hier gibt es keine Frauen; was für ein verdammtes Haus ist das?‹« (GS, V, 413) Wie Mario Montelli in seinem grundlegenden Essay 1998 gezeigt hat, bedeutet »Kontakt haben« hier »Beziehungen mit jungen Männern unterhalten«. Der Sinn des Satzes ist deshalb: » Ich ... der Beziehungen mit Männern und Frauen hat.«

Zu seinem Schaden oder auch zu seinem Glück verlor Niccolò sich vollkommen in seinen leidenschaftlichen Liebschaften. Die Schönheit der Frauen fesselte ihn und führte ihn in die Welt der Dichtung, die mindestens ebenso die seine war wie die der Politik. Die Laune des Schicksals wollte es, daß er seine große Liebe genau zu dem Zeitpunkt fand, als sein Herz von den bereits erwähnten Enttäuschungen schwer war. Von der ersten Begegnung erzählt Machiavelli in einem Brief vom 3. August 1514 an Vettori, zwei Monate, nachdem er dem Freund gestanden hatte, vor lauter Kummer über seine Lage sein Haus verlassen und die Seinen im Glauben lassen zu wollen, er sei tot.

Die Frau, die Machiavellis Herz entflammte, war mit aller Wahrscheinlichkeit die Schwester von Niccolò Tafani. Sie wohnte in der Nähe des Albergaccio und war von ihrem Ehemann Giovanni böswillig verlassen worden, der sich nach Rom abgesetzt hatte. Von dieser Frau spricht Machiavelli in seinem Brief an Vettori: »Während meines Aufenthalts auf dem Lande habe ich ein Wesen so artig, so zart, so edel durch Natur und Kunst getroffen, daß ich sie nicht so sehr loben noch so sehr lieben könnte, daß sie nicht mehr verdiente. Ich sollte Euch, wie Ihr mir, den Ursprung dieser Liebe erzählen, mit welchen Netzen sie mich fing, wo sie sie spannte, von welcher Art sie waren; und Ihr würdet sehen, daß es goldene Netze waren, unter Blumen gespannt, von Venus geflochten, so sanft und anmutig, daß, obgleich ein rohes Herz sie hätte zerreißen können, ich es nicht wollte und mir eine Weile darin gefiel, bis die zarten Fäden stark geworden und durch unauflösliche Knoten sich verbanden.« (GS, V, 435f.)

Dieses eine Mal hat Machiavelli keine Angst, sein Herz zu öffnen, sondern zeigt seine Gefühle, was selten geschieht: »Obwohl es mir scheint, als habe ich mich in große Unruhe begeben, so fühle ich doch darin solche Wonne, sowohl durch den Anblick ihres seltenen reizenden Antlitzes als weil ich alle meine Leiden dem Gedächtnis entrückt, daß ich um nichts in der Welt mich befreien möchte, selbst wenn ich könnte.« Die außergewöhnliche Schönheit seiner Geliebten besitzt die Zauberkraft, aus Machiavellis Herzen Ängste, Befürchtungen und Trostlosigkeit zu vertreiben, wie es zuvor nur die Schönheit der Handlungen großer Männer der Antike und ihre Geschichte in einigen kurzen Nachtstunden im »Albergaccio« vermocht hatte. Die Liebe zu dieser Frau ist sogar stärker als die Gedanken an die Politik, und wie sie die ängstlichen Gedanken vertrieben hat, so vertreibt sie nun auch diese: »Die Gedanken an die großen und ernsten Dinge habe ich daher aufgegeben, es ergötzt mich nicht mehr die Geschichte der Alten noch die Unterhaltung über die Neueren, alles ist in süße Zwiesprache verwandelt, wofür ich Venus danke und ganz Zypern.«

Um diese Zeit war Machiavelli fünfundvierzig Jahre alt, auch wenn er damit kokettierte, daß er »schon nahe an die Fünfzig« sei, und er wußte sehr wohl, daß Amor ein Knabe ist, der »die Augen, die Leber und das Herz« ausreißt, daß das Glück sich in bittere Tränen verwandeln kann, und dennoch hatte er zumindest anfangs keine Angst, sondern fühlte neue Kraft in sich wachsen. Um die Geliebte zu treffen, mußte er weit laufen auf »holprigen Straßen« unter der toskanischen Augustsonne und in der Dunkelheit einer Nacht auf dem Lande, doch all dies schien ihm leicht und »mühelos«.

Seine Beziehung zu der Schwester Tafanis gestaltete sich jedoch weder leicht noch mühelos, soweit sich das aus einigen Gedichten schließen läßt, die er wahrscheinlich in jenen Monaten des Jahres 1514 schrieb. In einer langen *Serenata* erzählt er von einer Frau, »einzigartiges Beispiel von Schönheit auf der Erde«, »eine vollkommene Seele, in der alles Schöne ganz eingeschlossen ist«, die mit den Augen dem Verliebten »so sehr den Krieg« angesagt hat. Das Herz der Frau hatte sich verhärtet aus Angst, »daß ihr ein Mann Gewalt antue«, und um es zum Schmelzen zu bringen, erzählt ihr Machiavelli die antike Legende der Anaxarete, die zu Stein wurde, weil sie Iphis aus Liebe hatte sterben lassen. Teils verängstigt, teils bewegt gibt sich die schöne »Pomona«, das heißt das Apfelmädchen, weil sie die in der Augustsonne reifenden Äpfel liebt, endlich der Umarmung des Geliebten hin. (SL, 428–435).

In einem Sonett spricht Machiavelli von Schmerz und Tränen ohne Ende und ohne Tröstung; er zieht eine Parallele zwischen den Tragödien der Staaten und Königreiche und den Leiden eines Mannes in der Liebe, die an jene zwischen dem Vergnügen des Nachdenkens über die großen Fragen der Staaten und den Wonnen der Liebe gemahnt. Die Ursache all dieser Qualen sind wiederum die Augen einer Frau:

Se voi credessi, viverei contento
le pene che' vostri occhi ognor mi dànno;

e questi boschi pur creduto l'hanno,
stracchi già d'ascoltare il mio lamento. (SL, 427)

(Wenn Ihr sie mir glauben würdet, ertrüge ich zufrieden
die Qualen, die mir Eure Augen stets bereiten;
sogar diese Wälder haben sie geglaubt,
die meine Klagen längst schon leid sind.)

Weder Schmerz noch Klagen und schon gar nicht die Angst, zum Sklaven dieser unwiderstehlichen Augen zu werden, konnten Machiavelli aufhalten. Aus einem Brief an Vettori vom 15. Dezember 1514 wissen wir, daß er den Freund darum gebeten hatte, für ihn besonders hochwertige Wolle »in Blau für ein Paar Strümpfe« zu besorgen. (L, 478) Der schlaue Vettori verstand natürlich sofort, worum es sich handelte, auch deshalb, weil sein Freund ihn in einem anderen Brief gebeten hatte, sich für die Interessen der Familie Tafani einzusetzen. Als wahrer Gentleman versprach Vettori, die Wolle schon am nächsten Tag zu schicken und nicht zu fragen, »für wen Ihr sie wollt, für mich soll's genug sein, Euch zufriedenzustellen«. (GS, V, 439)

So wenig Vettori in der Lage war, Machiavelli in seinem Bemühen um politische Rehabilitierung zu helfen, so eifrig stand er ihm in Liebesfragen zur Seite. Dabei hatten die beiden Männer zwei völlig verschiedene Haltungen zur Liebe, soweit man das aus ihren Briefen entnehmen kann. In einem Schreiben vom 9. Februar 1514 erzählt Vettori von seinen Liebesleiden wegen der schönen Tochter seiner Nachbarin, die er sehr begehrt, wiewohl ihn Zweifel und Ängste plagen. Er sei vierzig Jahre alt und habe »verheiratete und heiratsfähige Töchter. Ich habe aber nicht so viel Geld, um es zum Fenster hinauszuwerfen, sondern es wäre vernünftig, alles, was ich sparen kann, für meine Töchter aufzuheben. Und wie niedrig ist es doch, seinen Gelüsten nachzugeben. Und diese ist in der Nähe, ich würde für sie Geld ausgeben und hätte täglich eine Menge Ärger. Darüber hinaus ist sie jung und schön und anmutig, so daß ich denken muß, daß auch andere sie begehren, wie ich sie begehre, der ich nicht besser bin. So würde ich wenig Genuß haben und in ständiger Eifersucht leben.« (L, 445)

Aus diesen Gründen beschließt Vettori, auf seine Liebe zu der jungen Frau zu verzichten, hält es aber nur zwei Tage lang aus, bis am dritten Mutter und Tochter zu ihm zu Besuch kommen. Als er mit der Tochter allein vor dem Kamin sitzt, verflüchtigen sich all seine guten Vorsätze wie Nebel vor der Sonne, »und ich entschied, mich ihr ganz zur Beute zu geben, daß sie mich lenkte und leitete«, wie es ihr gefiel. Für den Augenblick ist Vettori zufrieden, dem Verlangen nachgegeben zu haben: »Auch will ich Euch nicht sagen, was dann geschehen ist, es genügt, daß es geschehen ist, und ich denke nicht mehr an Ärger und Eifersucht.« Dann aber wird der Liebhaber wieder von seinen Ängsten überwältigt und bittet Machiavelli implizit um Rat.

Machiavellis Antwort läßt keine Zweifel: »Auf Euren Brief habe ich Euch zu sagen, daß Ihr den Amor ›totis habenis‹ [mit gesenktem Zügel] verfolgen sollt. Das Vergnügen, das Ihr heute nehmt, braucht Ihr morgen nicht zu nehmen. Wenn die Sache steht, wie Ihr mir geschrieben, so beneide ich Euch mehr als den König von England. Ich bitte Euch, folgt Eurem Glücksstern und laßt Euch ja kein Jota davon entgehen; denn ich glaube, glaubte und werde glauben, daß wahr sei, was Boccaccio sagt: Daß es besser ist, zu handeln und dann zu bereuen, als nicht zu handeln und dann zu bereuen.« (GS, V, 422) In diesem einen Satz ist

Machiavellis ganze Weisheit enthalten, denn angesichts der Schönheit einer Frau ebenso wie angesichts der großen Probleme der Politik läßt er sich nicht von der Angst vor Leiden oder Verlust bremsen, sondern von der Leidenschaft fesseln, um seine Träume zu leben.

Machiavellis Fähigkeit, die Liebe als Hingabe und Traum zu leben, wird auch an anderer Stelle in dem Briefwechsel mit Vettori deutlich, der in einem Brief vom 16. Januar 1515 wieder einmal über die Langweile seines römischen Lebens jammert.

> Ich kann nicht viel lesen wegen des vom Alter geschwächten Augenlichts. Ich kann nur in Begleitung spazierengehen, und das ist nicht immer möglich, auch habe ich nicht genügend Ansehen und nicht genügend eigene Mittel, daß man mir besondere Aufwartungen macht. Wenn ich nachdenke, verfalle ich in Melancholie, die ich lieber fliehe. Aus Not muß man einfach an angenehme Dinge denken, und ich weiß nicht, was angenehmer ist, als ans Vögeln zu denken. Und jeder Mann mag so viel philosophieren wie er will, doch das ist die ganze Wahrheit, die viele kennen, aber nur wenige aussprechen. (L, 487)

Machiavelli antwortet mit einem Sonett über die unwiderstehliche Kraft der Liebe und schildert dann dem Freund, der das Vögeln gepriesen hatte, die Ketten Amors, die ihn selbst fesseln:

> So stark sind die Ketten, die er mir angelegt, daß ich völlig an der Befreiung verzweifle. Ich kann mir nicht denken, wie ich jemals mich entfesseln sollte; und wenn schon das Schicksal oder menschlicher Wechsel mir einen

Weg öffnete, sie abzustreifen, so würde ich wahrscheinlich nicht wollen, so süß, bald so leicht, bald so schwer scheinen mir diese Ketten: Es ist eine solche Mischung, daß ich nicht glücklich sein zu können glaube ohne diese Lebensweise. Leid ist mir, daß Ihr nicht da seid, um zu lachen, bald über mein Weinen, bald über mein Lachen. Den Spaß, den Ihr haben würdet, hat dann unser Donato, der mit der Freundin, von der ich Euch früher geschrieben, der einzige Hafen und Zufluchtsort für mein Schiff ist, dem der anhaltende Sturm Steuer und Ruder entführt hat. (GS, V, 458)

Frauen bedeuteten für Machiavelli Schönheit, die ihn fesselte, unendliche Wonne, Spiel und Verlangen, aber auch Freundschaft, in der er seine geheimen Freuden und Leiden enthüllte. Und doch hat man behauptet, er habe die Frauen gehaßt und verachtet, er habe sie sich untertan machen wollen und sie nicht als ebenbürtig betrachtet, er sei vor der Liebe geflohen, weil er nicht Sklave der Leidenschaften werden wollte. Angesichts solcher trauriger Ignoranz kann man nur lachen, wie es Machiavelli getan hätte.

XVII Die Komödie des Lebens

Wir können jetzt ein wenig besser verstehen, was das Lächeln Machiavellis bedeutet, und wissen, daß es, weil es nur seinen Schmerz verbergen soll, auf den Lippen erstirbt. Er lächelt über die Menschen, die, ständig getrieben von vielerlei Leidenschaften, gar nicht merken, wie lächerlich sie sind. Mit dieser Erkenntnis distanziert sich Machiavelli aber nicht von seinen Mitmenschen und fühlt sich ihnen keineswegs überlegen, sondern nimmt selbst an der »comédie humaine« teil. Deshalb kann er auch über sich selbst lachen, über sein Lachen und sein Weinen, im Kreis seiner Freunde und mit seiner vertrauten Freundin.

Auf diese Weise findet Machiavelli die Kraft, den Alltag durchzustehen und die Bosheit seiner Mitmenschen auszuhalten, um seine Leidenschaften zu leben und über die großen Fragen der Staaten nachzudenken. Die »comédie humaine« amüsiert ihn, aber wirklich gefesselt wird er von den großen Dramen der Politik, über jene lacht er, diese verfolgt er mit Inbrunst und versucht zu verstehen, was in den Köpfen von Fürsten und Königen vorgeht.

Machiavelli liebt die unbeschwerten Seiten des Lebens ebenso wie die ernsten, denn seiner Meinung nach gehören beide zum Wesen des Menschen, auch wenn Moralisten und Spießer, für die es im Leben immer nur um ernste Dinge gehen darf, anderer Ansicht sind. Diese Haltung spricht er in einem Brief an Vettori vom 31. Januar 1515 aus:

> Wer unsere Briefe sähe, hochzuverehrender Gevatter, und die Verschiedenheit derselben, würde höchlich erstaunen. Erst würde er glauben, wir seien ernste Männer, hätten unseren Sinn auf ganz große Dinge gerichtet, es könne in unserer Brust kein Gedanke aufkeimen, der nicht Anstand und Größe ich sich faßte. Dann das Blatt wendend würde er meinen, wir nämlichen seien leichtsinnig, unbeständig, hätten den Sinn auf eitle Dinge gerichtet. Mag manchen diese Art zu sein verwerflich erscheinen, mir scheint sie löblich: Wir ahmen die Natur nach, die mannigfaltig ist; wer sie nachahmt, kann nicht getadelt werden. (GS, V, 459f.)

Ohne den Anspruch, große Wahrheiten zu enthüllen, und ohne diesen Zeilen Bedeutung beizumessen, hat Machiavelli darin eine tiefe Weisheit über das Leben ausgesprochen. Das muß betont werden, denn die meisten Leser seiner Werke haben in ihm einen großen politischen Denker erkannt, aber die wenigsten sahen in ihm einen großen Moralphilosophen. Heiter lehrt er uns, die Vorstellung anzunehmen und zu schätzen, daß jeder Mensch seiner eigenen Natur treu bleiben muß, ohne sich zum Sklaven anderer zu machen, wie er in einem Brief vom 5. Januar 1514 an Vettori sagt: »Erlauchter Gesandter, was gibt's hier anderes als Narren. Wenige kennen die Welt und wissen, daß, wer anderer Meinung befolgen will, nie zu etwas kommt; denn wo findet man je zwei Menschen gleichen Sinnes. Diese Herren wissen nicht, daß, wer des Tags für weise gilt, niemals die Nacht für einen Narren gelten wird und daß dem, der für einen Ehrenmann und tüchtigen Mann geachtet ist, Ehre und nicht Vorwurf bringt, was er tut, das Gemüt zu erheitern und fröhlich zu leben.« (GS, V, 413)

Die Verschiedenheit des Lebens zu akzeptieren bedeutet auch, zu akzeptieren, daß es unterschiedliche Lebensauffassungen gibt. Machiavelli drückt dies auf seine unnachahmliche Weise in einem Brief aus, mit dem er seinen Freund Vettori zu beruhigen sucht, der sich wegen der Vorwürfe der gemeinsamen Freunde Filippo Casavecchia und Giuliano Brancacci Sorgen machte. Filippo hatte Vettori gerügt, weil der sich »gern mit den Frauen« unterhalte, »mehr um mit ihnen zu reden als zu einem anderen Zweck, weil ich darüber längst hinaus bin und nur noch reden kann«, eine Aussage, über die Machiavelli wohl herzlich gelacht hat. Giuliano dagegen hatte es als unschicklich angesehen, daß Vettori in seinem Hause einen gewissen ser Sano empfange, einen bekannten Homosexuellen, dessen Anwesenheit wiederum Filippo sehr angenehm war. (L, 432f.)

Auf die Frage Vettoris, wer von den beiden Freunden mit seinen Vorwürfen recht habe, antwortet Machiavelli, beide hätten unrecht, und Vettori selbst täte schlecht daran, den Kurtisanen oder den Homosexuellen sein Haus zu verschließen.

Obwohl er weit weg ist, sieht Machiavelli im Geiste die abendliche Szene im Hause Vettori vor sich. Die Geschichte von Filippo, Giuliano und Francesco, von denen jeder von einer anderen Leidenschaft getrieben ist, scheint ihm wert, neben der Darstellung von politischen und militärischen Ereignissen »in die Memoiren der neuen Zeit eingerückt« und einem Fürsten vorgelesen zu werden. Im Geiste stellt sich Machiavelli Gesichtsausdruck, Bewegungen und Worte vor, und alles zusammen gestaltet sich zu einer köstlichen Komödienszene:

> Ich meine den Brancacci zu sehen, wie er, um das Gesicht Costanzas besser zu betrachten, zusammengekauert auf einem niederen Schemel sitzt und in Worten und Mienen, Gebärden und Lächeln, in Mundverziehen, in Liebäugeln, in Räuspern ganz zerschmilzt, ganz vergeht, und die Worte, den Atem, die Blicke, den Duft, die lieblichen Manieren und die kokette Freundlichkeit Costanzas ganz in sich einsaugt […] Ich sehe ihn [Filippo], bald sich auf die eine Hüfte stützend, bald auf die andere; ich sehe ihn manchmal den Kopf schütteln über die abgebrochenen und verschämten Antworten des Jünglings […] Ich sehe Euch, Herr Botschafter, beschäftigt mit der Witwe und ihrem Bruder. Ihr habt ein Auge für den Knaben – das rechte meine ich –, das linke für das Dämchen, und ein Ohr für die Worte der Witwe, das andere für den Casa und den Brancaccio. Ich höre Euch antworten, im allgemeinen und auf die letzten Worte, wie das Echo.« (GS, V, 415)

Miene und Gesten der Menschen, die von Leidenschaften bewegt sind, fesseln Machiavelli, und er möchte zeichnen können, um ein Porträt Filippos, wie er es vor seinem geistigen Auge sieht, an Vettori zu schicken, »denn gewisse seiner gemeinen Bewegungen, gewisse schiefe Blicke, gewisse unwillige Stellungen lassen sich nicht beschreiben«. Mehr als alles andere aber fasziniert Machiavelli die Macht der Liebe, und er stellt sich Vettori im Kreise der Freunde beim Essen vor: »Ich sehe Euch verliebt, und wie grünes Holz heftiger brennt, wenn es Feuer gefangen, so ist Eure Flamme mächtiger, weil Ihr größeren Widerstand geleistet […] Ich sehe Euren inneren Kampf: weil ›non bene conveniunt, nec una sede morantur majestas et amor‹ (es schicken sich nicht wohl, noch weilen auf einem Sitze Hoheit und Liebe), Ihr möchtet gern bald zum Schwan werden, ihr ein Ei in den Schoß zu legen, bald Gold, damit sie Euch in der Tasche mitnehme, bald eins oder das andere Tierchen, nur daß Ihr Euch nicht von ihr trennen müsset.«

Während er über die »comédie humaine« lachte und sich der Schönheit der Liebe hingab, erlebte Machiavelli in den Monaten von Anfang 1514 bis zum Beginn des Jahres 1516 eine Zeit voller Qualen und Trauer. Darüber berichtete er seinem Neffen Giovanni Vernacci, der im Orient Handelsgeschäften nachging, in einigen Briefen, die uns mehr als alle anderen das Innere seiner Seele eröffnen. Es erscheint zunächst befremdlich, daß Machiavelli ausgerechnet mit Giovanni Vernacci in dieser Offenheit sprach. Sicher aber brauchte er im brieflichen Austausch mit dem Neffen nicht zu fürchten, daß seine trostlosen Worte als Hilfegesuch verstanden wurden, denn Vernacci konnte ihm, anders als Vettori, nicht helfen, sondern brauchte im Gegenteil die Hilfe seines Onkels, auch wenn es nur ein guter Rat war.

Vor allem aber vertraute sich Machiavelli Giovanni Vernacci an, weil er ihn nicht nur als engen Verwandten, sondern auch als Freund empfand und schätzte. Das Schicksal, schreibt er in einem Brief vom 19. November 1515, »hat mir nichts gelassen als meine Verwandten und Freunde, und ich schätze sie hoch, besonders die mich so nahe angehen wie Du.« (GS, V, 466) Zwei Jahre später versicherte er dem Neffen, daß er ihn trotz seines langen Schweigens nicht weniger schätze: »Ich schätze Dich um so mehr, als man die Menschen nach ihrem Wert achtet. Du hast Dich als braver, tüchtiger Mann gezeigt; ich muß Dich daher mehr lieben, ja stolz auf Dich sein, da ich Dich erzogen habe und mein

Haus der Ursprung des Guten ist, das Du hast und das Dir werden wird.« Dafür erwartet Machiavelli auch eine gewisse Dankbarkeit und erhofft sich, daß Giovanni, sollte dessen Geschäften Glück beschieden sein, später seinen eigenen Söhnen helfen wird. Derweilen bittet er um kleinere Gefälligkeiten wie ein Stück braunen Kamelhaarstoff für Marietta und einige besondere Nadeln für Damast, die aber von guter Qualität sein sollen. (GS, V, 467)

Weil er dem Neffen vertraute und ihn schätzte, gestand ihm Machiavelli in einigen einfachen und ehrlichen Briefen, er erlebe so schwierige und traurige Zeiten, daß »ich mich selbst vergessen habe,« wie er am 18. August 1515 formulierte. Zwei Jahre später, am 8. Juni 1517, wiederholte er diese Klage: »... ich habe mich aufs Land zurückgezogen infolge meines früheren und gegenwärtigen Mißgeschicks, und so vergeht manchmal ein Monat, ohne daß ich mich meiner erinnere.« Das Leben, das er zu führen gezwungen war, schien Machiavelli seinem Wesen so fern, daß er sich selbst kaum wiedererkannte.

Er war nicht mehr er selbst. Jahrelang hatte er in seinem Amt als Sekretär, in seinen Briefen und Gedichten immer wieder betont, man dürfe nicht auf bessere Zeiten hoffen, denn die Zeit könne Schlechtes oder Gutes bringen, aber nun hoffte er selbst auf bessere Zeiten: »Ich habe meine Lebensweise so eingerichtet, daß ich bereit bin, das Glück zu ergreifen, wenn es kommen sollte, und wenn es nicht kommt, mich in Geduld zu fassen.« (GS, V, 467)

Im Briefwechsel mit seinem Neffen verbarg Machiavelli seine Trauer und Verzweiflung nicht hinter der Maske seines Lächelns, sondern offenbarte dem jungen Freund seine Gedanken und Gefühle, wie er es vielleicht auch gegenüber seiner Freundin Riccia tat. Er hätte wohl lieber darauf verzichtet, aber die wenigen Zeilen an Giovanni lassen erkennen, wieviel Kraft es ihn kostete, den Mund zu einem Lächeln zu verziehen. Wenn es ihm schließlich gelang, fand er wieder zu sich selbst zurück und wurde für sich und für die anderen der alte »Machia«.

Das Auf und Ab von Hoffnung und Enttäuschung nach der Entlassung aus dem Gefängnis hatte zur Folge gehabt, daß er sich selbst vergaß. Er hatte gehofft, daß der *Principe* ihm das Tor zur Politik wieder aufstoßen würde, aber er hatte nichts als ein paar meist kalte Worte geerntet; er hatte auf die Hilfe Francesco Vettoris bei der Kurie gehofft, aber er hatte, wie Vettori selbst eingestand, »viele Worte erhalten, denen die Tat nicht entsprochen«. (GS, V, 437)

Noch einmal keimte Hoffnung auf, als Francescos Bruder Paolo Vettori, der ebenfalls bei der Kurie verkehrte, ihm von dem Plan berichtete, für Giuliano de' Medici einen Staat zu bilden, der Parma, Piacenza, Modena und Reggio nell'Emilia umfassen sollte. Wenn dieser Plan verwirklicht werde, gab Paolo ihm zu verstehen, werde Giuliano ihn als Statthalter einsetzen. Und als Statthalter, so war den Worten Paolos zu entnehmen, werde er dann die Möglichkeit haben, Machiavelli aus dem Staub seines ländlichen Aufenthalts zu befreien und ihn auf die große Bühne der Politik zurückzubringen. Machiavelli begann darüber nachzudenken, gab Paolo Ratschläge, um zu zeigen, daß er wußte, wie ein solcher Staat zu regieren sei, und schrieb an Francesco, um ihn über die Pläne auf dem laufenden zu halten und ihn anzuspornen, endlich etwas zu tun, um »den Weg zu ebnen«.

Wegen des Widerstands des Herzogs von Mailand, der Schweizer und des Königs von Frankreich Franz I., aber auch, weil Leo X. selbst wenig Interesse zeigte, wurde aus der Sache nichts. Doch auch wenn der Plan gelungen wäre, hätte Machiavelli keinen Fuß in die Tür bekommen. Einige wenige Worte des mächtigen Pietro Ardinghelli in einem Brief an Giuliano de' Medici begruben alle Hoffnungen: »Kardinal [Giulio] de' Medici hat mich gestern sehr nachdrücklich gefragt, ob ich etwas davon wüßte, daß Eure Exzellenz Niccolò Machiavelli in Dienst genommen hätten, und ich antwortete, daß ich nichts Derartiges wüßte und es auch nicht für wahrscheinlich halte. Seine hochzuverehrende Herrlichkeit sagte mir daraufhin wörtlich: ›Auch ich glaube es nicht, dennoch erinnere ich daran, und man soll es in Florenz wissen, daß weder für ihn noch für uns Bedarf besteht. Davon muß sich Paolo Vettori überzeugen [...] Schreibt ihm in meinem Namen, daß ich ihn auffordere, sich nicht mit Niccolò einzulassen.‹« (Ridolfi, 253)

Zwar hatte Giulio nur wenige Monate zuvor in Anwesenheit Francesco Vettoris das politische Urteilsvermögen Machiavellis ausdrücklich gelobt und seine Begabung bewundert, und diesem Lob hatten sich auch der Papst und Kardinal Bibbiena angeschlossen, aber auch diesmal waren es nur Worte, denen keine Taten folgten. Um die bittere Pille zu versüßen, schrieb Vettori in seinem Brief vom 30. Dezember 1514, schuld daran sei seine schicksalgegebene Unfähigkeit, den Freunden zu helfen, aber bei wichtigen Männern Ansehen zu genießen könne in Zukunft doch noch von Nutzen sein. (L, 485) Wie das Schwinden dieser letzten Hoffnung, seine außerordentlichen politischen Fähigkeiten anerkannt zu sehen, auf Machiavelli wirkte, ist an den Briefen an seinen Neffen abzulesen.

Machiavellis Fähigkeiten als »außerordentlich« zu bezeichnen mag vielleicht übertrieben scheinen, aber in diesem Fall, glaube ich, trifft das Adjektiv vollkommen zu. Das positive Urteil der Kurienkardinäle bezog sich auf zwei Briefe, in denen Machiavelli dem Papst einen sehr wertvollen Rat gegeben hatte für den Fall, daß der französische König erneut nach Italien ziehen sollte, um sich das von den Schweizern gehaltene Herzogtum Mailand anzueignen. In dieser Frage hatte Francesco Vettori den Freund in einem Brief vom 3. Dezember 1514 nach seiner Meinung gefragt. Angenommen, Venedig werde sich auf die Seite Frankreichs stellen, während auf der anderen Seite der Kaiser, der spanische König und die Schweizer stünden, müsse man herausfinden, so formuliert Vettori die Frage, mit welchem Lager der Papst sich am vorteilhaftesten verbünden oder ob er besser neutral bleiben solle: »Prüft alles, ich kenne Eure Fähigkeiten, und da Ihr erst zwei Jahre aus dem Geschäft seid, habt Ihr Euer Handwerk sicher noch nicht verlernt.« (L, 467)

Machiavelli hatte sein Handwerk keineswegs verlernt, sondern im Gegenteil während der langen Tage und Nächte in Sant'Andrea in Percussina seine Fähigkeiten durch Lesen und Nachdenken weiterentwickelt. Die Schärfe seines Urteils beweist sein Antwortschreiben an Vettori vom 10. Dezember 1514. Er hält einen siegreichen Feldzug Frankreichs für sehr wahrscheinlich, und wenn der Papst sich mit Frankreich verbünden sollte, wäre der Sieg so gut wie sicher. Ein französischer Sieg wäre für den Papst erträglicher als der der gegnerischen Partei, während eine Niederlage keine schwerwiegenden Konsequenzen haben dürfte und annehmbarer wäre als eine Niederlage an der Seite des spanischen Königs und des Kaisers. Als politische Linie schlägt Machiavelli deshalb vor, die Neutralität aufzugeben und sich für Frankreich zu entscheiden, außer wenn Venedig für Spanien und den Kaiser Partei ergreife. (GS, V, 452)

Schon am 20. Dezember schreibt Machiavelli Vettori einen zweiten Brief, um seine Gründe gegen eine neutrale Haltung noch deutlicher zu machen. In diesem Schreiben faßt er seine Gedanken aus dem Principe zusammen, als wolle er den »Großen« in Rom zu verstehen geben, daß sie aus der Lektüre dieses Werkes all die Lehren hätten entnehmen können, nach denen sie jetzt händeringend suchten. Er wisse wohl, schreibt Machiavelli, daß viele die Neutralität für die beste Option hielten, er aber halte sie für eine sehr gefährliche Wahl, die unweigerlich zu großen Verlusten führen werde, und sowohl Beispiele aus der Antike als auch seine eigene Erfahrung zeigten die Fundiertheit seiner Argumente:

> Ihr wißt, daß die Hauptobliegenheit jedes Fürsten ist, sich vor Haß oder Geringschätzung zu hüten: »fugere in effectu contemptum et odium« (Verachtung und Haß vermeiden). Diesen Punkt muß er sowohl bei den Freunden als bei den Untertanen beobachten; sobald ein Fürst »non fugit saltem contemptum«, ist er verloren. Mir scheint, daß Neutralbleiben zwischen zwei Kriegführenden nichts anderes sei als suchen, gehaßt und geringgeschätzt zu werden. Immer wird einer von ihnen glauben, du seist durch von ihm empfangene Wohltaten oder durch eine langjährige Freundschaft verpflichtet, seinem Glück zu folgen; und wenn du dich ihm nicht anschließt, hegt er Haß gegen dich. Der andere schätzt dich gering, entdeckt dich als furchtsam und unentschlossen. Alsbald nennt man dich einen unnützen Freund und nicht furchtbaren Feind: Wer auch siegt, verletzt dich ohne Scheu.« (GS, V, 453)

Dem Argument, dies gelte für andere Fürsten, nicht aber für den Papst »wegen der Ehrfurcht vor seiner Person und wegen des Ansehens der Kirche«, hält Machiavelli entgegen, derartiges sei in der Vergangenheit sogar zu Zeiten geschehen, in denen das geistliche Ansehen des Papstes noch viel höher gewesen war. Auch in der Vergangenheit hätten Päpste fliehen und ins Exil gehen müssen und seien Opfer von Verfolgung und Mord geworden. Dinge, die in der Vergangenheit geschehen waren, könnten sich auch in der Zukunft ereignen.

Schließlich müsse der Papst auch in Betracht ziehen, daß er, wenn er gegen Frankreich Partei ergreife, nach einem möglichen französischen Sieg gezwungen sein werde, in die Schweiz zu flüchten und dort »Hungers zu sterben« oder in Deutschland ein trauriges Leben zu fristen oder in Spanien verraten und verkauft zu werden. Wenn er sich dagegen auf die Seite Frankreichs stelle, könne er selbst im Falle einer französischen Niederlage in Rom bleiben, werde seinen Staat behalten und auch die Freundschaft des Königs, die er sich mit einem Bündnis oder mit einem neuen Krieg wieder erwerben könne. Wahre Weisheit wähle zwischen zwei Möglichkeiten diejenige, die auch im Falle eines negativen Ausgangs das kleinere Übel bedeute.

Daß Machiavelli den richtigen Rat gegeben hatte, zeigten die Ereignisse der folgenden Monate. Im August 1515 überquerte Franz I. die Alpen und brachte den Schweizern bei Marignano am 13. und 14. September eine vernichtende Niederlage bei, die sie zwang, das Herzogtum Mailand aufzugeben. Der Papst hatte sich mit Spanien verbündet, seine Truppen aber nicht gegen Frankreich geschickt. Damit vermied er es, einen hohen Preis zu zahlen, aber er vermochte die Situation nicht zu einer Stärkung der Macht der Kirche zu nutzen, wie Machiavelli es geraten hatte.

Wie Machiavelli für seine Ratschläge belohnt wurde, haben wir bereits gesehen, und es läßt sich leicht begreifen, daß auch er, der immer gepredigt hatte, nicht die Hände in den Schoß zu legen und auf bessere Zeiten zu warten, nach dieser letzten Enttäuschung nicht mehr kämpfen wollte, sondern resignierte. In der Erwartung, Fortuna werde ihm eines Tages weniger übel gesinnt sein, dachte er über die menschliche Natur im allgemeinen nach und goß seine Gedanken in Versform. An dem in dieser Zeit entstandenen Gedicht *L'Asino (Der Esel)* läßt sich ablesen, wie der inzwischen fast fünfzigjährige Machiavelli über das Leben und die Welt dachte.

L'Asino zeigt vor allem, daß Machiavelli die »condition humaine« in dieser Welt als hoffnungslos betrachtete, denn der Mensch ist, wie die Verse seines Gedichts sagen, das einzige Wesen, das völlig wehrlos und weinend geboren wird:

Sol nasce l'uom d'ogni difesa ignudo,
e non ha cuoio, spine o piume o vello,
setole o scaglie che li faccian scudo.
Dal pianto il viver suo comincia quello,
con tuon di voce dolorosa e roca;
tal ch'egli è miserabile a vedello.

(Allein der Mensch wird ohne alle Wehr geboren,
hat weder Leder, Stacheln, Federn oder Flaum,
Borsten oder Schuppen, die ihn schützen.
Mit Weinen beginnt er sein Leben,
mit schmerzerfüllter, rauher Stimme,
so ist er ärmlich anzusehen.)

Kurz ist das Leben und von unendlichen Leiden geprägt, die Ehrgeiz und Habgier wecken, und von Enttäuschungen über den Verlust der Güter, die Fortuna verspricht und dann nicht schenkt. Trotzdem hängt der Mensch mehr als jedes andere Lebewesen am Leben und ist von einer »unbestimmten Angst« und »noch größerer Wut« beseelt. Auch ist der Mensch das bei weitem grausamste Lebewesen, denn »allein der Mensch mordet seinen Nächsten, kreuzigt und beraubt ihn«. Er glaubt sich gottähnlich und hält sich für den Herrscher über die Kreatur, in Wirklichkeit aber ist er unglücklicher als alle anderen Lebewesen.

Das menschliche Schicksal folgt nach Machiavellis Ansicht einem unausweichlichen Kreislauf, der nicht zum Glück oder zur Erlösung führt, sondern aus einem unaufhörlichen Wechsel von Ordnung und Unordnung, Tugend und Laster, Gut und Böse besteht. Nichts bleibt gleich, nichts bleibt bestehen unter der Sonne, und »es ist, es war und wird immer sein, / daß das Böse auf das Gute folgt, das Gute auf das Böse«, und immer wird das eine der Grund für das andere sein. In dieser eisernen Regel, die für Staaten und Völker ebenso wie für Individuen gilt, sieht Machiavelli den Grund für seine Leiden, und deshalb ist es sinnlos, sich gegen das widrige Geschick aufzulehnen, auch wenn er mehr als jeder andere Undank erfahren hat. Glückliche Zeiten werden erst zurückkehren, wenn die Götter im Himmel wieder günstig gesinnt sind.

Deshalb gilt es, abzuwarten und sich den Zeiten anzupassen, und wenn die Zeit der Bitternis, des Schmerzes und der Angst gekommen ist, muß man ihr mit starkem Herzen begegnen. Machiavelli will nicht klagen, »denn Tränen waren immer häßlich für einen Mann, / den Schlägen des eigenen Schicksals / muß man das Gesicht tränenlos zuwenden«, tränenlos und vielleicht mit einem Lächeln, das wie eine Maske schützt, aber auch ein wenig Erleichterung verschafft. Vielleicht liegt der eigentliche Schlüssel zum Verständnis von Machiavellis Lächeln in der Lebensauffassung, die er im *Asino* dargelegt hat. Es ist bereits klar geworden, daß Machiavellis Lächeln eine Maske war, die den Schmerz verbergen sollte, aber erst aus diesem Gedicht wird deutlich, warum er so hartnäckig darum gekämpft hat, seinen Schmerz zu verstecken. Er will den Menschen und Fortuna kein Gesicht zeigen, das von Tränen und Traurigkeit gezeichnet ist, auch weil er weiß, daß die einen wie die andere noch mehr Spaß daran finden würden, ihm Leid zuzufügen. Wenn er gar nicht mehr anders kann, zieht er sich, wie wir gesehen haben, in die Einsamkeit zurück, »in die Enge meines Landhauses und entfernt von jedem menschlichen Antlitz« (L, 383), oder wird eines Tages vielleicht sogar »gezwungen sein, mein Haus zu verlassen und [...] in ein einsames Örtchen mich zu verkriechen«. (GS, V, 434) Seine Traurigkeit vertraut er einem Freund oder lieber noch einer vertrauten Freundin wie Riccia an, die bezeichnenderweise auch im *Asino* vorkommt: »Und doch nach einer Zeit besprechen ich und sie / zusammen viele Dinge, / wie der Freund wohl mit dem Freunde spricht.«

Besser als der Rückzug in die Einsamkeit ist es, über die Menschen zu lachen, darüber, wie komisch sie sind, über ihre Leidenschaften und über ihre Armseligkeit, über ihre Phantasien und die bizarre Welt ihrer Ideen und Lebensweisen; Lachen über die Komödie des menschlichen Lebens, und wenn jene, die die Menschen täglich inszenieren, nicht komisch genug ist, dann muß man neue schreiben.

Am selben Schreibtisch, an dem Machiavelli seine ernsten Werke verfaßt hatte, schrieb er zwischen 1517 und 1519 zunächst die Komödie *Andria*, eine Übersetzung des gleichnamigen Werkes von Terenz, und dann die *Mandragola (Alraunwurzel)*. In dieser großartigen Komödie läßt er all diejenigen Personen auftreten, die ihn am meisten zum Lachen reizen, einen alten Doktor der Rechte »mit wenig Mutterwitz« (Nicia), der um jeden Preis Vater werden will, und einen »schmachtenden Liebhaber« (Callimaco), der immer, sei es aus Freude, sei es aus Angst, sterben will. Weiter treten auf eine schöne, tugendsame und weinerliche Frau (Lucrezia), die immer tut, was ihr Ehemann, Mutter und Beichtvater einflüstern, ein Mönch (Fra Timoteo) »von schlechtem Lebenswandel«, der für Geld Sünde und Tugend zusammenbringt; eine Mutter (Sostrata), die sich als junge Frau ausgelebt hat. Der Parasit (Ligurio) weiß, wie man die menschlichen Schwächen ausnutzen muß, und überzeugt schließlich Lucrezias Ehemann davon, den glücklichen Callimaco mit seiner schönen jungen Frau schlafen zu lassen.

Machiavelli will die Zuschauer dazu bringen, sich vor Lachen zu biegen, und verspricht im Prolog: »Der Verfasser ist kein Mann von großem Ruf. Dennoch, wenn ihr nicht lacht, läßt er sich's gefallen, euch die Zeche zu zahlen.« (GS, V, 130) Mehr als alle anderen aber lacht Machiavelli selbst, »der sich bemüht, mit diesen eitlen Gedanken seine traurige Zeit zu erheitern«, wie es im Prolog weiter heißt. Weil sein trauriges Los ihn daran hindert, seine Gedanken den Dingen zuzuwenden, die eines »weisen und ernsten« Mannes würdig sind, bleibt ihm nur die Komödie. Denn sonst blieben ihm nur Trauer und Tränen, und diese Befriedigung gönnt er weder der launischen Göttin Fortuna noch den Menschen.

XVIII Der Charakter der Geschichte

Große Geister können aufgrund ihrer Vorstellungskraft Ereignisse, Menschen und Worte der Vergangenheit lebendig werden lassen und finden darin Trost, vor allem wenn die Gegenwart von Ehrgeiz und Erbärmlichkeit beherrscht ist und auch die Zukunft nichts Gutes verheißt. Vor dem inneren Auge erscheinen die Taten der großen Persönlichkeiten in einem Licht, das ihre Schönheit und ihre Bedeutung noch klarer hervortreten läßt, so daß das Verlangen erwächst, sie nachzuahmen. Häufig aber erlauben die Umstände der Gegenwart eine solche Nachahmung nicht, und wer die Geschichte als Lehrmeisterin der Weisheit wählt, ist vor Fehlurteilen nicht gefeit. Trotz dieser Gefahr entdeckt derjenige, der die Geschichte zu durchforschen versteht, Ideen und Handlungsmöglichkeiten, die andere nicht sehen, und spricht, wenn er sie schildert, Herz und Sinn der Menschen an. Doch abgesehen von Lehren und Ermahnungen, die die Geschichte geben kann, erlaubt ihr Studium, den großen Dingen nahe zu bleiben. Wenn die Komödie des Lebens schal wird, schlägt die Stunde der Geschichte, und im Wechsel von der einen zur anderen läßt es sich leben.

Nur sehr wenige sind jedoch zu diesem Drahtseilakt befähigt, in dem sich Machiavelli als absoluter Meister erwies. Im Jahre 1519 schrieb er noch an der *Mandragola*, die mit großem Erfolg im Karneval 1520, oder sogar noch früher, in Florenz uraufgeführt wurde und im selben Jahr in Rom, zwei Jahre später in Venedig, 1525 wieder in Florenz und im Jahr darauf noch einmal in Venedig Aufführungen erlebte. Parallel zur *Mandragola* beendete Machiavelli auch die Arbeit an den *Discorsi sopra la prima deca di Tito Livio (Gedanken über Politik und Staatsführung)*, in denen er die Geschichte des republikanischen Rom nach Livius behandelt. Livius hatte in seinem Geschichtswerk die politischen Institutionen und die Entscheidungen der Römer in Friedens- und in Kriegszeiten sowie das Werk der Gesetzgeber, der Konsuln und Feldherren beschrieben, die Rom groß gemacht haben.

Daraus leitet Machiavelli Prinzipien für das politische Handeln seiner Zeit ab, aber es wäre verfehlt zu glauben, seine *Discorsi* beschränkten sich auf die Überlegung, inwieweit die politischen Institutionen und Prinzipien der Antike auch zu seiner Zeit noch Gültigkeit besaßen. Zwar zieht er gewisse Lehren, doch vor allem geht es ihm darum, den Leser von der politischen Klugheit der Römer zu überzeugen und zur Nachahmung anzuregen. Deshalb beläßt er es nicht bei einer bloßen Erörterung, sondern setzt die ganze Eleganz seines Stils und die Kraft seiner Leidenschaft ein, um etwas Neues zu formulieren, das dem Leser den Sinn und den Charakter der Geschichte eröffnet.

Machiavelli findet sich nicht damit ab, daß seine Zeitgenossen die Größe der römischen Geschichte nicht erfaßten und sie nur als Unterhaltungslektüre betrachteten, um sich an der Mannigfaltigkeit der Ereignisse zu ergötzen, ohne daraus das Verlangen abzuleiten, in die Fußstapfen der Römer zu treten. Er vermerkt verwundert und betrübt, daß die Künstler seiner Zeit dem Vorbild der Antike nacheiferten, die Juristen sich nach wie vor von den Prinzipien des römischen Rechts leiten ließen, die Ärzte auf den Erfahrungen der Alten aufbauten, daß aber weder Fürsten noch Republiken dem Beispiel der Antike folgten »bei der Einrichtung freistaatlicher Verfassungen, bei der Erhaltung staatlicher Selbständigkeit, bei der Regierung von Königreichen, bei der Einrichtung des Heerwesens, bei der Kriegführung, bei der Rechtspflege und bei der Erweiterung der Herrschaft«. (D, I. Vorwort, 5)

Schuld an diesem betrüblichen Zustand sind nach Meinung Machiavellis die christliche Erziehung, die zu Demut und Resignation anleitet, darüber hinaus der faule Friede, der in vielen Staaten seiner Zeit herrschte, vor allem aber die Unfähigkeit der Menschen, die Geschichte zu verstehen. Mit seinen *Discorsi sopra la prima deca di Tito Livio* will Machiavelli wenigstens die letztgenannte Ursache der Erbärmlichkeit seiner Zeit im Vergleich zur Antike aus der Welt schaffen.

Dieses Werk Machiavellis richtet sich an die Jugend seiner Zeit und an künftige Generationen. Seit dem Sommer des Jahres 1517 verkehrte er in den Gärten des Bernardo Rucellai, den sogenannten Orti Orcellari, wo sich junge Leute aus den besten Florentiner Familien trafen, um über Dichtung, Philosophie, aber auch über Geschichte und Politik zu diskutieren. Als Machiavelli sich diesem Kreis anschloß, war Bernardo Rucellai bereits tot (1514), und sein Neffe Cosimo Rucellai vertrat die Familie. Zu den Teilnehmern an den Diskussionen gehörten der Dichter Luigi Alamanni, der Philosoph Francesco da Diacceto, Francesco da Diacceto il Nero, Iacopo da Diacceto, genannt »il Diaccetino«, die Historiker Iacopo Nardi und Filippo de' Nerli, Battista della Palla, Zanobi Buondelmonti, Anton Francesco degli Albizzi, und Antonio Brucioli, Autor eines wichtigen politischen Werkes in Form eines Dialogs, an dem unter anderen auch Machiavelli teilnimmt.

Alle Besucher der Orti waren jünger als Machiavelli und hörten dem alten Sekretär mit Begeisterung zu, wenn er über den Staat und das Militärwesen der Römer sprach. Viele der Zuhörer wurden Gegner der Medici und überzeugte Anhänger der Republik. Für den fünfzigjährigen Machiavelli waren diese Gespräche wie eine Rückkehr ins Leben, denn er hatte längst die Hoffnung auf eine eigene aktive Rolle in der Politik aufgegeben, aber mit diesen jungen Leuten zu reden und an sie weiterzugeben, was er aus der alten Geschichte und der Politik seiner Zeit gelernt hatte, gab ihm das Gefühl, noch zu etwas gut zu sein, und etwas zu hinterlassen, was seinen Tod überdauerte. Die jungen Leute gehörten zur florentinischen Aristokratie, und ihr Lehrer zu sein bedeutete, Männer zu bilden, die vielleicht einmal die ihm selbst verwehrte Möglichkeit, große Dinge zu bewirken, besitzen würden. Diese Gedanken und Hoffnungen weckten in ihm neue Kräfte und veranlaßten ihn dazu, den Widerspruch zwischen der Größe der Alten und der Erbärmlichkeit der Moderne noch deutlicher herauszuarbeiten, damit »die jungen Leute, die meine Schriften lesen, diese ablehnen und sich auf die Nachahmung jener vorbereiten, wenn das Schicksal ihnen Gelegenheit dazu bietet«. (D, II. Vorwort, 163)

Machiavelli schreibt wie immer aus Leidenschaft und beseelt von dem Bedürfnis, sich geistig mit großen Fragen auseinanderzusetzen, aber er schreibt diesmal auch, um einer Pflicht Genüge zu tun, die er im Vorwort erläutert mit Worten würdevoller Trauer, die zu den schönsten der ganzen *Discorsi sopra la prima deca di Tito Livio* gehören: »Denn es ist Pflicht eines rechtschaffenen Mannes, das Gute, das er wegen der Ungunst der Zeiten und des Schicksals nicht selbst ausführen konnte, andere zu lehren, damit viele dazu fähig werden und es vielleicht einer davon, den der Himmel mehr begünstigt, verwirklichen kann.« (D, II. Vorwort, 163)

Die Freunde der Orti Oricellari lehrte Machiavelli als erstes und vor allem den Haß auf die Tyrannen, die ebenso hart zu verurteilen seien, wie die Gründer von Republiken oder Königreichen Lob verdienten. Diese Passage im 10. Kapitel des ersten Buches der *Discorsi* gehört zu den leidenschaftlichsten des ganzen Werkes und scheint zum Vorlesen gedacht gewesen zu sein. Um seinen jungen Freunden die Schrecken der Tyrannis vor Augen zu führen, hebt er am Beispiel der römischen Geschichte den Widerspruch zwischen den Zeiten der guten und der schlechten Kaiser meisterhaft hervor: »Wenn ein Staat gut regiert wird, wird er auch immer sehen, daß der Herrscher sicher inmitten seiner zuverlässigen Bürger und die Welt in Frieden und Gerechtigkeit lebt; er wird den Senat geachtet und die Behörden mit den ihnen gebührenden Ehren bedacht sehen. Die Reichen genießen ihren Reichtum; Adel und Verdienst werden herausgehoben; überall herrschen Ruhe und Wohlstand. Es gibt keinen Streit, keine Zügellosigkeit, keine Bestechung und keinen Ehrgeiz. Es ist das goldene Zeitalter, wo jeder seine eigene Meinung haben und vertreten kann. Kurz, er wird den Triumph der Welt erleben, den Herrscher verehrt und ruhmgekrönt und die Völker von Liebe und Vertrauen durchdrungen sehen.« (D, I.10, 41f.)

Wer sich dagegen den Zeiten zuwendet, in denen in Rom schlechte Kaiser regierten, wird gewahr, »daß diese Zeiten durch Kriege verwildert, durch Aufstände zerrissen, grausam im Frieden und im Krieg sind: daß so viele Herrscher ermordet wurden, so viele Bürgerkriege und auswärtige Kriege geführt wurden, Italien gequält und von immer neuen Unglücksfällen heimgesucht, die Städte zerstört und geplündert wurden. Er wird sehen, daß Rom gebrandschatzt, das Kapitol von den eigenen Bürgern zerstört, die alten Tempel verwüstet, die alten Gebräuche entweiht wurden und die Städte voller Ehebrecher waren. Er wird das Meer voller Verbannter und die Felsenriffe voller Blut sehen; er wird sehen, daß in Rom zahllose Grausamkeiten verübt wurden, daß Adel, Reichtum und einst verdiente Ehren und vor allem jede Art Tüchtigkeit als Kapitalverbrechen gegolten haben. Er wird sehen, daß die Angeber belohnt wurden, die Sklaven gegen ihre Herren und die Freigelassenen gegen ihren Patron aufgewiegelt wurden und die, die keine Feinde hatten, von ihren Freunden ermordet wurden. Dann wird er am besten erkennen, was Rom, Italien und die Welt Cäsar zu danken haben. Und ist er ein Mensch, so wird er zweifellos vor jeder Nachahmung der schlimmen Zeiten zurückschrecken und von dem heißen Verlangen erfüllt werden, den guten Zeiten zu folgen. In der Tat, wenn ein Herrscher nach Weltruhm strebt, so müßte er wünschen, die Regierung in einem zerrütteten Staatswesen zu übernehmen, nicht um dieses vollends zugrunde zu richten wie Cäsar, sondern um es neu zu ordnen wie Romulus.« (D, I.10, 42)

Machiavelli erläutert dann, er sei entgegen »Livius und allen anderen Geschichtsschreibern« der Ansicht, daß Republiken, in denen das Volk der Souverän ist, Fürstentümern und Königreichen vorzuziehen seien, weil das Volk weiser und beständiger als ein Alleinherrscher sei. Als Beispiel führt er die römische Republik an, die, »solange die Sitten der Republik noch unverdorben waren, weder sklavisch diente noch übermütig herrschte; es behauptete vielmehr in Ehren seinen Rang durch seine Einrichtungen und seine Behörden. Wenn es nötig war, sich gegen einen Mächtigen aufzulehnen, so tat es dies [...] und wenn es notwendig war, im Interesse des öffentlichen Wohls den Diktatoren oder Konsuln zu gehorchen, so tat es auch dies.« (D, I.58, 149) Wenn das römische Volk dazu aufgerufen war, Entscheidungen zu treffen, verstand es mit bewunderungswürdiger Klugheit abzuwägen, was zu seinem Besten und was zu seinem Schaden war.

Nach Machiavellis Meinung findet »das Gemeinwohl« nur in den Republiken Beachtung, weil die Bürger die Macht haben, Entscheidungen zu treffen, auch wenn sie zum Schaden des einen oder anderen Privatmanns ausschlagen sollten, und sie können mächtige und anmaßende einzelne daran hindern, ihre partikularen Interessen durchzusetzen, und auf diese Weise die gemeinsame Freiheit schützen. Aus einem »Leben in Freiheit«, das Machiavelli mit dem Begriff »Republik« verbindet, entspringt unendlich viel Gutes. Diese Staaten »sind dichter bevölkert, weil die Ehen freier und den Männern begehrenswerter sind. Jeder zeugt gerne Kinder, wenn er glaubt, sie ernähren zu können, und nicht fürchten muß, daß ihm sein Vermögen genommen wird, und wenn er ferner weiß, daß sie als freie Menschen und nicht als Sklaven geboren werden, ja, daß sie durch Tüchtigkeit zu den höchsten Stellen im Staat emporsteigen können. Unter solchen Umständen vermehrt sich der Reichtum in größerem Maß; es blühen Ackerbau und Gewerbe. Jeder vermehrt gern seinen Besitz und sucht Güter zu erwerben, wenn er seinen Erwerb genießen zu können glaubt. Daher kommt es dann auch, daß die Bürger um die Wette darauf bedacht sind, ihr Privatvermögen wie das Staatsvermögen zu mehren, und beides in erstaunlichem Maße wächst.« (D, II.2, 173)

Die jungen Männer in den Orti Oricellari wußten sehr wohl, daß es Volksrepubliken gab, wie sie einst in Florenz existiert hatte, als Machiavelli Sekretär war, aber auch Adelsrepubliken wie Venedig, und sie werden ihn sicher gebeten haben, über diesen wichtigen und umstrittenen Unterschied zu sprechen. Wie Machiavelli im 5. Kapitel des ersten Buches schreibt, erscheint es ihm wesentlich sicherer, die Verteidigung der Freiheit in die Hände des Volkes zu legen als in die des Adels, denn der Adel habe immer ein starkes Verlangen zu herrschen, das Volk aber nur den Wunsch, »nicht beherrscht zu werden«, und folglich einen stärkeren Willen, in »Freiheit zu leben«. (D, I.5, 21) Eine Volksrepublik ist deshalb nach Ansicht Machiavellis besser geeignet, die Freiheit zu verteidigen, als eine Adelsrepublik.

Gegen die Vorstellungen Machiavellis ließ sich das Beispiel Venedigs anführen, der Adelsrepublik par excellence, die nicht nur länger als Rom ihre Freiheit zu verteidigen gewußt hatte, sondern auch im Inneren beneidenswert friedliche Zustände genoß. Venedig verdanke seine langdauernde Freiheit, so widerlegte Machiavelli dieses Beispiel, einzig und allein seiner besonderen geographischen Lage, die die Republik fast uneinnehmbar machte. Die Zeitgenossen Machiavellis brachten häufig das Argument vor, Venedig sei dem antiken Rom vorzuziehen, weil in Venedig dauerhafter innerer Frieden herrschte, während Rom immer von heftigen Kämpfen zwischen Plebejern und Adel zerrissen gewesen sei. Auch das will Machiavelli nicht gelten lassen und antwortet mit einem seiner Sätze, die in wenigen Worten feste Überzeugungen zu widerlegen vermögen: »Ich behaupte, daß diejenigen, die die Kämpfe zwischen Adel und Volk verdammen, auch die Ursachen verurteilen, die in erster Linie zur Erhaltung der Freiheit Roms führten. Wer mehr auf den Lärm und das Geschrei solcher Parteienkämpfe sieht als auf deren gute Wirkungen, der bedenkt nicht, daß [...] alle zugunsten der Freiheit entstandenen Gesetze nur diesen Auseinandersetzungen zu danken sind.« (D, I.4, 19)

Auch wenn er die römische und die antike Geschichte kommentiert und allgemeine Überlegungen anstellt, drehen sich Machiavellis Gedanken immer um die Geschichte von Florenz und die Fehler, die das Ende der Republik herbeigeführt haben. In den Kapiteln, die der Ausdehnung von Staaten gewidmet sind, erläutert er, daß Republiken in der Geschichte ihr Herrschaftsgebiet auf dreierlei Arten erweitert haben. Die alten Etrusker und, in neuer Zeit, die Schweizer hatten sich mit gleichberechtigten Partnern zusammengeschlossen; das antike Rom schuf Bündnisse, in denen es die bestimmende Macht blieb; Athen und Sparta, und in der Moderne Florenz, hatten andere Völker ihrer Herrschaft unterworfen. Von diesen drei Arten ist für Machiavelli die beste die der Römer, die schlechteste die der Athener, Spartaner und Florentiner, denn es »ist eine schwierige und mühselige Aufgabe, Staaten mit Gewalt zu regieren, besonders, wenn diese an ein Leben in Freiheit gewöhnt waren«. (D, II.4, 177) Der von Florenz eingeschlagene Weg müsse, so schließt Machiavelli daraus, ganz verlassen werden, und wenn es schon nicht möglich sei, dem römischen Beispiel zu folgen, so sei es besser, in Nachahmung der antiken Etrusker mit anderen Stadtstaaten der Toskana Bündnisse auf gleichberechtigter Grundlage zu bilden.

Mehr als alles andere liegt Machiavelli das Problem der Korrumpierbarkeit am Herzen. Ein Volk, das lange Zeit unter einem Machthaber gestanden habe, gewöhne sich an das Sklavenleben und daran, von der Gunst und Willkür eines einzelnen zu leben, und verliere so die Fähigkeit, über das Gemeinwohl zu entscheiden. Darüber hinaus muß eine freie Regierung in einem verderbten Staat gegen ihr feindlich gesinnte Parteien kämpfen und kann zumindest am Anfang noch nicht auf die Unterstützung des Volkes zählen. Alle diejenigen, die aus der Tyrannis Nutzen gezogen oder sich am Reichtum des Machthabers bereichert haben, werden zu Todfeinden der Republik. Andererseits dürfe eine freie Regierung nicht zu einer Politik der Ehren und Belohnungen greifen, »weil ein Freistaat nur für einige wenige rühmliche und ganz bestimmte Anlässe Ehren und Belohnungen aussetzt, sonst aber nie jemanden belohnt oder ehrt [...] Überdies wird der allgemeine Vorteil, den man von einer freien Verfassung hat, nämlich daß man frei und ohne Sorgen sein Eigentum genießen kann, daß man nicht um die Ehre seiner Frau und seiner Kinder zu bangen und nicht für seine eigene Person zu fürchten braucht, von niemandem anerkannt, solange man ihn genießt.« (D, I.16, 58) Mit der Freiheit verhält es sich wie mit der Gesundheit: Solange wir sie besitzen, schätzen wir sie nicht, und erst wenn wir sie verloren haben, weinen wir ihr bittere Tränen nach.

Um in einem verderbten Staat eine freie Verfassung zu erhalten, einzuführen oder wiederherzustellen, könne man sich nicht auf bestehende verfassungsmäßige Ordnungen und Gesetze verlassen, sondern nur auf die Rechtschaffenheit eines Befreiers oder Staatengründers, der Recht und Gesetz wieder in Kraft zu setzen versteht. Dieser neue Staat sei »mehr der monarchischen als der republikanischen Staatsform anzupassen, damit die Menschen, die wegen ihrer Haltlosigkeit durch Gesetze allein nicht gebessert werden können, von einer annähernd königlichen Macht einigermaßen im Zaum gehalten werden.« (D, I.18, 66)

Mit diesen und unendlich vielen anderen Schätzen seiner politischen Weisheit bedachte Machiavelli seine jungen Freunde in den Orti Oricellari, und nach seinem Tod wurden die *Discorsi* zum intellektuellen und politischen Leitfaden für alle diejenigen, die sich den Idealen der republikanischen Freiheit verschrieben und in Florenz, in Italien, in Europa und in der Neuen Welt die Herrschaft von Fürsten und Königen durch ein demokratisches Gemeinwesen ersetzen wollten. Zu seinen Lebzeiten erfuhr Machiavelli jedoch nur wenig Anerkennung für seine *Discorsi*, und obwohl er sich inzwischen daran gewöhnt haben mußte, grämte er sich darüber, denn er wollte geschätzt werden und angesehen sein, wie aus einem Brief vom 17. Dezember 1517 an Luigi Alamanni, einen der Besucher der Orti Oricellari, zu ersehen ist. Machiavelli scheint Alamanni sehr gemocht zu haben, denn er gesteht ihm, darüber gekränkt zu sein, daß er in Ariostos *Orlando furioso* bei der Aufzählung der Dichter nicht erwähnt ist.

Machiavelli tröstet sich mit den wenigen in Florenz verbliebenen Freunden, die, Pechvögel wie er selbst, »zu Tode erstarrt sind vor Kälte und Schlaf«, von einer Reise nach Flandern träumen und so viel davon sprechen, »daß wir unterwegs zu sein meinen. Das Vergnügen, das wir haben sollen, ist so schon zur Hälfte verzehrt.« (GS, V, 469) Wenigstens in der Phantasie, von der er genug besaß, gelang es Machiavelli, in ferne Zeiten und Länder zu reisen, und sich so zumindest ein wenig vor Enttäuschungen, Langeweile und Kälte zu schützen.

Neben seinen Phantasiereisen verschaffte ihm sein »Verein« etwas Zerstreuung. Machiavelli widmete sich der Erziehung und dem Unterricht seiner Söhne Bernardo und Lodovico, »die zu Männern heranwachsen«. In einem Brief vom 5. Januar 1518 teilt er seinem Neffen Giovanni Vernacci mit, auch seine Söhne hätten einen Brief geschrieben, um Giovanni zu bitten, »irgendwelche Märchen« nach Florenz zu schicken. (L, 500) Da er eine Vorliebe für Geschichten hatte, hat Machiavelli diese Märchen aus dem Orient, sollten sie je angekommen sein, den Kindern vielleicht vorgelesen. Auch gab er sich Mühe, dem Neffen unter die Arme zu greifen, zuerst mit dem Rat, sich eine Frau zu suchen, und dann tat er das wenige, was in seinen Möglichkeiten lag, als Giovannis Geschäfte schlecht gingen. Auch wenn Machiavelli selbst kein Geschäft hatte, war er inzwischen zum Experten in gescheiterten Plänen und enttäuschten Hoffnungen geworden. Von Ende März bis Anfang April 1518 war er nach Genua gereist, um die Interessen einiger Florentiner Kaufleute wahrzunehmen, die vom Bankrott von Davide Lomellini betroffen waren.

Obwohl er weder Buchhalter noch Anwalt war, verstand sich Machiavelli doch bestens aufs Verhandeln. Als Sohn eines Rechtsgelehrten dürfte ihm zudem die Juristerei nicht ganz fremd gewesen sein. In seinen Werken äußerte er sich hie und da kundig zu Rechtsfragen und schrieb für seinen Neffen Vernacci eigenhändig eine Prokura oder ließ eine ausstellen, »wie es sich gehört«. Mit Kaufleuten über Konkursfragen zu verhandeln bereitete ihm zwar keine besondere Befriedigung, aber weil ihn die Lust am Reisen nie verlassen hatte und er irgend etwas tun und dabei ein bißchen Geld verdienen wollte, nahm er solche Aufträge an.

Während er sich für irgendwelche Kaufleute auf Reisen begab und Phantasiereisen mit seinen Freunden unternahm, ging es auch ihm allmählich etwas besser. Fortuna war es endlich leid, ihm immer nur ihr strenges Gesicht zu zeigen, und hatte zögernd dafür gesorgt, daß sich seine Lage besserte. Am 4. Mai 1519 starb Lorenzo de' Medici, der in Florenz wie ein Fürst und nicht wie ein Bürger aufgetreten war und seit Juni 1516 den Titel eines Herzogs von Urbino trug.

Weil Lorenzo keinen männlichen Nachkommen hatte, stand das Haus Medici wenige Jahre nach der Rückkehr an die Macht ohne einen direkten Erben da, der die Geschicke der Stadt hätte lenken können. Aus Rom kam Kardinal Giulio nach Florenz, der, menschlicher als sein Neffe Lorenzo und weniger launisch als Papst Leo X., für ein neues Klima in Florenz sorgte. An ihn wandten sich Lorenzo Strozzi und andere Freunde aus den Orti Oricellari, um sich für den alten Sekretär einzusetzen. Das Treffen mit einem Vertreter der Medici, das Machiavelli acht Jahre lang herbeigesehnt hatte, fand Ende März 1520 statt und sollte bald Früchte tragen. Battista della Palla, ein anderer Freund aus den Orti Oricellari, berichtet ihm am 26. April 1520 aus Rom, er habe mit dem Papst ausführlich über Machiavellis Lage gesprochen und ihn »Euch sehr zugetan« gefunden. Auf Anweisung des Papstes solle er Kardinal Giulio ausrichten, es sei an der Zeit, für Machiavelli etwas Gutes zu tun, zum Beispiel durch den Auftrag, »etwas zu schreiben oder ähnliches«. Der wackere della Palla hatte auch im Namen der anderen Freunde aus den Orti Machiavellis Fähigkeiten gepriesen, mit einer Erwähnung der *Mandragola* den frivolen Charakter des Papstes angesprochen und ihn schließlich überzeugt. Was Vettori nicht vermocht hatte, schafften die jungen Freunde Machiavellis, die das Risiko nicht scheuten, und nicht der *Principe*, sein ernstestes Werk, öffnete ihm die Türen, sondern die Komödie, die er geschrieben hatte, um zu lachen und die Menschen zum Lachen zu bringen.

Während Machiavelli auf den in Aussicht gestellten Auftrag wartete, vertrauten ihm Kardinal Giulio und die Signoria ein weiteres Konkursverfahren an und schickten ihn nach Lucca, wo Michele Guinigi sich beim Spiel zugrunde gerichtet hatte und dadurch um ihre Kredite besorgte Florentiner

Kaufleute in den Bankrott hineinzureißen drohte. Zwar war Machiavelli von den Kaufleuten beauftragt worden, aber hinter ihnen stand der Kardinal, der eigenhändig an die »Anziani« schrieb, dem lucchesischen Pendant zur florentinischen Signoria. Auch die Signoria selbst wandte sich an die Anziani. Machiavelli brach am 9. Juli 1520 nach Lucca auf, nicht um die Bücher zu prüfen, sondern um mit den Behörden der Stadt zu verhandeln. Das war zwar besser als nichts, aber ihm wurde gewiß nicht die gleiche Ehre erwiesen, die ihm als Sekretär zuteil geworden war. So kündigte etwa die Signoria in ihrem Beglaubigungsschreiben an, sie habe vor zwei Monaten »unseren Bürger Niccolò Machiavelli« geschickt. Er wurde nicht mehr als »edler« oder »verehrter« Herr bezeichnet, sondern als »unser Bürger«.

Im hohen Alter hatte Machiavelli endlich die Demütigung zu ertragen gelernt, Aufträge anzunehmen, die seine Intelligenz und seine berechtigte Eigenliebe beleidigten. Jahrelang hatte er angeklopft, aber man hatte ihn draußen vor der Tür stehen lassen, jetzt öffnete man die Tür einen kleinen Spalt und nahm ihn mit einem schiefen Lächeln auf. Um aber eintreten zu dürfen, mußte er einen tiefen Bückling machen und sich bedanken. Draußen zu bleiben betrübte ihn, einzutreten beleidigte ihn. Die Betrübnis hatte er mit der Vorstellungskraft, mit großen Gedanken, mit der Liebe und mit Komödien bekämpft; jetzt mußte er sich mit Geduld und Hoffnung wappnen, um aus dieser Situation das Beste zu machen. Machiavelli war nicht der Mann, der sich aus beleidigtem Stolz verzehrt hätte, und er wollte auch nicht, wie so viele Florentiner, in Melancholie verfallen.

Um seinen Aufenthalt in Lucca zu etwas Sinnvollem zu nutzen, beschloß er, die politischen Institutionen dieser Republik zu studieren und seine Beobachtungen zu Papier zu bringen, wie er dies als Sekretär getan hatte. Die daraus entstandene Schrift *Sommario delle cose della città di Lucca (Verfassung der Stadt Lucca)* enthält einige äußerst eindrucksvolle Überlegungen, denn die Jahre der erzwungenen Untätigkeit hatten offensichtlich seinen Blick geschärft. Zu den bewundernswertesten Einrichtungen in Lucca gehörten nach Machiavellis Ansicht die Signoria oder »Anziani« und ihr Gonfaloniere, weil sie zwar einerseits die eigentliche Stadtregierung bildeten, andererseits aber keine Gewalt über die Bürger hatten, das heißt nicht über deren Leben und Eigentum entscheiden konnten. Diese Einrichtung fand Machiavelli positiv, denn die »erste Würde in einer Republik ist an sich selbst so angesehen, daß sie schlechte Wirkung hervorbringen muß, wenn du ihr noch Gewalt dazu gibst«. (GS, II, 222)

Machiavelli kritisiert hingegen die Tatsache, daß die Signoria von Lucca »ohne Majestät« sei. »Da die Signoria nur zwei Monate im Amt bleibt und die Unfähigkeit, wieder erwählt zu werden, lange währt, so muß sie notwendigerweise aus nicht angesehenen Männern bestehen. Diese Einrichtung ist nicht gut, denn die Majestät und die Klugheit, die man im öffentlichen Palast nicht findet, sucht man im Hause des Privaten.« Als »gut, politisch ausgewogen und wohlbedacht« gilt Machiavelli die Art der Ämterbesetzung, auch wenn sie vom klassischen Modell Roms abweicht, das er immer noch für vorbildlich hält. In Rom vergab die Mehrheit der Bevölkerung in der Volksversammlung Ämter und Würden, ein kleinerer Kreis erhielt Zugang zur Ratsversammlung des Senats, und noch weniger Bürger hatten als Konsuln und Magistrate die ausführende Gewalt inne.

In Lucca empfing Machiavelli einen Brief seines siebzehnjährigen zweitältesten Sohnes Bernardo, der ihn »bei Kerzenlicht« mit einer schlechten Feder geschrieben hatte, daß wegen des schlechten Wetters die Ernte nicht habe eingebracht werden können und daß man den Wein, der vom Vater zum Verkauf bestimmt worden war, so untergebracht habe, »daß er etwas bringt«. Diese Zeilen des Sohnes bestätigen den Eindruck, daß Machiavelli aufgrund seines gütigen Wesens oder seiner Armut, oder aus beiden Gründen gleichermaßen, gewiß kein despotischer Vater war. Bernardo schrieb ihm auch ein paar Zeilen im Namen der Mutter, die ihn ermahnte, bald zurückzukehren und irgend etwas mitzubringen. Etwa die gleichen Worte hatte Monna Marietta ihm zwanzig Jahre zuvor eigenhändig geschrieben, als Machiavelli in Rom beim Papst weilte, und es scheint, daß er trotz seiner Liebschaften und Affären mit anderen Frauen noch immer in einem guten Verhältnis zu der gutmütigen Marietta stand. (L, 507)

Auch Filippo de' Nerli, einer der »Freunde des Nachmittags« aus den Orti Oricellari, schrieb ihm, um unter anderem zu berichten, daß Zanobi Buondelmonti ein Sohn geboren worden sei, was er mit Worten von tiefer politischer Bedeutung kommentierte: »Je mehr Buben geboren werden, desto mehr Soldaten werden wir zur Verteidigung gegen die Türken haben. Ihr denkt nicht an diese Dinge, aber sie sind wichtiger, als Ihr glaubt: Denkt daran, diese Herren Luccheser daran zu erinnern, ordentlich zu vögeln, um Soldaten zu machen, die sie dann so notwendig brauchen werden wie Gräben und Türme.« (L, 509) Sicher war Machiavelli durchaus geneigt, diesen Rat zu beherzigen, auch wenn er die Türken nicht fürchtete. Das wissen wir, auch ohne den Brief Filippo de' Nerlis zu kennen, aus der Komödie *Mandragola*, die auf dem Höhepunkt der allgemeinen Türkenhysterie geschrieben worden war. Dort legt Machiavelli dem Fra Timoteo folgenden Dialog mit einer Dame in den Mund:

DIE DAME: Nehmt jetzt diesen Gulden und lest zwei Monate jeden Tag die Totenmesse für die Seele meines Mannes. Obgleich er ein grober Mensch war, so regt sich doch das Fleisch. Ich kann nicht anders, es regt sich in mir, wenn ich an ihn denke. Glaubt Ihr, daß er im Fegefeuer ist?
BRUDER TIMOTEO: Ohne Zweifel!
DIE DAME: Ich weiß nicht recht, was ich glauben soll. Ihr wißt doch, was er mir manchmal getan hat. Ach! Wie oft habe ich mich bei Euch darüber beklagt. Ich wehrte mich, so gut ich konnte, aber er war so zudringlich. Ach! Du mein Herr …
BRUDER TIMOTEO: Zweifelt nicht, die Milde Gottes ist groß; wenn der Mensch nur will, so hat er immer noch Zeit zur Bekehrung.
DIE DAME: Glaubt Ihr, daß der Türke dieses Jahr nach Italien kommt?
BRUDER TIMOTEO: Wenn Ihr nicht Gebete verrichtet, ja.
DIE DAME: Der Henker! Gott steh' uns bei gegen dies Teufelsgezücht! Ich fürchte mich gewaltig vor den Spießen …

Anhand dieses Dialogs können wir uns ungefähr vorstellen, was Machiavelli seinen Freunden über die Türkengefahr gesagt haben mag, und die Frotzeleien Filippos hören sich an wie eine passende Antwort auf allerlei deftige Wortspiele Machiavellis bei den nachmittäglichen Runden in den Orti Oricellari oder auf den Steinbänken vor den Kirchen und Palazzi von Florenz.

Seinen Freunden ließ Machiavelli auch andere Früchte seiner rastlosen geistigen Arbeit zukommen. So schickte er aus Lucca Zanobi Buondelmonti und Luigi Alamanni eine *Vita di Castruccio Castracani (Das Leben Castruccio Castracanis aus Lucca)*, die weniger eine sachlich korrekte Biographie des Luccheser Kondottiere (1281–1328) als vielmehr das imaginäre Porträt eines Mannes ist, dem es trotz seiner niedrigen Herkunft durch seine Tüchtigkeit gelang, »sehr große Dinge« zu vollbringen und sogar Fürst zu werden. Machiavelli stellt Castruccio Castracani als nachahmenswertes Beispiel dar, und um die Tatsache der niedrigen Geburt seines Helden zu unterstreichen, läßt er die Schwester eines Priesters Castruccio als Findelkind »unter einem Weinstock, zwischen Reben« entdecken. (C, 10) Dem sterbenden Castruccio legt er Worte in den Mund, die ganz seinen eigenen Gedanken über die Erhaltung von Staaten entsprechen. Schließlich schreibt er ihm sogar eine ganze Reihe berühmter Aussprüche zu, die er einfach dem Diogenes Laertios entnommen hat.

Um zu zeigen, wie meisterhaft er die rhetorischen Modelle der humanistischen Geschichtsschreibung beherrschte, schickte Machiavelli diesen Text den Freunden, die sich bei Kardinal Giulio de' Medici dafür einsetzten, daß er den Auftrag für ein Geschichtswerk erhielt. Und unter diesem Gesichtspunkt war die *Vita di Castruccio Castracani* ein voller Erfolg, wie aus einem Brief Zanobi Buondelmontis vom 6. September hervorgeht. Buondelmonti redete ihn mit »von mir sehr zu verehrender Gevatter Sekretär Niccolò Machiavegli [sic]« (L, 511) an und informierte ihn darüber, daß er, Luigi Alamanni, Francesco Guidetti, Iacopo Diacceto, Anton Francesco degli Albizzi, Iacopo Nardi, Battista della Palla und andere nach der Lektüre seiner Schrift sich darin einig waren, daß sie ein »gutes und gut geschriebenes Werk« sei. »Gut geschrieben« zu sein verlangte man von einer Rede, nicht aber, daß sie »richtig« oder »wahr« sei wie ein Werk der wissenschaftlichen Geschichtsschreibung. Die Leser aus den Orti erkannten natürlich sofort, daß viele Eigenschaften, die Machiavelli dem Castruccio zugeschrieben hatte, aus Werken »der Antike und der Moderne« stammten, aber darum ging es gar nicht, sondern vielmehr um die Qualität der »Topoi« oder der rhetorischen Mittel, die Machiavelli benutzt hatte, um seiner Schrift »Lebendigkeit« und »Größe« zu verleihen. Als den gelungensten Teil der *Vita* lobt Zanobi die Rede Castruccios auf dem Sterbebett, die am deutlichsten ein rhetorischer Kunstgriff ist, und läßt damit keinen Zweifel daran, wie die Schrift zu verstehen war und wie sie verstanden wurde.

Mit Hilfe seiner Freunde aus den Orti hatte sich Machiavelli also den Weg geebnet, ein großes Geschichtswerk zu verfassen: »Alle sind der Meinung, daß Ihr Euch mit allem Eifer daransetzen müßt, diese Geschichte zu schreiben, und ich wünsche dies am allermeisten [...] denn ich merke, welches Vergnügen mir Eure Vorstellung von Geschichte bereitet.« Für Machiavelli wurde es also Zeit zurückzukehren, auch weil Battista della Palla gerade aus Rom eingetroffen war und ihn dringend wegen des Projekts einer von den Medici finanzierten Geschichte von Florenz sprechen wollte. Als Machiavelli sich auf den Weg machte, war es ihm sicher leichter ums Herz, und bei seiner Ankunft fand er bereits alles für den Vertragsabschluß bereit, den er selbst vorformulierte: »Er erhält für soundsoviele Jahre jährlich ein Honorar von soundsoviel ausbezahlt mit der Auflage, die Annalen oder die Geschichte der im Staate und in der Stadt geschehenen Dinge von der Zeit an, die ihm richtig erscheint, in Latein oder Toskanisch, wie er will, zu schreiben.« (L, 513)

Der Auftrag wurde am 8. November erteilt, und Machiavelli erhielt 100 »fiorini di suggello«, neue Gulden mit verringertem Feingehalt, und damit kaum mehr als die Hälfte seines ehemaligen Gehalts als Sekretär. Trotz der geringen Bezahlung war der Auftrag sehr ehrenvoll, denn vor Machiavelli hatten große Humanisten, die zugleich Kanzler der Republik waren wie Leonardo Bruni, Poggio Bracciolini und Bartolomeo Scala, die Geschichte der Stadt verfaßt. Machiavelli befand sich deshalb in bester Gesellschaft, und die neue Aufgabe war wesentlich besser als viele andere, die er vorher übernommen hatte.

XIX Geschichten von Mönchen, Teufeln und der Hölle

Fortuna bringt die Menschen gern und oft in Situationen, die sie sich nicht einmal im Traum hätten vorstellen können. Einige lassen sich dadurch aus der Bahn werfen und verfallen in einen Zustand der Lähmung, andere sind gekränkt und verfluchen das böse Schicksal, wieder andere lassen sich auf das Spiel der Göttin mit den verbundenen Augen ein, amüsieren sich und lachen darüber, anstatt Trübsinn zu blasen und die Brauen zu runzeln. Tage, die langweilig und trübsinnig zu werden drohten, werden somit unvergeßlich.

Ähnlich erging es Machiavelli im Frühjahr 1521, als er zum Generalkapitel des Franziskanerordens nach Carpi bei Modena geschickt wurde. Um aus diesem Auftrag eine perfekte Komödie zu machen, gesellte ihm das Schicksal mit dem großartigen, kaltblütigen und mächtigen Francesco Guicciardini, der damals in Modena Statthalter war, einen prachtvollen Stichwortgeber bei. Das Ergebnis war eine der außergewöhnlichsten Episoden im Leben Machiavellis, die uns wie keine andere seinen Charakter enthüllt.

Bevor es allerdings soweit war, daß Machiavelli zu dem von ihm als »Holzpantinenrepublik« verulkten Franziskanerorden aufbrechen konnte, mußte er nach seiner Rückkehr aus Lucca noch einen anderen wichtigen Auftrag erledigen. Kardinal Giulio de' Medici forderte ihn auf, einen Vorschlag zur Reform der politischen Institutionen zu verfassen, um ihn Papst Leo X. vorzulegen, denn Papst und Kardinal waren über die Zukunft der Herrschaft der Medici in Florenz beunruhigt. Abgesehen davon, daß es nach Lorenzos Tod keine direkten Erben gab, die die Stadt hätten regieren können, hatte Lorenzos herrisches Gebaren in der Stadt für erheblichen Unmut gesorgt, der das Ende der mediceischen Herrschaft befürchten ließ. Von einigen Seiten wurde dem Kardinal empfohlen, zur Regierungsweise Cosimos des Alten zurückzukehren, die auf einer klugen Politik der Begünstigungen und dem Respekt vor den »modi civili«, den demokratischen Umgangsformen der Republik, beruht hatte; andere dagegen favorisierten offen die Wiederherstellung einer »breiten« republikanischen Regierung wie zu Zeiten Soderinis. Angesichts dieser weit auseinanderklaffenden Meinungen wollten die Medici auch den Rat des alten Sekretärs, den sie wenige Wochen zuvor im »Studio Fiorentino«, der Vorform der späteren Universität von Florenz, aufgenommen hatten.

Natürlich stürzte sich Machiavelli auf diese Aufgabe und beschränkte sich wie üblich nicht auf einige Ratschläge im Detail, sondern entwickelte umfassende Reformvorschläge auf der Grundlage einer weitgespannten Analyse von Geschichte und Gesellschaft in Florenz. In diesem *Discorso delle cose fiorentine dopo la morte di Lorenzo (Denkschrift über die Reform des Staates von Florenz)* zeigt er zunächst, daß eine Rückkehr zur Regierungsweise Cosimos des Alten deshalb nicht möglich sei, weil damals das Volk auf der Seite der Medici gestanden hat, jetzt aber zu den Gegnern halte; damals sei Florenz in der Lage gewesen, sich allein gegen jeden italienischen Staat zu verteidigen, nun aber, da sich Frankreich und Spanien in die italienischen Belange eingemischt hatten, sei dies nicht mehr möglich. Damals hätten die Bürger ohne Murren Steuern gezahlt, nun hingegen seien sie nicht mehr daran gewöhnt. Aus all diesen Gründen sei der Versuch, die Rückkehr zu den vergangenen Verhältnissen zu erzwingen, eine »haßerzeugende und gefährliche Sache. Die Medici, die damals regierten, waren mit ihren Mitbürgern geboren und erzogen und benahmen sich daher mit so großer Vertraulichkeit, daß sie sich dadurch Zuneigung erwarben; jetzt sind sie so groß geworden, daß sie weit über dem Bürgerstand stehen und es jene Vertraulichkeit nicht mehr geben kann und folglich auch nicht mehr jene Zuneigung«. (GS, II, 231f.)

Wenn schon die Rückkehr zur Regierungsweise Cosimos des Alten schwierig war, so schien es Machiavelli vollkommen unmöglich, Florenz in ein Fürstentum zu verwandeln, denn die Errichtung und Erhaltung eines Fürstentums war seiner Ansicht nach nur dort möglich, wo es einen Adel gab, der Festungen unterhielt und Soldaten hatte, die zwischen Volk und Fürsten dem letzteren zu Hilfe kommen und den Staat stützen. In Florenz existiere jedoch nichts Derartiges, den Staat deshalb in ein Fürstentum zu verwandeln sei »schwierig und, weil es schwierig ist, unmenschlich und unwürdig eines jeden, der für milde und gut gelten will«. (GS, II, 234f.)

Deshalb bleibe nur noch die Rückkehr zur republikanischen Regierungsform, da »alle Regierungsformen, die zwischen diesen beiden liegen«, mangelhaft seien. Machiavelli schlägt allerdings keine Republik vor, wie sie unter Soderini bestanden hatte, die den »drei verschiedenen Klassen von Menschen, die in allen Städten sind, Raum geben, nämlich den ersten, den mittleren und den letzten«. Wenn es notwendig sei, müsse man den Mut zu tiefgreifenden Veränderungen besitzen, schreibt Machiavelli und bittet den Kardinal, seine Vorschläge erst zu beurteilen, wenn er sie bis zum Ende durchgelesen habe, und »vor einigen Änderungen der

Obrigkeiten« nicht zu erschrecken, »denn je weniger da, wo die Dinge nicht gut eingerichtet sind, vom Alten übrigbleibt, desto weniger bleibt vom Schlechten übrig«. Auf dieser Grundlage entwickelt Machiavelli das Projekt einer »wohlgeordneten Republik«, in der die Macht der Medici und ihre Interessen mindestens bis zum Tod des Papstes und des Kardinals gewahrt blieben.

Die Schwierigkeit bestand darin, die Medici von Reformen zu überzeugen, die zur – wenn auch äußerst vorsichtigen – Wiederherstellung der verhaßten republikanischen Verfassung führen sollten, die sie acht Jahre zuvor mit Hilfe ausländischer Heere abgeschafft hatten. Um ihre ablehnende Haltung zu überwinden, bietet Machiavelli alle Waffen seiner rhetorischen Kunst auf und versucht, ihnen klarzumachen, daß man, »ohne die Masse zufriedenzustellen [...] nie eine dauernde Republik einrichtet«. (GS, II, 239) Um das Volk zu befriedigen, müsse deshalb der Saal des Consiglio Grande »wieder eröffnet« werden: »Eure Heiligkeit wisse, daß jeder, der Euch den Staat zu entreißen denkt, zuallererst daran denken wird, den Saal wieder zu eröffnen. Es ist daher besser, ihn auf sichere Art und Weise selbst zu eröffnen, als daß Ihr Euren etwaigen Feinden diese Gelegenheit nehmt ...« (GS, II, 239f.)

Wie im *Principe* stellte sich Machiavelli wirklich oder angeblich vor, für einen Fürsten zu schreiben, der große Dinge vollbringen und unsterblichen Ruhm erwerben will, und deshalb bereit ist, sich von bloßen Worten überzeugen zu lassen. Aus dem Schlußwort des *Discorso* läßt sich Machiavellis große Bewunderung für bedeutende Männer ablesen, die durch Gesetze Republiken und Königreiche gegründet haben, und für Philosophen, die dies ebenfalls, wenn auch nur mit Worten, erreicht haben:

> Ich glaube, daß die größte Ehre, die der Mensch erwerben kann, die ist, welche ihm sein Vaterland freiwillig erzeigt. Ich glaube auch, daß das größte und Gott wohlgefälligste Gute, das man tun kann, das ist, welches man seinem Vaterland tut. Überdies wird kein Mann wegen irgendwelcher Handlung so sehr gepriesen, als es die werden, welche durch Gesetze und Einrichtungen die Republiken und Reiche reformiert haben. Diese Männer sind, nächst den zu Göttern Erhobenen, die zuerst Gelobten. Da es aber wenige gibt, die es zu tun Gelegenheit hatten, und sehr wenige, die es zu tun verstanden, so ist die Zahl derer klein, die es taten. So großen Wert legten auf diesen Ruhm die Männer, welche stets nur nach Ruhm strebten, daß sie, in der Unmöglichkeit, eine Republik in der Wirklichkeit zu errichten, dies in ihren Schriften getan haben. Aristoteles, Plato und andere wollten der Welt beweisen, daß, wenn sie nicht wie Solon und Lykurg einen freien Staat gründen konnten, sie es nicht aus Unwissenheit unterließen, sondern aus Mangel an Macht und Gelegenheit. (GS, II, 244)

Das eigentliche Problem bestand darin, daß es Kardinal Giulio gar nicht um unsterblichen Ruhm ging, sondern einzig und allein darum, das mediceische Regime durch einige kleine Verfassungsänderungen zu retten. Machiavellis Reformvorschläge erschienen ihm teils zu aufwendig, teils zu bizarr und der gewohnten mediceischen Regierungsweise allzu fremd. Auch dieser Versuch Machiavellis, einen großen Fürsten zu beraten, oder besser heranzubilden, schlug deshalb fehl, obwohl der *Discorso* voller ausgezeichneter Gedanken steckt, wie dem, daß eine Republik nur von Dauer sein kann, wenn die Verfassung allen Teilen der Gesellschaft eine angemessene Rolle zuweist und »wenn jeder weiß, was er zu tun hat und auf wen er zu vertrauen hat«. (GS, II, 246) Wie viele andere Vorstellungen Machiavellis mußte auch diese auf bessere Zeiten und vor allem auf bessere Staatsmänner warten, um Früchte zu tragen und Anerkennung zu finden.

Um sich zu trösten, hatte Machiavelli nun die Geschichte von Florenz zu schreiben, die er im Winter 1520/21 energisch in Angriff nahm. Im folgenden Frühjahr erreichte ihn jedoch ein Brief seines ehemaligen Mentors Pier Soderini, der ihm die Möglichkeit eröffnete, mit dem phantastischen Gehalt von 200 Golddukaten plus Spesen Ratgeber des römischen Feudalherrn Prospero Colonna zu werden. Machiavelli aber schlug dieses verlockende Angebot aus, denn es war nie sein Ziel gewesen, um der Macht oder des Geldes willen Ratgeber irgendeines Herrschers zu werden, vor allem nicht, wenn dies bedeutete, bei Hofe zu leben. Mit all seiner Kraft hatte er vielmehr etwas Bedeutendes für Florenz leisten und dafür von seinen Mitbürgern geehrt und im Gedächtnis bewahrt werden wollen. Eine ordentliche Bezahlung schätzte er durchaus, aber nur um seinen Vergnügungen nachgehen, gut leben und seinen Töchtern und Söhnen eine anständige Zukunft sichern zu können. Wenn er sagte, er glaube, »daß die größte Ehre, die Menschen zuteil werden kann, die ist, welche ihnen sein Vaterland freiwillig erzeigt«, dann war dies ein humanistischer Topos, entsprach aber zugleich seiner tiefsten Überzeugung. Deshalb überließ er die goldenen Dukaten und das Wohlleben anderen und blieb in seinem heimatlichen Florenz, um über Geschichte zu schreiben.

Während der Arbeit an den *Istorie* erreichte ihn von den Otto di Pratica, der Behörde für die auswärtigen Angelegenheiten der Stadt, der Auftrag, nach Carpi zum Generalkapitel der Franziskaner zu reisen, um mit den Mönchen einige juristische Probleme der Klöster im Florentiner Herrschaftsbereich zu klären. Ausgerechnet Machiavelli zu schicken erscheint wie ein schlechter Witz, aber die Sache war ernst, und die Entscheidung hatten nicht nur die Florentiner Behörden, sondern auch Kardinal Giulio mit dem Segen des Papstes getroffen. Machiavelli, der sich für jeden Streich, den ihm das Leben spielte, einen noch besseren ausdachte, nahm den Auftrag an und begab sich am 11. oder 12. Mai auf den Weg nach Norden.

Der Reisende machte zunächst in Modena halt, um Francesco Guicciardini zu treffen, den Statthalter des Papstes in diesen Staaten. Die beiden nach sozialer Stellung, Temperament und Lebensstil sehr unterschiedlichen Männer kannten sich zwar, hatten aber bis dahin nie Gelegenheit zu näherem Umgang gehabt. Guicciardini entstammte einer der angesehensten und reichsten Florentiner Familien, war ein Meister der Berechnung, der Klugheit und der Zurückhaltung in Worten und Taten. Er verstand es, seine wahren Gefühle so vollkommen zu verbergen, daß er von den Päpsten die einflußreichsten Posten übertragen bekam, obwohl er die Pfaffen aus tiefstem Herzen verachtete. Guicciardini war überaus ehrgeizig, hing sehr an der Macht und am Geld und hatte in seinem Leben immer Erfolg gehabt. Machiavelli dagegen gehörte zum Volk, war ein Habenichts, voller Phantasie, kühn und extrovertiert in seinen Ansichten und mehr noch in seiner Lebensweise. Geld interessierte ihn nur insofern, als er sich gern amüsierte und es sich gutgehen ließ, die Macht liebte er nur, um große Dinge zu vollbringen, nicht um ihrer selbst willen; er hatte wenige ruhmreiche Momente, vor allem aber Niederlagen und Enttäuschungen erlebt.

Dennoch war Machiavelli auf den vierzehn Jahre jüngeren Mann, der so viele Dinge besaß, die er selbst nie besessen hatte und auch nie besitzen würde, in keiner Weise neidisch, sondern bewunderte im Gegenteil dessen große politische Fähigkeiten und außerordentliche Intelligenz. Auch Guicciardini bewunderte Machiavelli, war fasziniert von dessen ungewöhnlichem analytischen Talent in Fragen der Politik, er ließ sich ein bißchen anstecken von Machiavellis Wärme und Herzlichkeit und sich sogar dies eine Mal auf einen Scherz ein. Guicciardinis Lachen war dabei sicher keineswegs ausgelassen, sondern eher amüsiert, und es lenkte ihn nur für einen Augenblick von den wichtigen Fragen von Staat und Regierung ab, mit denen er täglich zu tun hatte. Auch in dieser Hinsicht war Machiavelli ganz anders, der, wenn er sich amüsierte, sich vor Lachen nicht halten konnte und darüber die großen Fragen von Staat und Regierung, mit denen er sich nur theoretisch beschäftigte, völlig vergaß.

Machiavelli erreichte Carpi am 16. Mai noch vor der Vesper, wie ihm ein gewisser Pater Ilarione geraten hatte, um ihn gleich an die strengen Gebräuche in Carpi zu gewöhnen. In seinem Quartier bei Sigismondo Santi, dem Kanzler des Signore der Stadt, fand er einen Brief der Konsuln der Arte della Lana vor, der Wollzunft, die ihm einen noch bizarreren Auftrag erteilten als die Otto. Machiavelli sollte einen gewissen Fra Giovanni Gualberto, genannt il Rovaio, überreden, in der kommenden Fastenzeit in Santa Maria del Fiore in Florenz zu predigen. Machiavelli mag sich wohl die Augen gerieben und sich gefragt haben, ob die Konsuln der Arte della Lana nicht wüßten, was er über die Mönche dachte. Dabei hatte er doch in der *Mandragola* ihre Bosheit, ihre Prasserei und ihre Habgier gnadenlos lächerlich gemacht. Er hörte sich nie Predigten an, wie er in einem Brief vom 19. Dezember 1513 an Vettori schrieb: »Ich hörte sie [die Predigt] nicht selbst, weil ich solche Predigten nicht besuche ...« (GS, V, 411) Als er einmal zu einer Predigt des großen Savonarola ging, tat er dies aus politischen Gründen und lachte wohl in einer Ecke der Kirche über die Lügen des Mönchs.

Mit noch größerem Vergnügen lachte Machiavelli über den Teufel und die Hölle. In einem schwer datierbaren Gedicht mit dem Titel *Canto dei Romiti (Gesang der Einsiedler)* behauptet er, daß derjenige, der den Teufel wirklich gesehen hat, »ihn mit weniger Hörnern und auch weniger schwarz« gesehen habe. In der köstlichen – wahrscheinlich in jenen Jahren entstandenen – Novelle *Belfagor* über den Herrn der Unterwelt, der sich eine Frau sucht, macht sich Machiavelli einen Scherz daraus, Pluto als einen überaus klugen und gerechten Fürsten darzustellen. Man braucht nur die wunderschöne Rede zu lesen, die Machiavelli dem Fürsten der Unterwelt in den Mund legt:

> Obgleich Wir, Liebe und Getreue, durch himmlische Fügung und unwiderruflichen Schicksalsschluß diesen Thron besitzen und deshalb weder einem menschlichen noch göttlichen Richterstuhl Rechenschaft schuldig sind, so halten Wir es doch für um so größere Klugheit, Uns den Gesetzen zu unterwerfen und die öffentliche Meinung zu achten, je mächtiger Wir sind. Wir haben daher beschlossen, euren Rat einzuholen, wie Wir Uns in einem Fall, der Unserem Reich Unehre zuziehen könnte, benehmen sollen. Alle Seelen der Menschen, die in unser Reich kommen, behaupten, ihre Weiber seien daran schuld, und Uns scheint dies unmöglich. Wir fürchten daher, entweder als zu grausam verleumdet zu werden, wenn Wir Unser Urteil auf diese Angaben hin fällen, oder für zu-

wenig streng und gerechtigkeitsliebend gehalten zu werden, wenn Wir es nicht tun. (GS, V, 308)

Wer möchte nicht gern unter solch einem Fürsten leben?

Wenn Machiavelli auf die Hölle zu sprechen kommt, ist seine Ironie nicht mehr zu bremsen, wie schon die Worte zeigen, die er seinen Callimaco in der *Mandragola* sprechen läßt: »Auf der anderen Seite ist das Schlimmste, was dir geschehen kann, daß du stirbst und in die Hölle fährst. Und es sind so viele vor dir gestorben, und so viele Ehrenmänner sind in der Hölle. Mußt du dich schämen, daß du auch hineinkommst?« (GS, V, 168) Wenn sich Machiavelli jedoch ernsthaft mit dem Christentum auseinandersetzt, verwandelt sich seine gutmütige Ironie in Verachtung. Die christliche Religion, jedenfalls in ihrer vorherrschenden Auslegung, lehre die Menschen, Demut zu üben und irdischen Ruhm zu verachten, und verlange »mehr die Stärke des Duldens als die der Tat. Diese Regel hat, wie mir scheint, die Weltgeschichte den Bösewichtern ausgeliefert, die ungefährdet ihr Unwesen treiben.« (D, II.2, 172)

Machiavelli räumt zwar ein, daß Männer wie der heilige Franziskus oder Dominikus durch ihre Armut und ihr vorbildliches Leben die christliche Botschaft wieder zum Leben erweckt haben, aber ihr Werk hat seiner Ansicht nach den Geistlichen nur um so mehr die Möglichkeit zur Korruption gegeben, weil sie die Masse der Gläubigen davon überzeugen konnten, »wie schlecht es sei, die geistlichen Oberen zu schmähen, und wie gut, ihnen zu gehorchen und die Bestrafung ihrer Sünden Gott zu überlassen. Und so treiben es jene so schlecht, wie sie nur können; denn sie fürchten eine Strafe nicht, die sie nicht sehen und an die sie nicht glauben.« (D, III.1, 178)

Unbarmherzig kritisiert Machiavelli das Papsttum, denn seiner Meinung nach hat das Vorbild der Päpste und der römischen Kurie in Italien alle Gottesfurcht und jede echte religiöse Empfindung zugrunde gerichtet: »Wir Italiener verdanken es also in erster Linie der Kirche und den Priestern, daß wir religionslos und schlecht geworden sind. Wir verdanken ihr aber noch etwas Entscheidenderes, was die zweite Ursache unseres Verfalls ist, und dies ist, daß die Kirche unser Land immer in Zersplitterung gehalten hat und noch immer in Zersplitterung hält. Tatsächlich war nie ein Land einig oder glücklich, wenn es nicht geschlossen unter einer freistaatlichen oder monarchischen Regierung stand ...« (D, I.12, 49)

Zwar sieht Machiavelli deutlich, daß Gottesfurcht eine positive Wirkung auf das Verhalten der Menschen ausübt und ein wirksames Instrument ist, um den Gesetzen und dem Fürsten oder der republikanischen Regierung Ansehen zu verschaffen, ja er geht sogar so weit zu behaupten, daß die Achtung der Religion die unentbehrlichste Stütze für die Größe von Republiken sei, wie umgekehrt ihre Verachtung Grund für deren Verfall, denn »wo Gottesfurcht fehlt, muß ein Reich in Verfall geraten, es müßte denn sein, daß es durch die Furcht vor einem Machthaber zusammengehalten wird, die die fehlende Religion ersetzt«. (D, I.11, 45) Machiavellis Gott ist jedoch ein politischer Gott, der Fürsten, die große Dinge bewirken wie Castruccio, zur Seite steht, oder aber ein rhetorischer Gott, der ihm dazu dient, die Fürsten zu großen Dingen anzuspornen, ein Gott, der nur sehr wenig mit dem christlichen Gott gemein hat und weder ein Glaubensgrund noch eine Hoffnungsquelle ist.

Derartige religiöse Vorstellungen vertrat der Mann, der nach Carpi geschickt wurde, um über Klöster und Prediger zu verhandeln. Diese absurde Situation veranlaßte selbst den strengen Guicciardini, in einem Brief an Machiavelli ein urkomisches Bild des Freundes unter den Pfaffen zu entwerfen:

> Teuerster Machiavello [sic]! Das ist doch wirklich ein guter Einfall unserer hochlöblichen Konsuln der Wollzunft gewesen, Euch mit der Auswahl eines Predigers zu beauftragen; da hätte man gleich den seligen Pacchierotto [einen bekannten Homosexuellen] dafür sorgen lassen oder Herrn Sano [dito] bitten können, für einen Freund eine recht fesche Ehefrau auszusuchen. Ich zweifle nicht, daß Ihr sie bedienen werdet, wie sie es von Euch erwarten, und Eurem Renommee nichts schuldig bleibt. Das bekäme einen häßlichen Fleck, wenn Ihr in Eurem Alter plötzlich an Euer Seelenheil dächtet, nachdem Ihr Euch ein Leben lang anders gezeigt habt. Man würde eher glauben, Ihr seid kindisch als fromm geworden. Beeilt Euch aber mit diesem Geschäft, sosehr Ihr könnt, denn wenn Ihr zu lange dort verweilt, kommt Ihr in zweifache Gefahr: Entweder stecken Euch die frommen Brüder mit ihrer Heuchelei an, oder die Luft von Carpi läßt Euch zum Lügner werden, wie es ihre Wirkung nicht erst jetzt ist, sondern zu allen Zeiten war. Sollte man Euch unglückseligerweise ins Haus eines Bürgers von Carpi einquartieren, so hielte ich Euren Fall für hoffnungslos. (L, 518)

Machiavelli einen solchen Brief zu schreiben war wie eine Einladung zur Hochzeit, und der Angesprochene antwortete noch am selben Tag, an dem er den Brief von einem reitenden Boten überbracht bekam. Schon aus den ersten Zeilen ist zu entnehmen, daß Machiavelli zu ironischer Hochform aufläuft, wie nur er es vermochte: »Erlauchter und allerhöchst zu verehrender Herr. Als Euer Bote kam, saß ich gerade auf dem Abort, dachte über die närrischen Wege der Welt nach ...« (L, 519) Da man den Extravaganzen der Welt mit noch größeren Extravaganzen entgegentreten muß und da Machiavelli ein Meister in dieser Kunst war, hätte er sich sicher auch ohne die Anregung Guicciardinis an die Arbeit gemacht und sich an diesem erhabenen, für solche Gedanken besonders geeigneten Ort etwas ausgedacht. Durch die Lektüre des Briefes kam er erst richtig in Fahrt.

Zu allererst antwortet Machiavelli auf die Spitze Guicciardinis, er erwarte, daß der Freund »seinem Renommee« nichts schuldig bleibe: »Und weil ich nie verfehlt habe, wenn immer ich dieser Republik einen Dienst erweisen konnte, es auch wirklich zu tun, wenn nicht in Taten, dann mit Rat, wenn nicht mit Rat, dann mit einem Wink, so will ich es auch diesmal so halten. Es ist wahr, daß ich wie vielfach so auch jetzt anderer Meinung als diese braven Bürger bin: Sie wünschen sich einen Prediger, der ihnen den Weg zum Paradies weist, und ich möchte einen finden, der sie lehrt, wie man in des Teufels Küche kommt, der ihre soll ein gebildeter und ernsthafter Mann sein, und ich suche einen, der ein größerer Narr als Ponzo [ein Gegner Savonarolas] ist, ein größerer Heuchler als Bruder Alberto [dito] und gerissenerer als Fra Girolamo Savonarola selbst.« (L, 520)

Hinter dieser edlen Absicht verbirgt sich ein zutiefst religiöses und moralisches Motiv: »Denn es wäre doch eine schöne Sache und den jetzigen Zuständen angemessen, wenn alles, was wir schon mit Mönchen erlebt haben, sich in einem vereint fände: Einen sichereren Weg zum Paradies gibt es gewiß nicht, als den Weg zur Hölle zu erkennen und ihn dann zu meiden.« Die »Zustände« der Zeit sind so, daß die Republik ihn gegen jede Vernunft und Ordnung beauftragt hat, einen Prediger zu suchen, während er, um seiner Stadt ernsthaft zu dienen, das Gegenteil von dem sucht, was seine Auftraggeber sich erwarten. Wenn ihre Entscheidung wider jede Vernunft ist, zahlt er mit gleicher Münze zurück. Sie wollen einen Prediger, der »ihnen den Weg zum Paradies weist«, dann sucht er einen, »der sie lehrt, wie man in Teufels Küche kommt«.

Auf die besorgten Ermahnungen Guicciardinis antwortet Machiavelli beruhigend: »Mit den Carpigianern und ihren Lügen kann ich mich schon lange messen, denn in dieser Fakultät habe ich mit solchem Erfolg doktoriert [...] seither sage ich nie mehr, was ich glaube, und glaube nie mehr, was ich sage, und wenn mir doch einmal ein wahres Wort entschlüpft, verstecke ich es gleich hinter so vielen Lügen, daß es nicht wiederzufinden ist.« Für die Kühnheit, nicht die Naivität, offen gesagt zu haben, was er dachte, hatte Machiavelli schon genug bezahlt in seinem Leben, und welchen Sinn hätte es gehabt, die Wahrheit zu sagen in einer Welt, in der die Worte eine völlig andere Bedeutung haben. Täuschung und Verstellung waren zu seinen besten Waffen geworden, und er trug sie offen zur Schau, aber auch ohne sich damit zu brüsten. Die Wahrheit hatte er schon so viele Male gesagt, und er sollte sie auch weiter sagen, gewiß jedoch nicht den Mönchen und den Carpigianern, sondern uns in seinen Büchern und seinen Briefen. In diesem Fall leistet die Zeit einen guten Dienst, denn sie gestattet uns Einblicke in Dinge, die Machiavelli vor seinen Zeitgenossen unter tausend Lügen verborgen und nie ausgesprochen hatte.

Als er seinen Freund beruhigt hat, geht Machiavelli zum Gegenangriff über, um die Mönche und die Beamten in

Carpi, allen voran den Gouverneurbischof Teodoro Pio und den Kanzler Sigismondo, der ihn beherbergte, richtig hereinzulegen. Sein Plan besteht darin, unter den Mönchen so viel Zwietracht zu säen, »daß sie hier oder anderwärts mit ihren Holzpantinen aufeinander losgehen«, und zu diesem edlen Zweck soll ihm der Freund mit einigen Streichen »von Meisterhand« beistehen.

Machiavelli hatte die große Verwunderung seiner Umgebung bemerkt, als der Statthalter von Modena persönlich ihm durch einen berittenen Armbrustschützen einen Brief hatte zukommen lassen, den dieser »mit einem Kratzfuß bis zur Erde« überreichte. Machiavelli tat ein übriges, indem er mit ernster Miene erklärte, der Brief enthalte äußerst wichtige Informationen über den Kaiser, die Schweizer und den König von Frankreich.

Der Erfolg übertraf die kühnsten Erwartungen. »Da standen sie alle mit offenem Maul«, berichtete Machiavelli, »und drehten die Mütze in der Hand, und während ich dies schreibe, stehen sie im Kreis um mich herum und wundern sich, wie man nur so viel schreiben kann, und halten mich für besessen. Und damit sie sich noch mehr wundern, hebe ich ab und zu die Feder hoch und halte den Atem an, damit sich mir die Brust bläht. Da tropft ihnen der Geifer aus dem Mund vor Staunen. Wie würden sie sich erst wundern, wenn sie ahnten, was ich schreibe.«

Nun weiß Machiavelli genau, wie er den Mönchen einen Streich spielen kann, und bittet Guicciardini, ihm täglich einen solchen berittenen Boten zu schicken, der »im Galopp und schweißtriefend« hier ankommen müsse, damit alle große Augen machen. »So hebt Ihr mein Ansehen, und nebenbei ist es eine gute Übung für die Armbrustschützen, die auch den Pferden in dieser Jahreszeit nur guttun kann.«

Wenn sich schon Fortuna und die Menschen so manchen Scherz mit ihm erlaubten, wollte Machiavelli es ihnen wenigstens mit gleicher Münze heimzahlen und konnte auf diese Weise auch Guicciardinis spitze Bemerkung, er werde in Carpi »kindisch« werden, wirkungsvoll widerlegen.

Guicciardini zeigt sich in seiner Antwort der Lage durchaus gewachsen: Bereits am nächsten Tag, dem 18. Mai, trifft in Modena ein weiterer Armbrustschütze ein, noch abgehetzter als der erste, und verkündet allen, daß Machiavelli eine bedeutende Persönlichkeit sei, die hier wichtigere Aufträge zu erledigen habe, als sich mit Streitigkeiten unter den Mönchen abzugeben. Um den Eindruck noch zu steigern, hat der gewitzte Guicciardini den Briefen gewisse Nachrichten aus Zürich beigefügt, die Machiavelli herumzeigen oder in der Hand halten kann, je nachdem, was ihm wirkungsvoller erscheint. Schließlich informiert er Machiavelli darüber, daß er Kanzler Santi brieflich mitgeteilt habe, der florentinische Gesandte sei eine »ganz außergewöhnliche Persönlichkeit«, und auf Santis mißtrauische Frage, worin diese Außergewöhnlichkeit bestehe, habe er einfach nicht geantwortet, um so die Spannung zu steigern und ihn noch neugieriger zu machen. Guicciardini beendet seinen Brief mit einer rührenden Aufforderung an Machiavelli, weiterhin Streit unter den Mönchen zu säen, denn das »wäre das größte Werk, das Ihr je vollbracht habt: Ich halte es aber angesichts ihres Ehrgeizes und ihrer Bosheit nicht für besonders schwierig.« (L, 523)

Machiavellis Aufenthalt bei den Mönchen erscheint Guicciardini so absurd, daß er noch am selben Tag darauf zurückkommt und in einem weiteren Brief als ausgezeichneter Beobachter, der er ist, einen Vergleich anstellt, der Machiavelli zum einen trösten kann, zum anderen wohl betrüben muß, weil er ihm wie in einem Spiegel seine traurige Lage vor Augen führt: »Teuerster Machiavello [sic]! Wenn ich Eure Titel als Gesandter von Republiken und bei Pfaffen lese und bedenke, mit wie vielen Königen, Herzögen und Fürsten Ihr früher unterhandelt habt, so fällt mir Lysander ein, der nach so vielen Siegen und Trophäen beauftragt wurde, denselben Soldaten Fleisch zu verteilen, die er so ruhmreich befehligt hatte.« (GS, V, 475)

An diesen Vergleich knüpft Guicciardini eine allgemeine Überlegung über den Nutzen der Geschichte für das Verständnis des Lebens und vor allem der Politik: »Ich sage, siehe, es sind die Gesichter der Menschen und die äußeren Farben verändert, die Dinge selbst kehren alle wieder. Wir sehen kein Ereignis, das in früherer Zeit nicht schon gesehen worden ist.« (GS, V, 475) Mit diesen Wort paraphrasiert Guicciardini einen Gedanken, den Machiavelli in seinen *Discorsi* folgendermaßen formuliert hatte: »Kluge Männer pflegen nicht grundlos und zu Unrecht zu sagen, wer die Zukunft voraussehen wolle, müsse die Vergangenheit betrachten, denn alle Begebenheiten dieser Welt haben immer ihr Gegenstück in der Vergangenheit. Dies kommt daher, daß sie von Menschen vollbracht werden, die stets die gleichen Leidenschaften haben oder gehabt haben. Dieselben Ursachen müssen aber notwendig dieselben Wirkungen haben.« (D, III.43, 396)

Aufgrund seiner großen politischen Erfahrung fügte Guicciardini jedoch noch den wichtigen Hinweis hinzu, daß wegen des Wandels der Namen und der Erscheinung die Ähnlichkeit mit Geschehnissen der Vergangenheit nur von »Klugen« zu erkennen ist. Deshalb solle man vorsichtig sein damit, Probleme der Gegenwart durch die Analogie zu Beispielen aus der Vergangenheit lösen zu wollen, wie es Machiavelli mit dem immer wiederkehrenden Verweis auf das römische Vorbild des öfteren tat.

Aus den nachfolgenden Passagen des Briefes wird deutlich, daß Guicciardini die Unterschiede zwischen seinem politischen Denken und dem Machiavellis hervorheben wollte. Während Guicciardinis Augenmerk den konkreten Einzelheiten gilt, neigt Machiavelli zu verallgemeinernden Vergleichen. Er rät dem Freund, sich mit der Vorstellung zu trösten, daß auch bei dieser Mission etwas Nützliches für seine Geschichtsschreibung herauskommen werde: »Hierzu, glaube ich, wird Euch diese Gesandtschaft nicht unnütz sein; während dieser Muße von drei Tagen werdet Ihr die ganze Holzpantinenrepublik erschöpft haben und Euch dann bei Gelegenheit dieses Modells bedienen, es einer Eurer Formen gegenüberstellend oder damit vergleichend.« (GS, V, 476) Die abstrakten Prinzipien von Republik und Monarchie, die Machiavelli in seinem *Principe* und den *Discorsi* so intensiv diskutiert hatte, interessierten Guicciardini wenig.

Um seine herben Worte etwas zu versüßen, verspricht Guicciardini dem Freund, mit dem nächsten Boten und seinen »sehr wichtigen« Briefschaften werde auch eine schöne Torte ankommen, damit er die Posse mit den Carpigianern um so besser genießen könne. Gewitzt wie er ist, fürchtet Guicciardini jedoch, daß der »böse« und an Schabernack gewöhnte Kanzler Santi mißtrauisch werden, die von den beiden Florentinern inszenierte Posse durchschauen und sich rächen werde. Deshalb sei es an Machiavelli, ihn im unklaren zu halten; solange dies aber gelinge, solle er es sich bei üppigen Gastmählern gutgehen lassen.

Zum Glück für Machiavelli fliegt der Schwindel nicht auf, und die Ankunft eines weiteren Boten mit einem großen Pakken Briefe beeindruckt Messer Sigismondo und alle Nachbarn, wie Machiavelli am 18. Mai schreibt. Auch er selbst fürchtet jedoch, daß Messer Sigismondo Verdacht schöpfen könnte, denn er bemerkt, daß sich der Carpigianer zurückzieht und sich wohl frage, welchen Sinn es habe, in »diesen Wüsten Arabiens, wo es nur Mönche gibt«, solche langen Berichte zu schreiben. Die Zweifel des Kanzlers werden auch dadurch genährt, daß Machiavelli, wenn er in seinem Haus ist, schläft, liest oder sich in Schweigen hüllt. Zu Machiavellis Behagen sind aber die Mahlzeiten weiterhin üppig, und er schlingt »für sechs Hunde und drei Wölfe«. Obwohl Machiavelli es also genießt, die Streiche des Lebens auf seine Weise zu erwidern und denkwürdige Köstlichkeiten vorgesetzt zu bekommen, hat er doch einige Gewissensbisse wegen des übel hereingelegten Kanzlers und gesteht seinem Komplizen Guicciardini, er fühle sich in der Schuld seines Gastgebers und wolle ihn, sollte dieser je nach Florenz kommen, entsprechend bewirten. Gott sei Dank mußte er das nicht erleben, denn Santi hätte ihm vielleicht aus Rache die Haare vom Kopf gefressen.

Wenn er sich nicht gerade mit Depeschen nach Modena beschäftigt oder das gute Essen genießt, muß Machiavelli freilich auch versuchen, sich seiner Aufträge zu entledigen, die Streitigkeiten mit den Mönchen beizulegen und einen Prediger für Florenz zu finden, aber er kommt weder mit dem einen noch mit dem anderen voran. Der »Verräter von Rovaio«, wie ihn Machiavelli nennt, ziert sich und gibt vor, nicht zu wissen, wie er in Florenz predigen solle, und er habe Angst, ins Gefängnis geworfen und nicht ernst genommen zu werden. Das letzte Mal, als er in Florenz gewesen sei, erklärt er Machiavelli, habe er die Verabschiedung eines Gesetzes durchgesetzt, das die Huren zum Tragen eines gelben Schleiers in der Öffentlichkeit verpflichtete. Inzwischen aber habe er von seiner Schwester erfahren, daß die Huren sich nicht um sein Gesetz scherten, sondern trügen, »was ihnen beliebt«, ja daß sie noch mehr als früher mit den Hüften wackelten.

Was wird wohl Machiavelli, der doch den Freudenmädchen und Kurtisanen so sehr zugetan war, für ein Gesicht gemacht haben, als er sich dieses Geschwätz anhören mußte! Und wie schwer mag es ihm gefallen sein, ein Lachen oder, schlimmer noch, eines seiner derben Wortspiele zu unterdrücken, für die er in ganz Florenz berühmt war! Immerhin gelingt es ihm mit einem Meisterstück an Scheinheiligkeit, den empörten Mönch ein wenig milder zu stimmen: »Ich suchte ihn zu trösten, indem ich ihm bemerkte, er dürfe sich darüber nicht wundern, es sei Sitte der großen Städte, nicht lange bei einem Vorsatz zu beharren und heute eine Institution zu machen, die man morgen abgeschafft sehe. Dafür führte ich ihm Rom und Athen an, so daß er sich völlig getröstet fühlt und mir fast zugesagt hat.« (GS, V, 478) Nur Machiavelli war zu derartigem fähig.

Seine Befürchtungen und die seines Komplizen Guicciardini sind aber durchaus berechtigt, denn als der Armbrustschütze mit der berühmten Torte kommt, gibt der heimtükkische Santi zu verstehen, daß er den Schwindel durchschaut habe. Eilends und mit besorgten Worten informiert Machiavelli den Freund in Modena über das Vorgefallene: »Mist! Mit dem muß man sachte umgehen, der ist abgefeimt wie dreißigtausend Teufel. Ich glaube, er hat gemerkt, daß Ihr Possen treiben wollt; als der Bote kam, sagte er, schau, das muß etwas Großes sein, die Depeschen häufen sich. Dann, als er Euren Brief gelesen, rief er aus, ich glaube, der Statthalter hat mich und Euch zum besten. Ich machte den albanesischen Herrn und sagte, ich hätte ein gewisses Geschäft in Florenz unvollendet gelassen, das Euch und mich angehe; daher hätte ich Euch gebeten, mich zu benachrichtigen, wenn Ihr von dort etwas erführet; dies sei die Hauptursache des Briefwechsels. Der Steiß geht mir mit Grundeis; ich fürchte jeden Augenblick, er wird mir die Tür weisen und mich ins Wirtshaus zurückschicken.« Es scheint also angeraten, nach Florenz zurückzukehren, bevor es zu spät ist, auch wenn Machiavelli keinen seiner beiden Aufträge hat erledigen können, obwohl er mit jedem einzelnen Mönch gesprochen und seine ganze Überzeugungskunst eingesetzt hat.

Darum ist es nicht weiter schade, und Machiavelli tröstet sich damit, daß er drei Tage lang »kräftige Mahlzeiten, großartige Betten und derartige Dinge« genossen habe. Nicht nur sein Körper, sondern auch sein Geist hat neue Nahrung erhalten, wie er mit unvergleichlicher Ironie in seinem letzten Brief aus Carpi an Guicciardini schreibt: »In betreff der Geschichte und der Holzpantinenrepublik glaube ich durch meine Sendung nichts verloren zu haben. Ich habe bei ihnen viele Institutionen und Einrichtungen beobachtet, die ihr Gutes haben, so daß ich mich derselben bei Gelegenheit zu bedienen denke, besonders in den Vergleichungen. Wo vom Stillschweigen zu reden wäre, kann ich sagen, es herrschte tiefere Stille als bei den Mönchen, wenn sie essen.« (GS, V, 480)

Am nächsten oder spätestens übernächsten Tag, dem 20. Mai 1521, nutzte Machiavelli die Bitte des Paters Ilarione, eilig einige Briefe an die Otto di Pratica persönlich zu überbringen, um sich in den Sattel zu schwingen und von der Holzpantinenrepublik Abschied zu nehmen. Pater Ilarione hatte ihm aufgetragen, möglichst bis zum 22. Mai in Florenz zu sein, Machiavelli aber kümmerte sich nicht darum, sondern schützte eine »Unpäßlichkeit« vor, die es ihm verbiete, schnell zu reiten. Deshalb machte er bei seinem Freund Guicciardini in Modena Station, um über die großen Fragen der Politik zu diskutieren und aus vollem Herzen über die Posse mit Messer Santi und der Holzpantinenrepublik zu lachen. Mit seinem Lächeln und seinem Geschick, sich auch den absurdesten Situationen anzupassen, war es ihm endlich einmal gelungen, Fortuna einen Streich zu spielen.

XX Letzte Lieben

Machiavellis Leben neigte sich dem Ende zu, das sich nicht allein durch sein Alter, sondern vor allem dadurch ankündigte, daß seine Leidenschaften schwächer wurden. Die Zeit, die häufig die Kräfte der Menschen, nicht aber ihr Verlangen mindert, zwang ihn, seiner leidenschaftlichen Liebe zu den Frauen allmählich zu entsagen. Die Bosheit und Erbärmlichkeit seiner Zeitgenossen, die ihn weder anzuhören noch seine Ratschläge in Fragen der Politik umzusetzen bereit waren, hinderten ihn daran, seine andere große Leidenschaft, die Politik, zu pflegen. Wie viele andere Leben endeten auch Machiavellis Tage in Bitternis und Trauer, weshalb er vielleicht einen seiner Briefe an Guicciardini im Oktober 1525 mit »Historiker, Komiker und Tragiker« unterzeichnete. (GS, V, 497) Geschichtswerke hatte er geschrieben, Komödien auch, aber keine einzige Tragödie; die Tragödie war sein eigenes Leben, und dessen wurde er sich im letzten Akt bewußt.

Wenige Monate nach seiner Rückkehr von der glorreichen Gesandtschaft nach Carpi im August 1521 erlebte Machiavelli die große Befriedigung, eines seiner wichtigen Werke mit dem Titel *Dell'arte della guerra (Über die Kriegskunst)* von dem Florentiner Verleger Filippo di Giunta gedruckt zu sehen. Wie er selbst im Vorwort schreibt, hatte er diese Schrift verfaßt, um in dem Müßiggang, zu dem ihn seine Lebensumstände gezwungen hatten, nicht gänzlich zu verzagen. Niemanden verachtete Machiavelli nämlich mehr als die Müßiggänger, die ihr Leben vergeuden, ohne etwas Nützliches oder Wichtiges zustande zu bringen, wie er in einer berühmten Passage der *Discorsi* erklärte: »Schändlich und verabscheuungswürdig sind die Zerstörer jeder Tüchtigkeit, der Wissenschaften und jeder Kunst, die dem Menschengeschlecht Nutzen und Ehre bringt; ich meine die Gottlosen und Gewalttätigen, die Unwissenden und Minderwertigen, die Müßiggänger und Feiglinge.« (D, I.10, 39) Die Abhandlung über die Kriegskunst hatte Machiavelli jedoch nicht nur für sich, sondern auch für die Freunde der Orti Oricellari geschrieben, mit denen er die Bewunderung für die Antike und die legendäre Militärorganisation der alten Römer teilte.

Er widmete sein Werk Filippo Strozzi, der ihm in den dunkelsten Jahren mit einigen Geschenken geholfen und ihn bei Kardinal Giulio de' Medici eingeführt hatte. Dem Leser stellt sich Machiavelli als »Niccolò Machiavegli, Bürger und Sekretär von Florenz« vor, vielleicht weil er sich, wenn er über militärische Fragen schrieb, noch als Sekretär fühlte, oder weil die jungen Freunde aus den Orti Oricellari ihn immer noch als solchen betrachteten.

Die Gedanken, die Machiavelli über die Kriegskunst entwickelt, entsprechen auch im wesentlichen denen, die er als Sekretär der Republik vertreten und zumindest teilweise in die Tat umzusetzen versucht hatte. Wie damals baut er auf der Grundthese auf, daß die Kriegskunst die Vervollkommnung und das notwendige Fundament des politischen und gesellschaftlichen Lebens sei. Ohne angemessene Verteidigung bleiben die politischen Einrichtungen »leer« und zum Untergang verurteilt wie die Räume eines »großartigen und königlichen Palastes, der noch mit goldenen Verzierungen ausgestattet ist«, aber kein Dach mehr hat, das ihn gegen Regen schützt. (Opere, 530)

Seit jenem August des Jahres 1512, als die von Machiavelli gewollte und aufgebaute Miliz sich von den spanischen Soldaten kampflos hatte auseinanderjagen lassen, waren neun Jahre vergangen. Wer weiß, wie oft er sich von Freund und Feind, offen oder hinter vorgehaltener Hand, diese beschämende Niederlage hat vorwerfen lassen müssen! Nun konnte er endlich darauf erwidern, daß eine Niederlage noch keineswegs die Idee der Miliz als solche widerlege, denn auch die Heere der Römer und Hannibals seien ja besiegt worden, und doch habe nie jemand den hohen Rang des römischen und karthagischen Militärwesens in Frage gestellt. Die florentinische Miliz sei bei Prato unterlegen, weil sie nicht gut genug befehligt und nicht gut genug ausgebildet war, aber das widerlege keineswegs die These, daß es besser sei, zur Verteidigung der Republik eine Miliz aus Bürgern der Stadt und des Contado zu bilden, als sich auf Söldner und Kondottieri zu verlassen. Es gelte daher, die »Ordinanza« zu ändern statt die Idee der Miliz in Bausch und Bogen zu verwerfen. Wie dies zu geschehen habe, erklärt Machiavelli in seiner *Arte della guerra* bis ins kleinste Detail.

Abgesehen von Fragen des Militärwesens enthält die *Arte della guerra* auch wichtige politische Lehren. Machiavelli erläutert, daß keine wohlgeordnete Republik je ihren Untertanen oder Bürgern gestattet habe, den Krieg als Handwerk zu betrachten und zu Berufssoldaten zu werden. Der Sinn des Kriegswesens sei nicht der Krieg, sondern die Verteidigung, und um Untertanen und Bürger zu verteidigen, müsse die Regierung »den Frieden lieben und Krieg zu führen verstehen«. Machiavelli lobt militärische Fähigkeiten, in allererster Linie Mut, Stärke und Disziplin, aber er preist den Krieg nie als Machtdemonstration oder als grandioses und erschütterndes Ereignis. Aus eigener Anschauung weiß er nur allzu gut, daß der Krieg, insbesondere für die Unbeteiligten und Unbewaffneten, schmutzig und grausam ist; er weiß, daß der schlimmste Krieg jener der gesetz-, disziplin- und ehrlosen Söldnerbanden ist, die vom Kriegführen leben; und er weiß vor allem, daß sich Kriege nicht durch Beten, Bitten oder Geld, sondern nur mit einer gut organisierten Miliz beenden lassen.

Wie schon in den *Discorsi sopra la prima deca di Tito Livio* läßt sich Machiavelli auch hier gelegentlich davon blenden, daß die römische Antike so viel strahlender als der erbärmliche Zustand Italiens seiner Zeit erschien. Dabei übersieht er beispielsweise, daß sich mit der Einführung der beweglichen Artillerie die Art der Kriegführung vollkommen veränderte. Als er sein Werk schrieb, steckte diese Entwicklung allerdings noch in ihren Anfängen, und er behauptet auch nicht, daß die Artillerie keine Bedeutung habe, sondern nur, daß die Infanterie den »Nerv« der Kriegführung bilden müsse. Machiavelli glaubt übrigens wirklich an die Möglichkeit einer Rückkehr zur Größe der Antike, und darin liegt die ganze Kraft, aber auch die ganze Schwäche seiner Argumentation, die jedoch nicht die Grundgedanken, sondern höchstens Einzelheiten betrifft. In der *Arte della guerra* erläutert Machiavelli mit größerer Klarheit als in jedem anderen seiner Werke, was er von der Politik der Römer wiederbeleben will. Es geht ihm darum, »die Tugend zu ehren und zu belohnen, die Armut nicht zu verachten, Art und Weise militärischer Disziplin zu schätzen, die Bürger dazu zu bringen, sich gegenseitig zu lieben, ohne Parteiungen zu leben, das Private weniger hoch zu schätzen als das Öffentliche und andere ähnliche Dinge, die man mit diesen Zeiten leicht in Verbindung bringen kann.« Machiavelli glaubt, seine Zeitgenossen ohne Schwierigkeiten von der Überlegenheit eines solchen Modells gegenüber ihrer eigenen Lebensweise überzeugen und jedem klarmachen zu können, daß eine nach den Prinzipien der Antike geordnete Republik wie eine große Pflanze wäre, in deren Schatten jeder »glücklicher und fröhlicher [leben könnte] als unter dieser«. (Opere, 536)

Mit seiner *Arte della guerra* wollte Machiavelli den Jüngeren und den künftigen Generationen die Kenntnisse hinterlassen, die er selbst durch Lektüre und praktische Erfahrung gesammelt hatte. Weil er sich alt fühlte, empfand er es als die letzte Gelegenheit, um seine aus langjähriger Erfahrung geschöpften Erkenntnisse, die er in neue Lebensformen für Staaten und Völker zu gießen hoffte, praktisch umzusetzen. Diese Schätze seines Wissens wollte er nicht dem Vergessen anheimgeben, und deshalb, nicht aus bloßem literarischen Ehrgeiz, brachte er seine Gedanken zu Papier. Sein Vermächtnis ist von Groll gegen die Natur geprägt, die, wie er meinte, »mich entweder nicht zum Kenner in diesen Fragen hätte machen sollen oder mir die Möglichkeit hätte geben müssen, sie in die Tat umzusetzen«, und es ist getragen von dem Gedanken, daß in Italien die wahre Kriegskunst wiedererstehen könne, denn »diese Provinz scheint dazu geboren zu sein, tote Dinge wieder zum Leben zu erwecken, wie dies in der Dichtung, in der Malerei und der Bildhauerei geschehen ist«. (Opere, 689)

Machiavellis *Arte della guerra* fand auch bei damals wichtigen Leuten sehr gute Aufnahme. Kardinal Giovanni Salviati schrieb ihm in einem Brief vom 6. September 1521, das Buch habe ihm sehr gefallen, weil Machiavelli seiner Meinung nach »zu der äußerst vollkommenen Art der antiken

Kriegführung all das hinzugefügt [...] was zur modernen Kriegführung gut ist, und die Schaffung eines unbesiegbaren Heeres« gezeigt habe. Wenn es keine anderen Früchte tragen sollte, fügt der Kardinal hinzu, werde es wenigstens zeigen, daß es in Italien zu seiner Zeit jemand gegeben habe, der »die richtige Art des Militärischen« kannte. (L, 529f.)

Wenige Jahre später sollte der Kardinal die bittere Erfahrung machen, was es für die Kirche und für Italien bedeutete, daß derjenige, der sich auf die Kriegskunst verstand, nicht handeln durfte, während diejenigen, die von ihr keine Ahnung hatten, handelten. Über die Worte des Kardinals hat sich Machiavelli ohne Zweifel gefreut, und noch mehr hätte er sich darüber gefreut, daß sein Werk allein im 16. Jahrhundert sieben Auflagen erlebte und in viele europäische Sprachen übersetzt wurde. Lob und Ruhm aber konnten ihm nicht die Bitterkeit darüber nehmen, daß er seine Tage fern der Politik in Sant'Andrea in Percussina unter Schnepfen und Hühnern zubringen mußte.

Während sein Ansehen als Militärexperte wuchs, arbeitete er an den *Istorie Fiorentine (Geschichte von Florenz)*, die Leo X. und Kardinal Giulio bei ihm in Auftrag gegeben hatten. Es machte ihm sicher nicht allzuviel aus, daß Leo X. nicht lange genug lebte, um das Geschichtswerk noch zu lesen, denn er starb am 1. Dezember 1521. Wie schon Papst Leo war Kardinal Giulio, der nun die Geschicke von Florenz allein lenkte, beunruhigt, weil die Medici keine direkten Erben hatten, und dachte deshalb an Reformen, um der Stadt wieder irgendeine Form von republikanischer Verfassung zu geben. Auch Giulio wandte sich an florentinische Experten in Verfassungsfragen, darunter ebenfalls an Machiavelli, und erhielt von diesem eine *Minuta di provvisione per la riforma dello stato di Firenze l'anno 1522 (Konzept für eine*

Reform des Staates Florenz im Jahre 1522), als sei die Reform bereits beschlossene Sache.

Wie schon in dem für Papst Leo ausgearbeiteten Entwurf legt Machiavelli auch diesmal dar, daß die Lösung der politischen Probleme von Florenz eine friedliche Wiederherstellung der republikanischen Verfassung wäre, die zugleich Kardinal Giulio zu seinen Lebzeiten die Macht und danach seinen jungen Neffen Ippolito und Alessandro, den illegitimen Söhnen Giulianos beziehungsweise Lorenzos, Eigentum und Ansehen sichern würde. Machiavelli schwebte demnach ein von den Medici kontrollierter Übergang zu einer Republik vor, und das bedeutete die Wiederbelebung des Consiglio Grande und die Wiedereröffnung des Saales, in dem dieser Rat getagt hatte. Angesichts dieser unmißverständlich vorgetragenen Gedanken überrascht es, daß einige Forscher behaupteten, Machiavelli habe in seinen letzten Lebensjahren seine republikanischen Ideale aufgegeben und sei zum Befürworter einer monarchischen Staatsform geworden.

Aus dem von Machiavelli erträumten Übergang zu einer republikanischen Verfassung wurde unter Kardinal Giulio ebensowenig etwas wie unter dem verstorbenen Papst. Nicht zuletzt deshalb, weil Anfang Juni eine Gruppe von jungen Leuten festgenommen wurde, die den Kardinal an Fronleichnam, das heißt am 19. Juni, hatte ermorden wollen. Als Anführer galten zwei Freunde Machiavellis: Zanobi Buondelmonti und der Dichter Luigi Alamanni di Piero. Zu den Verschwörern gehörten auch andere Besucher der Orti Oricellari, wo Machiavelli so oft zu seinen jungen Freunden über republikanische Verfassungen und Tyrannenmord gesprochen hatte. Auch in den *Discorsi*, die besonders eng mit dem Kreis der Orti Oricellari verknüpft sind, hatte Machiavelli erklärt, wie schwierig und gefährlich Verschwörungen gegen einen Fürsten seien, und deshalb konnte leicht der Verdacht aufkommen, er sei in die Verschwörung verwickelt oder gar einer ihrer Anstifter. Es bestand die ernsthafte Gefahr, daß er ein zweites Mal die Schrecken des Kerkers und der Folter würde erleben müssen, und diesmal wäre er nicht lebend davongekommen.

Zu seinem Glück ließ man Machiavelli anscheinend in Frieden. Luigi Alamanni di Tommaso und Iacopo Diacceto, denen unter Folter ein Geständnis abgepreßt worden war, wurden enthauptet, während sich Zanobi Buondelmonti und Luigi Alamanni di Piero durch die Flucht hatten retten können. So endete der Freundeskreis der Orti Oricellari, dem Machiavelli in gegenseitiger Wertschätzung, Dankbarkeit und Liebe so sehr verbunden gewesen war. Während der dunkelsten Stunden seines Lebens hatten ihn dort die Aufmerksamkeit der jungen Leute und ihr Interesse an Politik und dem römischen Altertum zu vielen seiner schönsten Zeilen angeregt. Er hatte sie als die Männer betrachtet, die aufgrund ihrer »virtus« und ihrer gesellschaftlichen Stellung jene großen Dinge hätten vollbringen können, die er sich nur in seiner Phantasie ausmalen konnte. Als die Gärten nach der Hinrichtung der einen und der Flucht der anderen verwaisten, fühlte sich auch Machiavelli einsamer und trostloser.

Noch schmerzlicher wurden ihm diese Tage, als ihn Anfang Juni 1522 ein Brief des Gonfaloniere di Giustizia erreichte mit der Nachricht, daß sein Bruder Totto, der im Januar 1510 Priester geworden war, im Sterben liege. Totto war ein guter und liebevoller Mensch, der seinem Bruder in schwierigen Zeiten hilfreich zur Seite gestanden hatte, und Machiavelli liebte ihn, wie er alle guten Menschen liebte und ihnen seine Dankbarkeit bewahrte. Trotz seiner geringen Mittel gab er dem Kaplan Ser Vincenzo Geld, um in den Kirchen der Pfarrei weiter Messen für Totto lesen zu lassen und den Leuten aus dem Volk keinen Anlaß zu Gerede zu geben.

Wenige Monate später entwarf Machiavelli eine kurze Denkschrift für Raffaello Girolami, der als Botschafter an den Hof Karls V. nach Spanien gehen sollte. Man kann sich leicht vorstellen, mit welchen Gefühlen Machiavelli Ratschläge für einen jungen Mann formulierte, dessen Aufgabe er am allerliebsten selbst übernommen hätte. Dennoch faßte er auf den wenigen Seiten der Denkschrift die Quintessenz der diplomatischen Kenntnisse zusammen, die er sich erworben hatte, als er es gewesen war, der die Republik Florenz bei den Mächtigen Europas vertrat. Das *Memoriale a Raffaello Girolami quando ai 23 d'ottobre partì per la Spagna all'Imperatore (Instruktion für Raffaello Girolami, den Gesandten bei Karl V.)* spielt für unseren Zusammenhang eine besondere Rolle, weil es zeigt, was Machiavelli unter Diplomatie verstand und wie er seine inzwischen mehr als ein Jahrzehnt zurückliegenden Erfahrungen beurteilte. In diesem Sinne kann man das *Memoriale* als teilweise autobiographisch verstehen, und deshalb verdient es, aufmerksam gelesen zu werden.

Machiavelli beginnt das *Memoriale* mit einem ebenso ehrlichen wie melancholischen Lob des neu ernannten Botschafters und erklärt ihm dann detailliert seine Aufgabe:

> Die Gesandtschaften sind in einer Stadt eines von den Dingen, die einem Bürger Ehre bringen, und man kann einen Mann, der nicht imstande ist, dies Amt zu versehen, nicht zur Regierung tauglich nennen […] Vor allem muß sich ein Gesandter bestreben, Ansehen zu erwerben. Man

erwirbt es sich dadurch, daß man sich als Ehrenmann zeigt, daß man für freigebig und bieder, nicht für habsüchtig und falsch gehalten wird und daß die Leute nicht glauben, man spreche gegen seine Überzeugung. Dieser Punkt ist sehr wichtig. Ich habe manche gekannt, die durch ihre Hinterlist und Doppelzüngigkeit beim Fürsten so sehr allen Glauben verloren, daß sie später nie mehr mit ihm unterhandeln konnten. Wenn es auch manchmal nötig ist, eine Sache durch Worte zu verbergen, so muß man es doch so tun, daß es entweder nicht entdeckt wird oder, wenn es entdeckt wird, daß die Verteidigung sogleich bereit ist [...] Große Ehre machen einem Gesandten auch die Nachrichten, die er seiner Regierung schreibt. Sie sind von dreierlei Gattung: über Dinge, die unterhandelt werden, über Dinge, die abgeschlossen und geschehen sind, oder über Dinge, die geschehen sollen, wobei richtige Vermutungen über ihren wahrscheinlichen Ausgang anzustellen sind. Von diesen drei Dingen sind zwei schwer und eines sehr leicht. Die Dinge zu erfahren, nachdem sie geschehen sind, ist größtenteils ganz leicht, es müßte denn der Fall sein, daß zwischen zwei Fürsten ein Bündnis zum Schaden eines Dritten eingegangen wird [...] Aber die Unterhandlungen, die im Werke sind, wohl zu wissen und ihren Ausgang zu vermuten, dies ist schwer; denn man muß sich allein durch Vermutungen und durch Urteil helfen. Da es nun an den Höfen immer verschiedene Gattungen von Angestellten gibt, die mit gespitzten Ohren auf die Dinge horchen, die im Werke sind, so ist es sehr zweckmäßig, sich zum Freund aller zu machen, um von jedem von ihnen etwas zu hören [...] Wer aber will, daß ihm andere sagen, was sie wissen, muß ihnen sagen, was er weiß; denn das beste Mittel, Nachrichten zu erhalten, ist, Nachrichten zu geben. (GS, II, 247ff.)

Ein guter Botschafter ist für Machiavelli also derjenige, der von sich aus die Lage durchschaut und dann seine eigenen Eindrücke und Erfahrungen im Austausch mit anderen bereichern und erweitern kann. Dieses Wissen muß ein Botschafter seinen Vorgesetzten richtig nahebringen, und zwar so, daß es nicht wie eine persönliche Einschätzung, sondern als objektive Analyse der politischen und militärischen Situation erscheint. Man erkennt den erfahrenen Diplomaten in Machiavelli, wenn er folgende Formulierung vorschlägt: »In Betracht also alles dessen, was Euch gemeldet ist, urteilen die klugen Männer hier, daß die Sache den und den Ausgang haben werde.« (GS, II, 250)

Nachdem er diese auch für uns äußerst wertvolle Denkschrift an Raffaello Girolami überreicht hatte, stürzte sich Machiavelli ganz in die Abfassung seiner *Istorie*, wie er in einem Brief vom 26. September 1523 an seinen Schwager Francesco del Nero schrieb, der für ihn das versprochene Geld locker machen sollte. Als Gegenleistung »für die Umstände, die ich Euch mache«, versprach Machiavelli dem Schwager »Hühner«, das einzige, was er in Sant'Andrea in Percussina zu bieten hatte. (L, 537) Ein Jahr später, Ende August 1524, klagte er in einem Brief an seinen Freund Guicciardini darüber, daß in diesem Jahr keine Schnepfen zu jagen seien, bevor er auf sein eigentliches Anliegen zu sprechen kam: »Ich bin seit geraumer Zeit auf dem Lande damit beschäftigt, die Geschichte zu schreiben, und ich gäbe zehn Soldi darum, ich will nicht sagen mehr, wenn Ihr in der Nähe wäret, damit ich Euch zeigen könnte, wo ich bin. Ich muß jetzt zu gewissen Einzelheiten kommen und bedürfte

Eurer Meinung, ob ich durch Vergrößern oder Verkleinern verletzte. Doch werde ich mir zu raten suchen und mich bestreben, es so zu machen, daß, indem ich die Wahrheit sage, niemand sich beklagen könne.« (GS, V, 480f.) Für dieses Problem fand Machiavelli eine geniale Lösung. Da die Medici seine Auftraggeber für die *Istorie* waren, konnte er nicht offen aussprechen, auf welche Weise und mit welchen Mitteln Cosimo de' Medici in Florenz so viel Macht hatte erringen können. Was er geschrieben hätte, wenn er sich hätte frei äußern können, legt er den Gegnern der Medici in den Mund.

Diese wichtige Information über die Art, wie Machiavelli seine *Istorie* verfaßt hat, stammt von Donato Giannotti, einem jungen Mann, der ebenso wie Machiavelli nicht zur Oberschicht gehörte und später einige wichtige politische Werke schreiben sollte, darunter vor allem den Dialog *Della Repubblica Fiorentina e Della Repubblica de' Viniziani (Über die Republik Florenz und die Republik Venedig)*. Giannotti wurde später auch Sekretär des letzten republikanischen Regimes in Florenz, das im Jahre 1530 wiederum durch ausländische Heere zerschlagen wurde. In den Jahren, in denen er die oben zitierte Aussage über Machiavelli machte, war er so eng mit dem ehemaligen Sekretär befreundet, daß dieser ihm ein derart heikles Geheimnis über seine Arbeitsweise anvertraute.

Die Ruhe der Arbeit an dem Geschichtswerk wurde jedoch von unvorhergesehenen Ereignissen gestört. Alles fing damit an, daß Machiavelli im Hause des reichen Jacopo Falconetti verkehrte, der als Besitzer einer Ziegelbrennerei den Beinamen »Fornaciaio« (Brenner) trug und aus politischen Gründen in sein Landhaus außerhalb der Porta San Frediano verbannt war. In dieser »villa« fanden Bankette und Feste statt, dort kamen Männer und Frauen aus allen Kreisen der Florentiner Gesellschaft zusammen. Unter den Frauen war auch die schöne junge Barbera (oder Barbara) Salutati Raffacani, eine Sängerin und Dichterin.

Machiavelli lernte sie im Februar 1524 kennen und erlag ihrem Zauber so rückhaltlos und ohne sein Verlangen auf irgendeine Weise zu verheimlichen, daß er die Spötteleien seiner Freunde auf sich zog. So ließ ihm beispielsweise Francesco Vettori in einem Brief an Francesco del Nero ausrichten, er glaube, es sei »viel besser, manchmal mit der Barbera auf Kosten des Fornaciaio zu speisen als hier zur Essenszeit vor einer Tür [des Papstes] zu warten, die sich dann nach endlosem Warten doch nicht auftut«. (Ridolfi, 324) Weniger freundlich waren die Worte, mit denen Filippo de' Nerli ebendiesem Francesco del Nero am 1. März 1525 von Machiavellis Liebesabenteuern berichtete: »Ihr seid dem Machia nahe und ihm ein Freund, und auch ich bin ihm sehr freundschaftlich verbunden. Deshalb nehme ich diese Gelegenheit wahr, um Euch zu sagen, wie es mich schmerzt, was mir hier [im 140 Kilometer entfernten Modena] zu Ohren kommt [...] Daß ein Familienvater sich so aufführt, ich will nicht sagen mit wem, und dabei hat er eine sehr schöne Komödie geschrieben!« (L, 541) Ein Jahr nachdem er Barbera kennengelernt hatte, stand Machiavelli also noch ganz im Banne der neuen Leidenschaft.

Daß die Schauspielerin ihre Gunst nicht nur ihm allein gewährte, schien Machiavelli weder zu stören noch zu beunruhigen. Davon sprach Guicciardini in einem Brief vom August 1525: »Du bist mit Deiner Barbera zusammen, die wie ihresgleichen gerne allen gefallen möchte, aber es ist mehr Schein als Wahrheit.« (L, 551) Auch Machiavelli war sich dessen bewußt, wie er anläßlich einer geplanten Aufführrung der *Mandragola* in Modena, aus der dann nichts wurde, an Guicciardini schrieb: »Die Barbera und die Sänger glaube ich wohlfeil zu bekommen, wenn es keinen anderen Haken hat; sie hat nämlich gewisse Liebhaber, die sie [die Aufführung] verhindern könnten, doch werden sich diese beruhigen lassen, wenn man sich rührt.« (GS, V, 502)

Im übrigen war auch in Machiavellis Herz noch Platz für andere Frauen, wenn ihm das Glück beistand, und der scharfsinnige Guicciardini hatte dies wohl erkannt, als er ihm schrieb: Du »bist ein Liebhaber aller Frauen«. (L, 553) Während er für Barbera entflammt war, wußte er auch die Reize einer gewissen Maliscotta zu schätzen, die er in Faenza kennengelernt hatte, als er im Auftrag seiner Heimatstadt zwischen Juni und Juli 1525 bei Guicciardini war. Im Zuge der Vorbereitungen für seine Reise nach Modena wegen der geplanten Aufführung der *Mandragola* bat er Guicciardini, Barbera bei den Mönchen unterzubringen, um die verrückt zu machen, denn wenn es um Mönche ging, kannte Machiavelli keine Gnade. Gleichzeitig ließ er Maliscotta grüßen, und mit Barbera, liebestollen Mönchen, Maliscotta und der *Mandragola* wäre es sicher ein »lustiger Karneval« geworden, wie Machiavelli in dem Brief schrieb, den er mit »Historiker, Komiker und Tragiker« unterzeichnete. (GS, V, 497)

Das soll jedoch keineswegs heißen, daß Machiavellis leidenschaftliche Liebesbeziehungen oberflächlicher Natur waren. Für Barbera und für Maliscotta fand er Worte, die wirkliche Zuneigung und tiefe Bindung erkennen lassen und daran erinnern, was er Jahre früher über Riccia geschrieben hatte. So vertraute er Guicciardini an, bei Barbera »so viel Liebenswürdigkeit und Zuneigung« gefunden zu haben, »daß sie eine ganze Stadt einwickeln würde«. (L, 552) Soweit es in Machiavellis Kräften lag, versuchte er Barberas Liebenswürdigkeit und Zuneigung mit einigen Gefälligkeiten zu erwidern. Als Barbera sich im Frühjahr 1526 in Rom aufhielt, bat er Guicciardini, sich »ihr gefällig« zu zeigen, »denn sie liegt mir viel mehr am Herzen als der Kaiser«. (GS, V, 509) Und auch über Maliscotta hatte er Guicciardini am 3. August 1525 geschrieben, er schätze die Gunst Maliscottas »mehr als alles, was ich auf dieser Welt habe«. (L, 549)

Machiavelli war damals sechsundfünfzig Jahre alt und weder reich noch mächtig, aber er hatte immer noch das Herz eines Dichters, war von leidenschaftlichem Verlangen erfüllt und verstand es, die Zuneigung der Frauen zu gewinnen. Ihre Liebe war ein wertvolles Geschenk für ihn, das seinem Leben Schönheit und Wärme verlieh. Nach seiner Abreise aus Faenza vertraute Maliscotta Guicciardini an, sie habe Machiavellis »Anstand und seine Aufmerksamkeiten« sehr geschätzt. Barbera verhalf ihm sogar zu dem Recht, in öffentliche Ämter gewählt zu werden, das er vorher nie besessen hatte. Im Jahre 1544, vierzehn Jahre nach Machiavellis Tod, erbat Barbera von dem gemeinsamen Freund Lorenzo Ridolfi Beistand im Namen »der Liebe zu dem guten Angedenken an Niccolò Machiavelli«. Sie erinnerte sich demnach gern und ohne Reue oder Vorwurf an diese alte Geschichte mit »Machia«.

Dennoch waren seine sechsundfünfzig Jahre für Machiavelli ein Problem. Um böse Zungen wie Filippo de' Nerli kümmerte er sich nicht, denn zeit seines Lebens hatte er sich ohne Scheu zu seinen Lastern bekannt und Freunde, die sich um ihren Ruf Sorgen machten, dazu ermuntert, ihrer Natur zu folgen, und erklärt, daß es »besser ist, zu handeln und dann zu bereuen, als nicht zu handeln und dann zu bereuen«. (GS, V, 422) Deshalb gab er im Alter gewiß erst recht nichts auf die Meinung der Leute. Wirklich beunruhigt war

Machiavelli hingegen darüber, daß er sich in eine wesentlich jüngere Frau verliebt hatte, aber dies zu bereuen oder eine solche Liebe zu fliehen, das war »Machias« Sache nicht. Statt dessen reagierte er auf seine Weise; er lachte und machte eine Komödie daraus, mit der er sich selbst verhöhnte.

Um dem Fornaciaio einen Gefallen zu tun und Barbera seine Verehrung zu zeigen, schrieb Machiavelli eine neue Komödie, die am 13. Januar 1525 in der Villa des Fornaciaio uraufgeführt wurde. Als Vorlage diente die *Casina* des Plautus, und Machiavelli gab ihr den Titel *Clizia*. Die Hauptfigur ist ein »gewaltig verliebter Alter«, der sicher nicht zufällig Nicomaco heißt und eine junge Frau begehrt. Die ganze Komödie dreht sich um diesen Alten, der sich durch seine Verliebtheit der Lächerlichkeit preisgibt. Einen alten Mann verliebt zu sehen, diese Worte legt Machiavelli einer seiner Figuren in den Mund, sei »sehr häßlich«, und um das Maß voll zu machen, fügt er zwischen den zweiten und den dritten Akt ein grausames Lied ein, das wahrscheinlich Barbera sogar selbst sang:

Quanto in cor giovinile è bello amore,
tanto si disconviene
in chi degli anni suoi passato ha il fiore.
Amore ha sua virtute agli anni uguale,
e nelle fresche etati assai s'onora,
e nelle antiche poco o nulla vale:
sì che, o vecchi amorosi, el meglio fora
lasciar la impresa a' giovinetti ardenti,
ch'a più fort'opra intenti,
far ponno al suo signor più largo onore.
(So schön die Liebe ist in jugendlichen Herzen,
so wenig schickt sie sich für den,

dem die Blüte der Jahre entschwunden.
Im Verhältnis mit den Jahren steht die Kraft der Liebe,
in frischem Alter ist ihr Wert groß,
bei Alten taugt sie wenig oder nichts;
drum, o verliebte Greise, ist es besser,
ihr überlaßt die Abenteuer der glühenden Jugend,
die, mehr geschickt zu starker Arbeit, ihrem Gebieter
reichere Opfer zu bringen versteht.) (GS, V, 215)

Hinter diesem Lachen und dem Scherz verbirgt sich jedoch der bittere Schmerz, daß Machiavellis Kräfte seinem wahren und tiefen Empfinden für Barbera nicht mehr entsprachen. Er weiß, daß es müßig ist, dieses harte Urteil zu beklagen, das die Zeit über ihn gefällt hat, und so kann er sich nur über sich selbst ärgern, weil er dieser wunderschönen Frau keinen Widerstand hatte entgegensetzen wollen oder können. Inzwischen wissen wir, wie ungern Machiavelli über seine Gefühle und, noch weniger, über seine Leiden sprach, auch weil er wohl wußte, wie er den Cleandro in seiner *Clizia* sagen läßt, »daß viele unter dem Schein von Teilnahme uns zum Reden bringen und uns hinterher verhöhnen«. (GS, V, 198) Einmal aber öffnete er sein Herz für einige Verse, die wie ein trostloser Abschied von den Leidenschaften und Wunschträumen wirken, die ihn sein Leben lang begleitet haben. Das Gedicht ist an Barbera gerichtet, aber wahrscheinlich dachte Machiavelli dabei auch an frühere Geliebte:

S' alla mia immensa voglia
fussi il valor conforme
si desteria pietà là dove or dorme.
Ma perchè non uguali

son le forze al desìo,
ne nascon tutti e' mali
ch'io sento, o signor mio.
Né doler mi poss'io
Di voi, ma di me stesso,
poi ch'i' veggio e confesso
come tanta beltade
ama più verde etade. (SL, 437)

(Wenn meinem unermeßlichen Wollen
meine Kraft entspräche,
würde Zuneigung entstehen, wo sie jetzt schläft.
Weil aber nicht gleich
sind die Kräfte dem Verlangen,
entstehen daraus alle Leiden,
die ich in mir fühle, o mein Herr.
Aber ich darf mich nicht beklagen
über Euch, sondern nur über mich selbst,
da ich sehe und gestehe,
wie so große Schönheit
lieben muß frischere Jugend.)

Unterdessen hatte Machiavelli seine *Istorie* abgeschlossen, um sie Anfang März 1525 Giulio de' Medici zu widmen, der am 19. November 1523 als Klemens VII. zum neuen Papst gewählt worden war. Trotz seiner alten Leiden und neuen Leidenschaften hatte er hart gearbeitet, ja vielleicht linderte das Schreiben über Geschichte und Staat die einen und gönnte ihm Erholung von den anderen, und je schlimmer die Leiden und je stärker die Leidenschaften waren, desto bewunderungswürdiger und lebendiger wurde das, was er schrieb.

Um nach Rom zu reisen und seine *Istorie* dem Papst zu überreichen, wartete er jedoch auf Anraten Vettoris bis Ende Mai, denn nach dessen Meinung waren die Zeiten nicht günstig »zum Lesen und Schenken«, und dieses eine Mal hatte Vettori tatsächlich recht. Am 24. Februar hatten nämlich die Truppen Karls V. das Heer des französischen Königs Franz I., mit dem der Papst ein Bündnis eingegangen war, bei Pavia vernichtend geschlagen. Karl V. hatte durch seinen Sieg Italien in der Hand, und der Papst, der wie immer nur an seine eigenen Interessen dachte, versuchte, mit dem Habsburger ein Abkommen zu schließen, das die Integrität des Kirchenstaates garantierte. Der Kaiser aber zögerte mit der Unterzeichnung des Vertrags, vor allem wehrte er sich dagegen, daß Reggio aus der Herrschaft des Herzogs von Ferrara an den Papst übergehen sollte. Verständlicherweise dachte man daher in der Kurie an anderes als daran, die Geschichte von Florenz zu lesen.

Fast hätte Machiavellis Leben an diesem Punkt noch eine glorreiche Wende genommen, denn Papst Klemens, beunruhigt über das Zögern Karls V., wollte mit Kardinal Giovanni Salviati eine bedeutende Persönlichkeit als Botschafter nach Spanien schicken. Auf Anraten Iacopo Salviatis, des Vaters von Giovanni, spielte der Papst mit dem Gedanken, Machiavelli, der aufgrund seiner Fähigkeiten und seiner Erfahrung sicher der geeignete Mann war, als Begleiter des Kardinals nach Spanien zu senden, um den komplizierten Knoten zu entwirren. Mit Kardinal Salviati an den kaiserlichen Hof zu gehen wäre für Machiavelli einer Verjüngung um dreißig Jahre gleichgekommen, und er hätte beim Eintreffen des Auftrags in Sant'Andrea in Percussina gewiß alles stehen- und liegenlassen, um nach Rom zu eilen. Aber Fortuna zeigte ihm wiederum in letzter Minute die kalte Schulter, denn Iacopo Salviati schrieb am 24. Mai an seinen Sohn: »Von Niccolò Machiavelli wird nicht mehr die Rede sein.«

Machiavelli reiste deshalb nach Rom, nicht um nach Spanien zu gehen, sondern nur, um seine *Istorie* dem Papst zu übergeben. Der Besuch brachte ihm 120 Golddukaten ein, die der Papst aus seiner Privatschatulle entnahm und von denen ein Großteil als Mitgift an Machiavellis Tochter Bartolomea, die geliebte Baccina, ging. Sie heiratete später Giovanni de' Ricci, und ihr Sohn war jener Giuliano de' Ricci, der mit großer Sorgfalt viele der Briefe und Schriftstücke Machiavellis gesammelt hat, die ansonsten für immer verlorengegangen wären. Ohne dem Papst zu nahe treten zu wollen, sehe ich das Geschenk der 200 Dukaten als das einzig Positive an, das Giulio de' Medici als Papst geleistet hat.

Machiavelli zeigte sich für dieses Geschenk mit einem Rat erkenntlich, der nur von ihm stammen konnte, denn er forderte den Papst auf, zur Rettung der Kirche und Italiens mutig zu außerordentlichen Maßnahmen zu greifen und seine Untertanen in der Romagna gegen die Heere des Kaisers zu bewaffnen. Die Idee fand bei der Kurie Anklang, so daß Machiavelli zu Guicciardini nach Faenza geschickt wurde, um mit ihm, der Land und Leute kannte, die Realisierbarkeit des Projekts zu prüfen. Bei seinem Aufbruch aus Rom am 10. oder 11. Juni führte Machiavelli ein Breve des Papstes von der Hand des päpstlichen Sekretärs Jacopo Sadoleto mit sich, in dem es hieß, es seien »ungewohnte« Maßnahmen zu ergreifen, weil alle gewöhnlichen sich als ungenügend erwiesen hätten. Sadoleto forderte Guicciardini im Namen des Papstes auf, Machiavelli volles Vertrauen zu schenken, sich seine Vorschläge aufmerksam anzuhören und dann schnell und geheim darüber zu berichten, ob es machbar sei, die Untertanen der Romagna zu bewaffnen. Es handle sich um eine wichtige Frage, von der die Rettung des Kirchenstaats, Italiens und beinahe der ganzen Christenheit abhänge.

Machiavelli erreichte Faenza am 21. Juni, und schon am 22. gab Guicciardini in einem Brief an Cesare Colombo, seinen Agenten bei der Kurie, eine erste Stellungnahme ab. Am folgenden Tag vervollständigte er das Bild durch einen weiteren Brief an seinen Agenten, den dieser dem Papst zu lesen geben sollte, mit der Aufforderung, auf »dessen Mienenspiel und Worte« genau zu achten und ihn darüber zu unterrichten, ohne dabei zu vergessen, den Brief den Ratgebern des Papstes zu zeigen.

Guicciardini kam zu einem negativen Urteil. Eine Miliz der Untertanen in der Romagna zu organisieren und zu bewaffnen würde seiner Ansicht nach, wenn sie machbar wäre, »eines der nützlichsten und lobenswertesten Werke [sein], die Ihre Heiligkeit tun könnte«. Unter den gegenwärtigen Umständen in der Romagna aber wäre dies überaus schädlich, denn die Bevölkerung sei von unversöhnlichen Feindschaften zerrissen, und die Kirche besitze weder Parteigänger noch Freunde. Diejenigen, denen es wirklich um das Wohl des Staates ginge, stünden nicht auf der Seite der Kirche, weil sie eine Regierung wünschten, die sie wirklich schütze. Die anderen aber, die Aufwiegler und Übeltäter, hätten deshalb nichts mit der Kirche im Sinn, weil sie auf Unruhen und Kriege geradezu warteten, um ihr eigenes Süppchen zu kochen.

Zu dem Vorschlag Machiavellis, den Aufbau der Miliz jedenfalls teilweise über neue, von der Bevölkerung der Romagna zu erhebende Steuern zu finanzieren, bemerkt Guicciardini, die Städte seien ausgeblutet, und solche Gelder wären nur mit Gewalt einzutreiben, was den Erfolg der ganzen

Sache noch unwahrscheinlicher mache. Wenn der Papst den Plan trotz all dieser Schwierigkeiten in die Tat umsetzen wolle, müsse er mit Entschiedenheit und Härte ans Werk gehen, ohne sich durch auftretende Schwierigkeiten entmutigen zu lassen. Angesichts der chronischen Unentschlossenheit und Ängstlichkeit des Papstes bedeutete ein solcher Rat das Ende des Projekts.

Auch Machiavelli schrieb Sadoleto einen Brief, um seine Meinung beim Papst und bei seinen Ratgebern erneut zu Gehör zu bringen. Sadoleto antwortete am 6. Juli, der Papst wolle »noch ein wenig darüber nachdenken«, so daß Machiavelli einige Tage lang gutes Essen, die Gesellschaft Maliscottas und die Gespräche mit Guicciardini genießen konnte. Als dann endgültig klar wurde, daß die Idee, in der Romagna eine Miliz zu organisieren, gestorben war, kehrte er am 26. Juli sicher nicht glücklich, aber auch nicht niedergeschlagen oder empört nach Florenz zurück. Wahrscheinlich hatte er sich von den Argumenten des vorsichtigeren Guicciardini überzeugen lassen, denn er hegte keinerlei Groll gegen ihn, und ihre Freundschaft ging aus dem Besuch in Faenza gestärkt hervor.

Das zeigt sich darin, daß Guicciardini den Freund damit beauftragte, zwei Güter zu besichtigen, die er, ohne sie gesehen zu haben, gekauft hatte. Gewissenhaft wie immer lieferte Machiavelli am 3. August seinen Bericht über beide Güter ab, doch wie es seine Art war, machte er sich dabei über den Freund, der Güter kaufte, ohne sie gesehen zu haben, ein bißchen lustig: »Als erstes muß ich Euch sagen, daß man drei Meilen in der Runde nichts Angenehmes sieht. Die Wüste Arabiens kann nicht schlimmer sein. Das Haus ist nicht schlecht, aber ich würde es auch nicht gut nennen, denn es hat nicht die erforderlichen Bequemlichkeiten.« Machiavelli schlägt vor, einiges zu investieren, um das Ganze dann wenigstens gut verkaufen zu können: »Denn wenn alles so bleibt, wie es ist [...] denke ich, daß Ihr nie einen Käufer finden werdet, außer er schaut sich das Gut überhaupt nicht an, wie Ihr es getan habt.« (L, 547f.)

Guicciardini nahm ihm die Sache ziemlich übel, denn er hing sehr am Geld, und es ärgerte ihn gewiß, sich sagen lassen zu müssen, ein schlechtes Geschäft gemacht zu haben, und dafür auch noch aufgezogen zu werden. Zunächst versuchte er, gute Miene zum bösen Spiel zu machen, und antwortete Machiavelli am 7. August mit einem freundlichen Brief, in dem er ihn aufforderte, die hochtrabenden Titel in der Anrede wegzulassen: »Vornehmlich habe ich Euch zu sagen, daß, wenn Ihr die Anschrift an mich durch Illustris ehrt, ich die an Euch durch Magnificus ehren werde. Durch diese gegenseitigen Titel wird sich so lange einer an der Freude des anderen erholen, bis sie sich in Leid verwandelt, wenn wir am Ende alle, ich sage alle, die Hände voll Fliegen haben. Entschließt Euch demnach zu den Titeln, indem Ihr die meinigen nach denen ermeßt, die zu erhalten Euch ergötzt.« (GS, V, 483) Am selben Tag noch sandte Guicciardini an Machiavelli jedoch einen wesentlich längeren Brief, in dem er eine »Madonna von Finocchieto« zu Wort kommen ließ, die sich von Machiavellis Urteil beleidigt fühlt und ihm die Antwort nicht schuldig bleibt. Diese fiktive Madonna von Finocchieto spielt auf Machiavellis Beziehung zu Barbera an und wirft ihm vor, daraus nicht gelernt zu haben, daß unter einem Namen, der wie Barbara »Barbarin«, also »ganz Grausamkeit und Wildheit« bedeutet, sich in Wirklichkeit Liebenswürdigkeit und Zuneigung verbergen könne. Auch in ihrem Falle lägen unter der »Härte und Unzugänglichkeit [...] viele gute Teile«, die Lob und nicht Tadel verdienten, wie sie der oberflächliche Machiavelli geäußert hatte. Am Schluß gibt ihm die Madonna von Finocchieto den Rat: »... und lerne beim nächsten Mal, Dich nicht zu sehr auf Dich und Deine Meinung zu verlassen [...] denn vieles entschuldigt man bei anderen, was bei Deiner Klugheit und Erfahrung nicht akzeptabel ist.« (L, 553)

Dem im Grunde todernsten Guicciardini gelang es beim besten Willen nicht, seine Irritation unter der Fiktion zu verbergen. Beim Lesen des Briefes der »Madonna von Finocchieto« wird Machiavelli herzlich – und nicht nur mit verkniffener Miene wie sein bedeutender Freund – gelacht haben. Daß aus der Angelegenheit dennoch keine dauernde Verstimmung erwuchs, belegt ein Brief vom 17. August an Guicciardini, in dem Machiavelli ihm mitteilt, er werde in wenigen Tagen nach Venedig aufbrechen, um über ein schweres Unrecht zu verhandeln, das ein gewisser Giovan Battista Donà zum Schaden einiger Florentiner Kaufleute begangen habe. Auf dem Rückweg wolle er in Faenza Station machen, um Guicciardini und die gemeinsamen Freunde wiederzusehen.

Hinsichtlich seiner Mission nach Venedig wissen wir aus einem Brief von Filippo de' Nerli vom 6. September, daß sich die Florentiner Kaufleute über ihn beschwert hätten, weil es hieß, er vergeude die Zeit mit Literaten, statt seinen Auftrag zu erledigen. Auch seien »Machias« Freunde über seine Abwesenheit traurig: »Eure Abwesenheit hat hier in diesem Tollhaus dem Volk klargemacht, daß Ihr allein alles Übels Ursache seid [...] Jetzt, wo Ihr nicht da seid, hört man weder von Spiel noch von Zechen, noch von sonstigen Sächelchen.« (GS, V, 488) Außerdem hatte sich in Florenz das Gerücht verbreitet, Machiavelli habe in Venedig 2000 oder 3000 Dukaten im Lotto gewonnen. In Wirklichkeit konnte sich Machiavelli in jenen Septembertagen des Jahres 1525 nur über ein Wiedersehen mit Maliscotta in Faenza und mit Barbera in Florenz freuen. Diese Liebschaften, vor allem die zu Barbera, waren seine letzten, und als sie zu Ende gingen, als er alle begonnenen politischen und historischen Werke abgeschlossen hatte, hatte für ihn das Leben den Reiz der Schönheit, des Traums und der Komödie verloren. Es blieb ihm nur noch das Schauspiel der Bosheit und Dummheit der Menschen, vor allem der Päpste, Kaiser und Könige. Doch dies war leider keine Komödie, sondern vielmehr eine Tragödie zu nennen.

XXI Ein letztes Mal im Palazzo Vecchio und auf dem Schlachtfeld

Gegen Ende ihres Lebens beginnen viele Menschen sich von der Welt abzuwenden. Sie überlassen die Sorge um die Zukunft anderen, geben Träume und Hoffnungen auf, erkalten emotional, beschränken sich auf den vertrauten Umgang mit der Familie, vor allem mit den Kindern, und suchen in erster Linie Ruhe, als wollten sie sich auf die Unbeweglichkeit, die Stille und die ewige Einsamkeit vorbereiten. Aus Angst vor der ewigen Dunkelheit, Kälte und dem Alleinsein suchen andere Trost in der Hoffnung auf Licht und Wärme jenseits des Todes und wiegen sich in dem Traum, dort wieder mit ihren Lieben vereint zu werden.

Teils weil ihn die Ereignisse mit sich rissen, teils weil es einfach seine Natur war, ging Machiavelli in seinen letzten Lebensmonaten ganz in der Beschäftigung mit Fragen der Politik und des Krieges auf. Er ermahnte Fürsten und Befehlshaber zu den notwendigen Entscheidungen, um Italien vor dem Äußersten zu bewahren. Er ritt umher, besuchte Truppenverbände, bereitete Quartiere vor, inspizierte und entwarf Befestigungen, sprang als Truppenausbilder ein, ohne dazu zu taugen, und rief nach einem Kondottiere, der das Banner aufpflanze und die Befreiung von den Barbaren anführe. In diesen Tagen, in denen er sich mit aller Kraft den großen Staatsproblemen widmete, zeigte er zugleich besondere Zärtlichkeit gegenüber Monna Marietta, den Kindern und allen Schwachen und Schutzlosen. Es waren diese anderen, wichtigeren Dinge, die ihn dazu zwangen, seine letzten Liebesabenteuer zu beenden, und nicht der Wunsch, sich zu sammeln und zurückzuziehen. Vielmehr nahm Machiavelli in diesen letzten Monaten noch einmal leidenschaftlich am Leben teil, was aus Briefen und Dokumenten hervorgeht, die uns seine seelische Qual spüren lassen.

Anhand seiner letzten Briefe können wir ihn bei dem verzweifelten Versuch beobachten, die deutschen und spanischen Soldaten aufzuhalten, die in Italien eingefallen waren, um die dortigen Städte zu brandschatzen. Dabei müssen wir ihn uns als einen Mann vorstellen, dessen Gesicht von Verbitterung gezeichnet war und dessen Körper man die Erschöpfung anmerkte, der aber immer noch der alte Niccolò war, auch wenn der Spötter und Schelm »Machia« in den Hintergrund trat.

Nach seiner Rückkehr aus Venedig im Herbst 1525 macht sich Machiavelli noch einmal an die Geschichtsschreibung, um seiner Empörung über die Fürsten, die Italien zugrunde gerichtet hatten, freien Lauf zu lassen. Die Tragödie begann in jenen Tagen damit, daß Ferrante d'Avalos, Markgraf von Pescara und Hauptmann der spanischen Truppen, am 15. Oktober 1525 Girolamo Morone, den Sekretär des Mailänder Herzogs Francesco II. Sforza, der ihn zum Überlaufen zu den Feinden des Kaisers überreden wollte, hatte verhaften lassen. Die Spanier nahmen dieses Ereignis zum Anlaß, alle Festungen im Mailändischen zu besetzen und damit das Herzogtum in ihre Gewalt zu bringen. Morone sei gefangengenommen worden, kommentiert Machiavelli, »das Herzogtum Mailand ist am Ende«, und genauso werde es allen anderen Fürsten Italiens ergehen, »dagegen gibt es keine Abhilfe«.

Machiavelli hatte richtig gesehen, wußte er doch seit längerem, daß die italienischen Staaten den ausländischen Mächten in die Hände fallen mußten, weil sie über keine eigenen Heere verfügten und untereinander uneins waren, von kraftlosen, unfähigen Fürsten regiert wurden und weil im Herzen der Halbinsel die Kurie saß, dieses Nest moralischer und politischer Korruption. Wenn er also wußte, wie und warum es mit Italien bergab gehen würde, mochte es sinnlos erscheinen, weiter über Geschichte zu schreiben und zu wiederholen, was er schon in seinen *Decennale* und den *Istorie* dargelegt hatte. In diesen Werken hatte er die Geschichte seiner Heimatstadt in den Rahmen der Geschichte Italiens gestellt und erklärt, daß die Florentiner aufgrund ihrer Uneinigkeit und des Hasses unter den Bürgern nicht in der Lage seien, »sich und ihre Vaterstadt groß« zu machen und eine führende Rolle bei der Befreiung Italiens von der Fremdherrschaft zu spielen.

Machiavelli hatte die *Istorie* geschrieben, um den Regierenden in republikanischen Gemeinwesen die schrecklichen Konsequenzen der gnadenlosen Parteienkämpfe vor Augen zu führen, und er war davon überzeugt, daß die Florentiner durch seine Darstellung in Zukunft klüger werden würden, denn »wirkt jedes Beispiel anderer Staaten, so wirkt zweifach, so ist zweifach nützlich das Beispiel der eigenen Heimat«. (D, Vorbericht, 12)

Um den »Sinn« und den »Charakter« der Geschichte seiner Stadt ganz deutlich zu machen, hatte er zwischen den sozialen Auseinandersetzungen im antiken Rom und dem Parteienhader in Florenz eine Parallele gezogen, auf daß selbst einem Blinden die Gründe für den politischen und militärischen Niedergang von Florenz sichtbar würden. Nach Machiavellis Darstellung wurden soziale Konflikte im alten Rom durch Diskussion und Gesetzgebung beigelegt, in Florenz dagegen mit Waffengewalt, durch Verbannung und Ermordung vieler Bürger. In Rom hätten die sozialen Konflikte den Staat militärisch gestärkt, in Florenz dagegen geschwächt.

Die Ursache für diese unterschiedlichen Auswirkungen liege in der jeweiligen Natur der sozialen Konflikte, denn das römische Volk habe mit der Nobilität an den Ämtern teilhaben, das florentinische Volk dagegen allein regieren wollen. Weil das Begehren des römischen Volkes vernünftig gewesen sei, habe sich die römische Nobilität weder beleidigt gefühlt, noch sei sie in Furcht geraten; das Verlangen des florentinischen Volkes dagegen sei »verletzend und ungerecht; daher kam es, daß der Adel mit aller Kraftanstrengung auf seine Verteidigung bedacht war, daß so viel Bürgerblut floß, so viele ihre Heimat verlassen mußten«. Wenn dann das Volk gesiegt habe, beraubte es die Nobilität in Florenz sämtlicher politischer Ämter mit der Folge, »daß die Tapferkeit und der Hochsinn, die im Adel waren, erloschen, ohne im Volk, wo sie nicht waren, aufleben zu können. So sank Florenz immer tiefer in der Gesinnung.« (GF, III.1, 157)

»Die unter dem Namen von Republiken sich selbst beherrschenden Städte, solche besonders, deren Verfassung nicht gut geregelt ist, verändern oft Regierung und Verhältnisse, nicht, wie viele wähnen, durch Freiheit oder Knechtschaft, wohl aber durch Knechtschaft oder Zügellosigkeit.« Solche Staaten seien daher äußerst instabil, und ihre Regierungsform springe »von der tyrannischen zur anarchischen um und umgekehrt: Denn da jeder dieser Formen machtvolle Feinde entgegenstehen, können sie keinen Bestand haben: Die eine mißfällt den klugen Leuten, die andere den guten; die eine kann leicht Nachteile, die andere schwerlich Nutzen bringen; in der einen ist den Übermachtigen viel

Gewalt eingeräumt, in der anderen den Einfältigen.« (GF, IV.1, 219f.) In diesen wenigen Worten gab Machiavelli eine Zusammenfassung der Geschichte von Florenz und zugleich ein Porträt vieler italienischer Staaten seiner Zeit, darüber hinaus aber deutete er auf die Zukunft Italiens voraus, dessen Regierung, wie sich zeigen sollte, allzuoft in den Händen anmaßender Gewaltherrscher lag oder sich willfährig jedem beugte, der die Stimme erhob.

Diese alten Sünden entdeckte Machiavelli an den Florentinern jener Tage, da der Krieg drohend bevorstand und niemand bereit war, etwas »Ehrenvolles und Kräftiges« zu tun, »um sich zu retten oder gerechtfertigt zu sterben: So furchtsam sehe ich die Bürger und so abgeneigt, Widerstand zu leisten dem, der sie verschlingen wird.« (GS, V, 499) Der schlimmste von allen war für Machiavelli Papst Klemens VII., der wie alle Medici immer unentschlossen blieb, immer bereit, nach einer Ausflucht zu suchen, um Zeit zu gewinnen, ohne zu merken, daß er auf diese Weise »dem Feind Zeit« gab. Der gleichen Ansicht war auch Guicciardini, der Machiavelli in einem Brief vom 26. Dezember antwortete: »Nie habe ich einen Menschen gesehen, der beim Herannahen eines Gewitters nicht gesucht hätte, sich ein Obdach zu bereiten, außer uns, die wir es auf offener Straße unbedeckt erwarten.« (GS, V, 500)

Während Papst Klemens VII., erleichtert durch den Tod des Markgrafen von Pescara, weiter abwartete und Verhandlungslösungen suchte, war Machiavelli von der Unvermeidlichkeit des Krieges überzeugt und vertrat die Auffassung, daß man, statt abzuwarten und zu feilschen, sich endlich vorbereiten und mutige und ehrenvolle Entscheidungen treffen müsse: »Immer, soviel ich mich erinnere, wurde Krieg geführt, oder es war davon die Rede; jetzt ist die Rede davon, in kurzem wird man Krieg führen, und ist er geendigt, so wird von neuem die Rede davon sein.« (GS, V, 504)

Wenige Tage nachdem Machiavelli am 3. Januar 1526 diese Zeilen an Guicciardini geschrieben hatte, unterzeichnete Franz I. am 14. Januar in Madrid ein Abkommen mit dem Kaiser, in dem er, um aus der Gefangenschaft freizukommen, auf Mailand und Neapel verzichtete und seine Söhne als Geiseln stellte. Über dieses Abkommen war Machiavelli überrascht, denn einen solchen Fehler hätte er Karl V. nicht zugetraut, erwartete dann aber fälschlicherweise, daß der französische König das Abkommen von Madrid einhalten würde. Richtig hatte Machiavelli dagegen vorausgesehen, daß es einen großen Krieg geben werde: »Ich bin der Ansicht«, schreibt er am 15. März 1526 an Guicciardini, »daß es bald einen Krieg geben wird, wie auch immer sich die Dinge entwickeln werden.« (L, 580)

Angesichts des bevorstehenden Krieges zwischen Kaiser Karl V. auf der einen Seite und dem französischen König sowie den italienischen Staaten auf der anderen forderte Machiavelli seinen Freund Guicciardini auf, dem Papst einen Vorschlag für ein mutiges, ungewöhnliches und tollkühnes, ja geradezu lächerliches Unternehmen zu unterbreiten, das den bizarren Zeitläuften durchaus entsprach. Machiavelli schlug vor, Giovanni de' Medici mit Beinamen Giovanni delle Bande Nere, den Sohn der großen Caterina Sforza, heimlich zu bewaffnen und zu finanzieren: »Jeder, glaube ich, denkt, daß unter den Italienern es kein Haupt gebe, dem die Soldaten lieber folgen, noch das die Spanier mehr scheuen und mehr achten würden. Jeder hält ferner den Signor Giovanni für kühn, ungestüm, für Fasser großer Pläne, Ergreifer großer Maßregeln; man kann ihn also, ihn im geheimen verstärkend, die Fahne errichten machen, indem man Reiterei und Fußvolk, soviel nur möglich, unter seinen Befehl stellt. Die Spanier werden glauben, dies sei ein Kunstgriff, wahrscheinlich werden sie ebensosehr vom König als vom Papst fürchten, da Giovanni Soldat des Königs ist, und wäre dies, so würde ihnen gar bald der Kopf sausen, sie würden ihre Pläne ändern, wo sie vielleicht gedacht haben, Toskana und die Kirche ohne Hindernis zu zerstören. Auch der König könnte anderen Sinnes werden, er könnte sich entschließen, den Frieden aufzugeben und zum Kriege zu greifen, wenn er sähe, daß er zu lebendigen Truppen zu stoßen habe oder daß außer den Worten auch die Taten sprächen.« (GS, V, 509)

Auch dieser Plan Machiavellis fand keine Billigung. Wenn der Papst heimlich Giovanni delle Bande Nere helfen würde, erklärte Filippo Strozzi in einem Brief vom 31. März, würde er sich gegen Karl V. stellen, und dann sollte er dies besser offen tun. Man halte es deshalb für richtiger, darauf zu vertrauen, daß der französische König sich »verständig« zeige, und zu hoffen, »daß der Kaiser eine so schöne und große Gelegenheit nicht erkenne«, sich zum Herrn Italiens zu machen. (GS, V, 512) Sich so zu verhalten hieß, sich tatenlos dem Schicksal anzuvertrauen, wie es der unentschlossene und unkluge Papst ständig vormachte. Der begriff lediglich so viel, daß man angesichts des herannahenden Krieges die Befestigungen von Florenz verstärken mußte, schickte deshalb den Grafen Pietro Navarra, einen spanischen Überläufer, der als guter Militäringenieur galt, nach Florenz und ernannte zu dessen Assistenten Niccolò Machiavelli, der mit der *Arte della guerra* seine Kompetenz in militärischen Dingen unter Beweis gestellt hatte.

Die Mauern und Festungsanlagen der Stadt so instand zu setzen, daß die Stadt »auch gegen den ernstlichsten und wütendsten Angriff zu verteidigen« wäre, wie er am 4. April an Guicciardini schrieb, begeisterte Machiavelli, denn diese Aufgabe bot ihm endlich die Gelegenheit, für seine Heimatstadt etwas Nützliches zu tun, und zwar ganz konkret, statt immer nur Bücher zu schreiben. Er beriet sich mit Navarra und brach dann nach Rom auf, um einen Plan für die Befestigung von Florenz vorzulegen. Der Papst und Guicciardini fanden Machiavellis Entwürfe so überzeugend, daß eine neue Behörde, die Procuratori delle mura (Aufseher über die Stadtmauern), eingerichtet und als ihr Inspektor und Kanzler natürlich Machiavelli bestellt wurde. Wie ihm zumute war, als er nach vierzehn Jahren wieder in den Palazzo Vecchio zurückkehrte, läßt sich leicht vorstellen.

Als wäre er wieder Sekretär der Republik Florenz, verschrieb er sich mit Leib und Seele seiner Aufgabe und gestand Guicciardini in einem Brief vom 17. Mai 1526, er habe »den Kopf so voller Bollwerke [...] daß nichts mehr hineingehen konnte«. (GS, V, 517) Wenn er nicht mit Mauern und Befestigungsanlagen beschäftigt war, dachte er an die Gefahr, die von Karl V. und seinem Heer ausging, der Mailand bereits eingenommen hatte und ganz Italien in seine Hand bekommen konnte. Als Machiavelli die Nachricht vom Aufstand der Mailänder gegen die Spanier erreichte, forderte er Guicciardini auf, ja flehte ihn an, sich diese Gelegenheit zum Eingreifen, zur Entscheidung, zur mutigen Tat nicht entgehen zu lassen.

Man glaubt, einen der vielen Briefe aus seiner Zeit als Sekretär der Republik zu lesen, in denen er die Regierenden in Florenz dazu hatte bringen wollen, ihre absurde Politik des Abwartens aufzugeben: »Ihr wißt, wie manche Gelegenheit verloren wurde; verliert diese nicht und verlaßt Euch nicht länger auf das Abwarten, auf das Glück und auf die

Zeit vertrauend; denn die Zeit bringt nicht immer die nämlichen Verhältnisse hervor, und das Glück ist nicht immer dasselbe.« (GS, V, 518) Man meint, jene außergewöhnliche »Esortazione a pigliare l'Italia e liberarla dalle mani dei barbari« (Aufruf, Italien von den Barbaren zu befreien), das Schlußkapitel des *Principe,* vor sich zu haben, wenn man liest, wie er an Guicciardini auf Lateinisch schreibt: »Liberate diuturna cura Italiam, exstirpate has immanes belluas, quae hominis praeter faciem et vocem nihil habent.« (Befreit Italien von der ausdauernden Sorge, rottet aus diese greulichen Ungeheuer, die außer Stimme und Gestalt nichts Menschliches an sich haben.) Die Jahre und die Wechselfälle des Lebens hatten Machiavelli nicht verändert, ihn quälten immer noch der gleiche Schmerz über die elende Lage Italiens, die gleiche Unduldsamkeit angesichts der Dummheit und Feigheit der Staatsmänner, das gleiche Verlangen danach, die Barbaren über die Alpen gejagt zu sehen.

Guicciardini stimmte mit Machiavelli überein, erklärte aber, die Dinge gingen notwendigerweise nur langsam voran, wenn die Mächtigen sich einigen müßten. Vor allem dank Guicciardinis Wirken bildeten der französische König, der Papst, Venedig und Florenz am 22. Mai in Cognac die Heilige Liga gegen Kaiser Karl V. Die venezianischen Truppen wurden von Francesco Maria della Rovere, dem Herzog von Urbino, befehligt, die päpstlichen Soldaten von Guido Rangoni und die florentinischen von Vitello Vitelli. Giovanni delle Bande Nere war »Generalhauptmann der italienischen Infanterie« und Francesco Guicciardini Generalstatthalter.

Theoretisch hätte dieses Heer die Kaiserlichen schlagen müssen, vor allem dann, wenn die verschiedenen Befehlshaber entschieden und schnell zum Angriff auf Mailand vorgegangen wären. In der Praxis dagegen war das Heer der Liga aufgrund von Rivalitäten und gegenseitiger Ressentiments gespalten. Es stand kaum zu hoffen, daß ein Herzog von Urbino mit Entschlossenheit kämpfte, wenn der Vertrag von Cognac vorsah, daß Florenz die Festung San Leo, die es 1516 dem Herzog entrissen hatte, behalten sollte. Dazu kam, daß der Herzog von Ferrara, der ein großes Hindernis für die aus Deutschland kommenden kaiserlichen Truppen hätte darstellen können, nicht an der Liga teilnahm, weil der Papst Reggio und Rubiera wieder für sich haben wollte. Italien war dabei, in die Hand des Feindes zu fallen, aber jeder, zuallererst der Papst, dachte selbstsüchtig nur an das eigene Interesse.

Wie wenig die Truppen der Liga taugten, zeigte sich gleich zu Beginn des Krieges. Ohne die französischen Soldaten abzuwarten, deren Kommen ohnehin fraglich war, näherte sich das Heer der Liga Mailand und nahm am 24. Juni Lodi ein, das sich ergeben hatte. Am 7. Juli rückte die Liga zum Angriff auf Mailand vor, aber angesichts des spanischen Widerstands entschied der Herzog von Urbino, dem die letzte Entscheidung zustand, den Rückzug nach San Martino und Marignano: »veni, vidi, fugi« (ich kam, sah, floh), schrieb Guicciardini in seiner *Storia d'Italia*.

Im Lager von Marignano befand sich auch Machiavelli. Er hatte den Papst davon überzeugen können, nicht dem Rat derer zu folgen, die in die Erweiterung der Florentiner Stadtmauern auch San Miniato miteinbeziehen wollten. Vom Kardinal von Cortona, der als Stellvertreter der Medici Florenz regierte, oder von Guicciardini selbst war Machiavelli danach mit einer äußerst wichtigen Aufgabe betraut worden. Wie Guicciardini am 18. Juli an Roberto Acciaiuoli schrieb, sollte Machiavelli »diese Miliz neu ordnen«, aber als er im Feldlager mit eigenen Augen gesehen hatte, wie heruntergekommen diese Miliz war, verzichtete er darauf: Er wird dagestanden und »über die Fehler der Menschen gelacht haben, weil er sie nicht ändern« konnte. (L, 593, Anm. 2)

Außer an die Fehler, die er nicht ändern konnte, dachte Machiavelli an Barbera, die nichts von sich hören ließ. Darüber beklagte er sich in einem Brief an den »Fornaciaio« Jacopo Falconetti, der ihm am 5. August schrieb, daß Barbera ihm versichert habe, schreiben zu wollen, und sie nur deshalb die Spröde spiele, »um zu sehen, ob Ihr sie liebt«. Da sie nun wisse, daß er ihre Briefe schätze, wolle sie jede Woche schreiben und bitte ihn, nicht böse zu sein. Vorsichtig fügte Falconetti jedoch hinzu: »Ihr kennt sie nun aber besser als ich, und ich weiß nicht, ob man ihr alles glauben darf.« (L, 597)

Wenn Machiavelli nicht gerade an Barbera dachte, versuchte er dennoch, die Miliz zu einer tauglichen Truppe zu machen. Er hatte sogar vor, die Soldaten des Giovanni de' Medici, den er mehr als jeden anderen Heerführer bewunderte, nach den Regeln zu organisieren, die er in seiner *Arte della guerra* beschrieben hatte und die auf dem Papier so gut und einfach klangen. Im Felde liefen die Dinge aber ganz anders, und zu Machiavellis Unglück beobachtete ihn dabei der Mönch, Höfling und Novellist Matteo Bandello. Mitleidlos beschreibt dieser uns, welch kläglichen Eindruck Machiavelli in seiner ungewohnten Rolle als Hauptmann machte: »Messer Niccolò hielt mehr als zwei Stunden unter der prallen Sonne aus, um dreitausend Fußsoldaten nach der Ordnung aufzustellen, die er beschrieben hatte, aber es gelang ihm nie.« Um diese Qual zu beenden, sei Giovanni de' Medici eingeschritten und habe Machiavelli bedeutet, den Platz zu räumen und ihn selbst machen zu lassen. »In einem

Augenblick« habe er mit Hilfe der Trommler die Leute auf verschiedene Weise aufgestellt »zur größten Bewunderung« der Umstehenden. Diese Geschichte beweise, schreibt Bandello bissig, »wie groß der Unterschied [ist] zwischen einem, der etwas weiß, aber das, was er weiß, noch nie in die Tat umgesetzt hat, und einem, der über das Wissen hinaus sich mehrmals, wie man so sagt, die Hände schmutzig gemacht hat«. Dieses eine Mal mußte Machiavelli die Schmach erleiden, von einem Mönch verspottet zu werden.

Machiavellis Reputation als Experte in militärischen und politischen Fragen litt jedoch nicht ernstlich unter der Pleite von Marignano. Seine Berichte aus jenen Tagen über den Zustand der Heere und die politisch-diplomatischen Entwicklungen wurden in Florenz mit Aufmerksamkeit und Bewunderung gelesen. »Ich erwarte mit großem Verlangen Eure Briefe, die für mich wie Orakel sind«, schrieb am 11. August Bartolomeo Cavalcanti. Daran zeigt sich, wie sehr sich junge Florentiner, denen wie Cavalcanti die Heimat am Herzen lag, von der Klarheit und dem Enthusiasmus, mit denen der alte Machiavelli in seinen Briefen die »großen Dinge« der Politik behandelte, angezogen fühlten.

Die Militäroperationen der Liga gingen in der Zwischenzeit wie üblich ohne Strategie und ohne klare Linie weiter. Nachdem man den Plan, Mailand einzunehmen, aufgegeben hatte, weil sich Francesco II. Sforza ergeben und seine Festungen den Spaniern ausgeliefert hatte, ordnete der Herzog von Urbino einen Teil seiner Truppen zur Belagerung von Cremona ab, und dieser Angriff drohte auf einen unnötigen Zeitverlust und Kräfteverschleiß hinauszulaufen. Um eine weitere Schande wie den Rückzug von Mailand zu vermeiden, schickte Guicciardini Machiavelli ins Lager, den einzigen, dem er unter all jenen von Hochmut, Ressentiments und Mißtrauen erfüllten Befehlshabern und Hauptleuten wirklich vertrauen konnte.

Machiavelli erhielt den klaren Auftrag, den venezianischen Bevollmächtigten und die Militärs davon zu überzeugen, das Lager abzubrechen, wenn Cremona nicht innerhalb von vier bis sechs Tagen fallen sollte, um nach Genua zu marschieren und dort die Landung spanischer Verstärkungstruppen zu verhindern. Am 9. September brach Machiavelli auf, nahm schon am 13. an einem Kriegsrat teil und entwarf eigenhändig den Angriffsplan für Cremona, vermutlich deshalb, weil niemand sonst dazu bereit war. Die Stadt ergab sich schließlich am 23. September den Angreifern aufgrund eines Abkommens, nicht weil sie eingenommen worden war. Dieser wenig triumphale Erfolg war indes immer noch besser als die schmähliche Niederlage vor den Toren Mailands.

Die kaum aufgekeimte Begeisterung über den Kriegsverlauf erhielt sofort wieder einen Dämpfer durch die unglaubliche Nachricht, daß Klemens VII., nachdem er mit der mächtigen römischen Familie Colonna einen Waffenstillstand geschlossen habe, seine Soldaten aus dem Dienst entlasse. Die Anhänger der Colonna waren im Einvernehmen mit dem Vertreter des Kaisers, Hugo de Moncada, in der Nacht zwischen dem 19. und 20. September nach Rom zurückgekehrt, hatten den Vatikan und die Peterskirche geplündert und den Papst zur Flucht in die Engelsburg gezwungen. Um alles noch zu verschlimmern, hatte der Papst mit Hugo de Moncada einen viermonatigen Waffenstillstand vereinbart und den Rückzug der päpstlichen Truppen aus der Lombardei zugesagt.

Der Krieg, der ohnedies nicht zu gewinnen war, hatte sich zu einem so unentwirrbaren Knoten geschürzt, daß nicht einmal Christus ihn zu lösen imstande wäre, schrieb

Machiavelli Anfang Oktober an Bartolomeo Cavalcanti. Die Verantwortung für diese verworrene Lage trage der Papst, der zunächst nicht Geld habe sammeln wollen »in der Art, wie es andere Päpste taten«, und sich dann »wie ein kleines Kind« habe fangen lassen. Mehr noch als der Papst hätten dazu aber die verschiedenen »allesamt ehrgeizigen und unerträglichen« Befehlshaber beigetragen, die sich nach der Auflösung des päpstlichen Heeres »wie Hunde« rauften. Die größte Schuld jedoch treffe den Herzog von Urbino, der »gegen den Willen aller falsch zu handeln verstand und nicht gegen den Willen aller richtig zu handeln verstand«. (L, 616)

Trotz »des Eifers und der Sorgfalt« Guicciardinis endete der Krieg in der Lombardei für die Liga mit einem schweren Mißerfolg, und Machiavelli blieb nichts anderes übrig, als nach Florenz zurückzukehren. Auf dem Heimweg machte er in Modena Station, wo er sich mit Filippo de' Nerli einen Spaß erlaubte und außerdem einen Wahrsager aufsuchte. Der behauptete, die Flucht des Papstes und die Sinnlosigkeit des ganzen Unterfangens vorausgesagt zu haben, und kündigte an, daß »die schlechten Zeiten« noch lange nicht zu Ende seien, sondern noch viel Leid bevorstehe.

Der Weissager aus Modena behielt recht, und Machiavelli sollte den Winter nicht damit verbringen, den Laden von Donato del Corno zu stören und zu verpesten, wie ihm der boshafte Filippo de' Nerli schrieb, um sich für den in Modena erlittenen Spott zu rächen.

XXII Das Vaterland mehr als sich selbst lieben

Nachdem es nicht gelungen war, die Spanier aus Mailand zu vertreiben, sahen sich vor allem Florenz und der Kirchenstaat von einem aus spanischen Infanteristen und deutschen Landsknechten bestehenden kaiserlichen Heer bedroht. Machiavelli wußte besser als jeder andere, wozu eine solche Soldateska fähig und willens war. Mit großer Besorgnis dachte er deshalb an seine Familie, an seine Söhne in Florenz, und stärker denn je fühlte er jene Vaterlandsliebe, die ihn sein ganzes Leben begleitet hatte. Sein Vaterland war die freie Republik Florenz, aber auch Italien. Binnen weniger Monate sollte Italien die Schrecken des Sacco di Roma und Florenz nach einer erneuten Vertreibung der Medici die Wiedererstehung der Republik erleben, aber für Machiavelli war darin kein Platz mehr.

Sollte es in Machiavellis Leben jemals eine Zeit gegeben haben, in der es ihn dazu trieb, Trost in Buße und Erlösung zu suchen, dann waren es die letzten Monate, die ihm noch blieben. Dennoch kann ich mir nicht vorstellen, daß er, bevor er die Augen für immer schloß, Buße tat und Gott dafür um Vergebung bat, daß er das Leben, sein Vaterland und die Frauen zu sehr geliebt hatte. Er glaubte zwar an eine Erlösung, aber an eine ganz nach seiner Art, nicht im Kreise der Heiligen und Seligen, die er nicht mochte, sondern im Kreise der großen Staatsmänner, der Gesetzgeber, der politischen Philosophen, der Heerführer und der Helden. Diese brauchen Gott nicht, weil sie sich kraft ihres Verstandes und ihres Mutes selbst zu Göttern gemacht haben und, umgeben vom Licht des wahren Ruhmes, in einer ganz eigenen Welt leben.

Anfang November 1526 hatte Georg von Frundsberg seine Landsknechte in der Nähe von Bozen zusammengezogen und war von dort aus, ohne auf nennenswerten Widerstand der Venezianer zu stoßen, in Richtung Po vorgerückt. Als einziger stellte sich Giovanni delle Bande Nere in Borgoforte nahe Mantua dem Feind entgegen und wurde am 25. November von einem Schuß aus einem kleinen Feldgeschütz am Oberschenkel verwundet. Als er wenige Tage später, am 3. November, in Mantua starb, faßte Machiavelli seinen Tod als ein Beispiel dafür auf, daß das Schicksal, wenn es für ein Volk »große Zusammenbrüche herbeiführen will, Männer an die Spitze [stellt], die den Zusammenbruch beschleunigen. Wäre ein Mann da, er sich ihm in den Weg stellen könnte, so beseitigt es ihn oder nimmt ihm jede Möglichkeit, wirksam einzugreifen.« (D, II.29, 260)

Sobald dieses einzige Hindernis beseitigt war, überschritten die Landsknechte am 28. November bei Ostiglia den Po. Nun hatten sie freie Bahn nach Mailand oder Florenz und Rom. Die Regierenden in Florenz wollten wissen, welchen Weg die Flut nehmen würde und was die in Mailand liegenden Spanier zu tun gedächten, die sie irgendwie aufhalten mußten. Da wurde der alte Machiavelli nach Modena geschickt, um mit Guicciardini die Lage zu besprechen. Er sollte klarmachen, daß man in Florenz nicht an eine Rettung glaubte und geneigt sei, »irgendein Abkommen« zuwege zu bringen, das Guiccardini im Namen der Stadt, »wie es die Zeiten ihn lehren«, aushandeln sollte. (LC, 1600)

Im Winter die Höhen des Apennin zu überqueren, ist für einen Mann von bald sechzig Jahren gewiß kein Kinderspiel, und das wie üblich bei magerem Lohn und noch geringerer Ehre. Und doch machte sich Machiavelli nach Modena auf, wo er am 2. Dezember zu später Stunde eintraf, sofort mit Guicciardini sprach und noch am selben Abend nach Florenz schrieb, um dessen Ansicht über die militärische Lage und die Möglichkeit einer Übereinkunft mitzuteilen. Einige schätzten, so schreibt er, die Zahl der Landsknechte auf 15000 oder 16000, andere auf höchstens 10000, und anscheinend wolle das Heer nach Mailand ziehen, um sich den Spaniern anzuschließen. Von da aus könnten sie sich gegen die Venezianer wenden, gegen den Kirchenstaat oder gegen die Toskana. Der Herzog von Urbino verfolge die Landsknechte, mache aber keinerlei Anstalten, sie anzugreifen, obwohl er »viele Male« von Guicciardini dazu aufgefordert worden sei. Die Liga könne auf ein Heer von insgesamt 20000 Mann zählen, wenn sich die Truppen der Verbündeten wieder vereinten. Falls es dann der Papst nicht am Geld fehlen lasse, sei man nach Meinung Guicciardinis sicher. Solange allerdings die Truppen getrennt blieben und sich die Heerführer gegenseitig mißtrauten, sei, so betone Guicciardini, »wenig Gutes zu hoffen«.

Zur Verteidigung von Florenz könne Guicciardini mit Sicherheit nur die »6000 oder 7000 Soldaten [aufbieten], die die Kirche hier stehen hat«. Guicciardini werde aber sein Bestes tun, um die Heere zu vereinigen und Florenz dadurch besseren Schutz zu geben. Friedensverhandlungen einzuleiten sei vollkommen sinnlos, denn es werde nicht gelingen, die Deutschen dahin zu bringen, sich von den Spaniern abzuspalten, weil beide »ein und denselben Körper« bildeten. Wenn man dennoch den Versuch wagen wolle, solle man in

Rom direkt mit dem Vizekönig von Neapel, Charles de Lannoy, oder mit Hugo de Moncada in Kontakt treten.

In diesem Brief aus Modena gibt Machiavelli nur die Worte Guicciardinis wieder, ohne sich selbst mit Kommentaren oder Ermahnungen einzuschalten. Das war diesmal nicht notwendig, denn er stimmte Wort für Wort mit Guicciardini überein, und statt eines Kommentars schloß er seinen Brief mit einem merkwürdigen Postskriptum: »Eure Herrlichkeiten werden vom Tod des Signore Giovanni gehört haben, der zum allgemeinen Bedauern gestorben ist.« (LC, 1601–03) Dieser Zusatz ist deshalb merkwürdig, weil es für Machiavelli eigentlich keinerlei Veranlassung gab, der Signoria etwas mitzuteilen, das sie bereits wußte. Mit diesen Worten bringt er jedoch zum Ausdruck, daß er sich nicht mit dem Tod jenes Kondottiere abfinden konnte, der dem Krieg vielleicht eine entscheidende Wendung hätte geben können.

Einen Tag später informierte Machiavelli seine Auftraggeber in einem weiteren Brief davon, daß die Truppen in Richtung Parma und Piacenza vorrückten und Guicciardini ihnen nach Parma gefolgt sei. Ausdrücklich wiederholte er dessen Warnung, Friedensverhandlungen seien »eine völlig sinnlose, schädliche und fruchtlose Angelegenheit«. Nach der Abreise Guicciardinis blieb auch Machiavelli nur die Rückkehr nach Florenz, und am 5. Dezember machte er sich gemächlich auf den Weg, um sich »nicht unnötig anzustrengen«.

Über das nun anbrechende »annus horribilis« 1527 schreibt Guicciardini in seiner *Storia d'Italia*, es sei ein Jahr »der schrecklichsten Ereignisse, von denen man seit Jahrhunderten gehört hat: Sturz von Regierungen, Verbrechen von Fürsten, schrecklichste Brandschatzungen von Städten, eine große Hungersnot, eine sehr schwere Pestepidemie in fast ganz Italien, überall Tod, Flucht und Plünderung«. Guicciardini, einer der wenigen, die noch einen klaren Blick besaßen, warnte die Florentiner, die sich wie Blinde gebärdeten, vor den kommenden Gefahren. Nach Meinung vieler, schreibt er, werde das kaiserliche Heer durch die Toskana ziehen, und »das Schlimmste anzunehmen« sei nie verkehrt, deshalb müßten mit aller Umsicht sofort Maßnahmen ergriffen werden, »so schnell wie irgend möglich«. (LC, 1617)

Um zu vereinbaren, worin die schnell zu ergreifenden Maßnahmen bestehen sollten, schickten die Otto Machiavelli zu Guicciardini nach Parma. Der Statthalter hatte nach Machiavelli verlangt, um eine vertrauenswürdige Person an seiner Seite zu haben, die in Übereinstimmung mit seinen eigenen Überzeugungen die komplizierten Verhandlungen mit den Befehlshabern der antikaiserlichen Liga würde führen können. Machiavelli erreichte Parma erst am 7. Februar, weil die feindlichen Heere und das ungewohnt kalte, regnerische und schneereiche Wetter ihn am schnelleren Vorwärtskommen gehindert hatten.

Noch am Abend seiner Ankunft schrieb Machiavelli nach Florenz, daß auch nach dem Willen Guicciardinis sowohl der Herzog von Urbino als auch der Markgraf von Saluzzo seine Truppen in die Toskana verlagern sollten, um sich den deutschen und spanischen Soldaten in den Weg zu stellen, statt hinter ihnen herzuziehen. Auf Wunsch Guicciardinis habe er eine Unterredung mit dem Herzog von Urbino gehabt, der aber trotz all seiner Anstrengungen – und wir wissen, wie gut Machiavelli verhandeln und überzeugen konnte – weiter in sicherer Entfernung hinter dem kaiserlichen Heer bleiben wolle. Am folgenden Tag würden sie, »mit der Feder in der Hand«, erneut zusammentreffen, um Pläne und gegenseitige Verpflichtungen zu Papier zu bringen.

Am 11. Februar erklärte Machiavelli den Florentinern in einem weiteren Brief, das kaiserliche Heer könne aus Mangel an Geld und Verpflegung nicht lange zusammenbleiben, seine Stärke bestehe einzig und allein in den Fehlern und der Entschlußlosigkeit der Liga: »Die Militärexperten hier sind der Meinung, daß man gewinnen könne, wenn man nicht durch falsche Entschlüsse oder Geldmangel den Sieg verspielt.« Drei Tage später schreibt er noch einmal, um den Florentinern klarzumachen, daß die Kaiserlichen »in so großer Not« seien, »daß sie dieses Unternehmen unmöglich gewinnen können, wenn sie durch unsere Leute Zeit verlieren«. Er fordert die Florentiner dazu auf, wirksam Widerstand zu leisten wie die Lombarden, die von den Nachrichten über die Gewalttaten der Spanier in Mailand so entsetzt seien, daß sie »lieber sterben wollen«, als den Spaniern ihre Tore zu öffnen. Darüber hinaus erteilt Machiavelli den Florentinern den wichtigen Rat, dem Herzog von Urbino die Festung San Leo zurückzugeben, damit er einen Grund habe, »sich freiwillig anzustrengen«, und seine absurde Taktik aufgebe, immer in sicherer Entfernung hinter dem Feind zu stehen.

Am selben Tag schreibt auch Guicciardini in diesem Sinne an den Papst, um ihm die Augen zu öffnen: »Ohne die Hilfe der Venezianer reichen unsere Kräfte zur Verteidigung nicht aus, und wenn der Herzog nicht zufriedengestellt wird, wird ihre Hilfe gering sein. Ich möchte bloß wissen, was dieser Felsen nützen soll, um den zu halten man so viel Zerstörung zuläßt.« (LC, 1611) Weder die dringenden Aufforderungen Machiavellis an die Florentiner noch diejenigen Guicciardinis an den Papst hatten den gewünschten Erfolg, weil der Papst von »altem und neuem Haß« gegen den Herzog von Urbino beherrscht war. Haß und Ressentiments bestimmten auch das Handeln des Herzogs von Ferrara, der dem kaiserlichen Heer Proviant, Schießpulver und Artillerie lieferte, darunter auch das Geschütz, das Giovanni delle Bande Nere tödlich getroffen hatte. Ganz zu schweigen von den Sienesen, die bereit waren, das gleiche zu tun, sobald Deutsche und Spanier in der Toskana einmarschierten. Unter diesen Umständen hätte auch ein schwächeres Heer als das kaiserliche Italien in die Knie zwingen können.

Trotz des Mangels an Geld und Proviant war das kaiserliche Heer keineswegs zu unterschätzen, denn es brach nie auseinander, obwohl es immer kurz vor der Auflösung zu stehen schien. Die Hartnäckigkeit der Befehlshaber, ihren Feldzug durch Italien fortzusetzen, »ohne Geld, ohne Munition, ohne Pioniere, [mitten] in Feindesland und gegen Feinde, die über sehr viel mehr Soldaten verfügten als sie selbst«, überraschte alle einschließlich Guicciardini und Machiavelli. Noch mehr überraschte sie die »Standhaftigkeit der Deutschen, die für nur einen Dukaten pro Mann aus Deutschland aufgebrochen waren und in der ganzen Zeit in Italien höchstens zwei oder drei Dukaten pro Mann erhalten hatten und dennoch, ganz gegen die Gewohnheit vor allem ihrer Landsleute, unverdrossen weitermarschierten, obwohl sie als einzigen Lohn oder als Garantie nur den Sieg erhoffen konnten.« (*Storia d'Italia*, XVIII, 4)

Wie Guicciardini schrieb, trieben vor allem die Autorität ihres Anführers Georg von Frundsberg und die Hoffnung auf die Einnahme Roms die Landsknechte an. Man darf aber nicht vergessen, daß die Soldaten Lutheraner waren und außer von Beutegier auch von dem religiösen Eifer beseelt waren, den korrupten päpstlichen Hof in Rom auszuräuchern. Zudem besaßen sie eine eigene Organisationsform, die sie von ihren Anführern weitgehend unabhängig machte.

Das wurde deutlich, als Frundsberg am 17. März einen Gehirnschlag erlitt und das Kommando über seine Soldaten abgeben mußte. Nicht einmal dadurch brach das Heer auseinander, und Frundsbergs Abreise bedeutete keineswegs den Anfang »des Untergangs« der Kaiserlichen, wie Machiavelli am 18. März aus Bologna schrieb, wo »eine Elle hoch« Schnee lag und er deshalb die großzügige Gastfreundschaft des Kardinals Innocenzo Cybo genießen konnte.

Die Abreise Frundsbergs machte es noch schwieriger, mit den kaiserlichen Truppen zu einer Abmachung zu kommen, denn mit dem Vizekönig Charles de Lannoy oder dem Herzog von Bourbon, dem Statthalter Karls V. und Oberbefehlshaber über das kaiserliche Heer, zu verhandeln war sinnlos. Keiner von beiden vermochte etwaige Vereinbarungen gegen den Willen der Soldaten durchzusetzen, die nur noch durch die Brandschatzung von Florenz oder Rom zufriedenzustellen waren. Das bekam Papst Klemens zu spüren, als er der nicht eingehaltenen Versprechen des französischen Königs und der Hinhaltetaktik des Herzogs von Urbino müde geworden war. Sein Mangel an Tatkraft und Geld veranlaßten ihn dazu, mit dem Vizekönig Charles de Lannoy einen auf acht Monate befristeten Waffenstillstand auszuhandeln, der gegen eine päpstliche Zahlung von 60000 Dukaten den Rückzug der Kaiserlichen bis zum Po vorsah. Nach Unterzeichnung des Vertrags setzte der Herzog von Bourbon seine Soldaten in Richtung Florenz in Marsch und ließ am 29. März wissen, daß ein Waffenstillstand 150000 Dukaten koste.

Machiavelli hatte in seinen *Discorsi* die alten Römer als leuchtendes Vorbild angeführt, denn nie »eroberten sie Städte durch Geld, nie erkauften sie den Frieden mit Geld, sondern immer durch die Tapferkeit ihrer Waffen«. (D, II.30,

261) Deshalb war es für ihn von vornherein klar, daß die Rettung nicht in einem Abkommen, sondern nur in der Bewaffnung liegen könne und daß man deshalb mit dem vorhandenen Geld den Krieg vorbereiten müsse, statt es den Feinden zu geben, um sie dadurch nur noch mächtiger zu machen. Auch in diesem Punkt war er sich mit Guicciardini einig, der in einem Brief den Papst aufforderte, alle Verhandlungen zu unterbrechen, durch die Ernennung neuer Kardinäle Geld zu sammeln und den Vizekönig gefangenzunehmen. Zur gleichen Zeit versuchte Machiavelli in einem Brief aus Imola vom 2. April, die Florentiner dazu zu bringen, ihre Befestigungen zu verstärken, statt den Kaiserlichen Geld anzubieten, damit sie die Stadt verschonten.

Machiavelli legt in diesen Brief all den Scharfsinn und all die Leidenschaft, deren er fähig war. Die Kaiserlichen seien Italien und »besonders dieser Stadt übel gesinnt«, weil sie sie als ihre Beute betrachteten, und keiner ihrer Befehlshaber, nicht einmal der Vizekönig, habe die Macht, sie aufzuhalten. Um sie zum Aufgeben und zu einem tragbaren Kompromiß zu zwingen, gelte es, sich zum Kampf zu rüsten: »Denn welchen Vertrag wollt Ihr von diesen Feinden erhoffen, die, obwohl sie von Euch noch durch die Alpen [den Apennin] getrennt sind und Eure Soldaten noch vor sich haben, 100000 Florin binnen drei Tagen und 150000 innerhalb zehn Tagen verlangen?« Sie würden, sobald sie vor der Stadt stünden, alles verfügbare Kapital verlangen, denn sie seien nur »von der Hoffnung auf Eure Beute« getrieben. Die einzige Möglichkeit, sie von ihrem Vorhaben abzubringen, sei es, sie mit allen zur Verfügung stehenden Kräften daran zu hindern, noch bevor sie den Apennin überschritten hätten. Florenz solle sich davor hüten, nach der »Überquerung des stürmischen Meeres« in einer Pfütze zu ertrinken, und lieber zehn

Florin ausgeben, »um Euch sicher zu retten«, als vierzig, damit sie »Euch binden und zerstören«. (LC, 1645f.)

Am selben Tag schreibt Machiavelli auch an seinen Sohn Guido, und die beiden Briefe bieten uns die einzigartige Gelegenheit, Machiavelli als öffentliche und als Privatperson nebeneinander zu sehen. Während er uns in dem offiziellen Schreiben als ein Mann entgegentritt, der mit all seiner Kraft und seinem Verstand seine Vaterstadt zu retten versucht, kann man in dem privaten Brief seine zärtliche Liebe als Vater mit Händen greifen. Der Brief an den Sohn ist sicherlich von außergewöhnlicher Intensität aus Sorge vor dem herannahenden Krieg, aber dennoch kann es sich nicht nur um einen einmaligen Fall handeln, denn zärtliche Liebe wächst nicht in einem Tag. Mehr als jeder andere zeigt dieser Brief das Gesicht, das Machiavelli unter seinem Lächeln verbarg.

Guido war gerade erst von einer Krankheit genesen und konnte sich endlich den geliebten Studien widmen. Machiavelli setzte große Hoffnungen auf seinen Sohn und wollte ihn seine Gegenwart und seine Unterstützung spüren lassen; er wollte ihn trösten und ermahnen mit der feierlichen Stimme eines Vaters, aber auch mit der Stimme eines Freundes. Er bot ihm seine Hilfe und die Hilfe seiner Freunde an, doch der wahre Weg, sich hervorzutun, sei, zu lernen und gut zu handeln. »Wenn Gott Dir und mir das Leben erhält«, schreibt er, und dieser Satz ist angesichts der heranrückenden Landsknechtshaufen alles andere als eine leere Phrase, »glaube ich, Dich zu einem angesehenen Mann zu machen, so Du einen Teil Deiner Schuldigkeit tun willst [...] aber Du mußt lernen. Da Du Dich nun nicht mehr durch die Krankheit entschuldigen kannst, bemühe Dich, die Wissenschaften und die Musik zu lernen; Du siehst ja, welche Ehre mein geringes Verdienst mir bringt. Willst Du also, lieber Sohn, meine Zufriedenheit und Dein Wohl und Deine Ehre, so halte Dich gut und lerne; denn wenn Du Dir hilfst, werden Dir alle helfen.« (GS, V, 544)

Noch mehr Lebensweisheit lehrte Machiavelli seinen Sohn anhand eines Maultiers, das der kleine Guido sehr gern hatte. Offensichtlich fürchtete der Junge, daß man das störrische Tier einsperre, oder Schlimmeres, und hatte sich deshalb an den Vater um Hilfe gewandt, und er wird sich sicher gefreut haben, als er Machiavellis Worte las: »Da das Maultierchen toll geworden, so muß man es umgekehrt behandeln wie die anderen Narren; diese bindet man, Du sollst es lassen. Gib es dem Vangelo und sag ihm, daß er es nach Montepulciano führe, ihm dann Zügel und Kappzaun abnehme und es laufen lasse, wohin es will, sich sein Futter zu suchen und die Tollheit loszuwerden. Der Platz ist groß, das Tier klein, es kann keinen Schaden anrichten …« (GS, V, 544f.)

Glücklich antwortete Guido sogleich am 17. April: »Das Maultierchen ist noch nicht nach Montepulciano geschickt worden, weil noch nicht genügend Gras wächst, aber sobald das Wetter besser ist, wird es bestimmt hingebracht werden.« Besser könnte man ein Kind wohl kaum lehren, wie Freiheit helfen kann, das geistige Gleichgewicht wiederzufinden, und daß auch die schwächste und unglücklichste Kreatur ein Anrecht auf etwas Mitleid hat.

Mit seinen Briefen versuchte Machiavelli, Guido und die Familie so weit wie möglich zu beruhigen, und er bat seinen Sohn, Monna Marietta zu sagen, »daß, was sie auch höre, sie guten Mutes bleiben solle; denn ich werde bei Euch sein, ehe es zu einem Ereignis kommt.« Dieses Versprechen konnte Machiavelli freilich nicht einhalten, obwohl er es gewiß ernst meinte, als er schrieb, sich noch nie so sehr nach Florenz gesehnt zu haben wie in diesen Tagen. Statt dessen mußte er mit Guicciardini die Kriegsereignisse verfolgen, um zu verhindern, daß die Feigheit des Papstes und der anderen Herrscher in Italien eine Tragödie heraufbeschwor, deren erste Opfer seine Landsleute und seine Familie werden würden. Die Worte des Vaters vermochten den »Verein« zu beruhigen, denn Guido schrieb: »An die Landsknechte denken wir nicht mehr, weil Ihr versprochen habt, bei uns zu sein, bevor etwas passiert; so macht sich auch Monna Marietta keine Sorgen mehr.« Machiavellis Tochter Baccina denke nur noch an die Kette, die der Vater ihr gekauft habe, und noch mehr beglückte Guido seinen Vater mit der Nachricht, daß er das lateinische Partizip lerne und bei dessen Rückkehr das erste Buch der *Metamorphosen* Ovids auswendig hersagen wolle.

Die Landsknechte marschierten indessen weiter in Richtung Florenz. Das Heer, schreibt Machiavelli am 5. April an Vettori, »wird nicht das kleinste Nest einnehmen, wenn es Verteidiger findet, die sich nicht selbst aufgeben. Aber wohl ist die Gefahr vorhanden, daß aus Schwachheit eine Stadt sich ihm unterwerfe und daß alle anderen in Rauch aufgehen, sobald eine beginnt.« (GS, V, 547) Machiavellis Briefe werden zu verzweifelten Beschwörungen wie der vom 16. April:

> Man hat hier beschlossen [...] ganz an den Krieg zu denken und alle Friedensgedanken aufzugeben. Mit diesem Nordwind müßt auch Ihr schiffen und, Euch zum Krieg entschließend, alle Friedensverhandlungen abbrechen, auf eine Weise, daß die Verbündeten rücksichtslos vorrücken. Hier gilt's nicht mehr zu hinken, der Tanz muß toll werden; oft findet die Verzweiflung Mittel, die

die Wahl nicht zu finden wußte. Der Feind rückt ohne Geschütz heran in ein schwieriges Land. Eilen wir mit der wenigen Lebenskraft, die uns bleibt, herbei, mit den Streitkräften der Allianz, die gegenwärtig sind, so wird er entweder mit Schimpf aus dem Lande abziehen oder sich zu billigen Bedingungen fügen. Ich liebe Messer Francesco, ich liebe mein Vaterland mehr als mich selbst, und ich sage Euch aus der Erfahrung, die mir sechzig Jahre gegeben, daß meiner Ansicht nach niemals schwierigere Verhältnisse zu behandeln waren als diese, wo der Frieden notwendig ist und vom Krieg nicht abgelassen werden kann ...« (GS, 549f.)

»Das Vaterland mehr lieben als sich selbst« war zwar eine Floskel aus der Zeit des sogenannten Krieges der acht Heiligen im späten 14. Jahrhundert. Doch für Machiavelli war sie alles andere als ein bloßes Zitat, sondern vielmehr ein Bekenntnis seiner tief empfundenen Vaterlandsliebe und der Qual, mitansehen zu müssen, wie Italien zugrunde ging, ohne daß er selbst einschreiten konnte, obwohl er wußte, was zu tun war. Deshalb sprach er auch von seiner Liebe zu Messer Guicciardini, denn auch der hatte in diesen letzten Monaten erkannt, was getan werden mußte, und setzte sich mit seiner ganzen Kraft dafür ein, die Tauben hören, die Blinden sehen und die Feigen mutig zu machen. Nur Guicciardini hatte sich für das gemeinsame Vaterland eingesetzt und konnte sich einsetzen, und deshalb liebte ihn Machiavelli. Seine Worte waren daher weder eine bloße Redensart noch Ausdruck eines banalen Patriotismus, mit ihnen vertraute er einem Freund den Sinn und die Qual seines Lebens an.

Nach all den Erklärungen und Ermahnungen Machiavellis und vor allem Guicciardinis wurden die Truppen der

Liga endlich nahe Florenz zusammengezogen, um die Stadt gegen die Kaiserlichen zu verteidigen. Sogar der Herzog von Urbino setzte sich plötzlich in Bewegung, nachdem ihm die Florentiner die Festung San Leo zurückgegeben hatten. Der Herzog von Bourbon sah ein, daß er gegen diesen Widerstand wenig ausrichten würde, und ließ seine Truppen gegen Rom vorrücken. Machiavelli kehrte nach einer fast dreimonatigen Abwesenheit am 22. April nach Florenz zurück. In der Stadt herrschten erregte Erwartung und offener Haß gegen die Medici und deren Repräsentanten, den Kardinal von Cortona, der für die beiden unmündigen Bastarde Ippolito und Alessandro de' Medici die Regierungsgeschäfte führte. Am 26. April kam es zum Aufstand, der in der Besetzung des Palazzo Vecchio durch die Gegner der Medici gipfelte, zu denen die angesehensten Familien zählten. Daraufhin drohte der Kardinal von Cortona in Absprache mit dem Herzog von Urbino, den Palast gewaltsam räumen zu lassen. Nur Francesco Guicciardini war es zu danken, daß nicht die gesamte florentinische Nobilität einem Massaker zum Opfer fiel und die Stadt nicht von ebenden Truppen geplündert wurde, die zu ihrem Schutz gekommen waren. Statt Dank aber erntete Guicciardini nur Vorwürfe: von seiten des Kardinals, weil er es »mit Waffengewalt und dem Blut der Bürger« verhindert habe, daß an diesem Tag die Macht der Medici dauerhaft gesichert wurde, von seiten der Aufständischen dagegen, weil er sie dazu gebracht habe, »ohne Not nachzugeben«, zum Nutzen der Medici. (*Storia d'Italia*, XVIII, 7)

Inzwischen machte außer Guido Rangoni mit seinen 5000 Infanteristen und 1000 Berittenen niemand den Versuch, den Marsch der Kaiserlichen nach Rom aufzuhalten, die längst eher einem Haufen Verzweifelter ähnelten als einem regulären Heer. Aber niemand erkannte, daß diese Soldateska gerade deshalb zu allem fähig war, als sie am 4. Mai die Mauern Roms erreichte und es zwei Tage später einnahm.

Dieser »Sacco di Roma«, von dem ich schon zu Beginn dieses Buches gesprochen habe, war tatsächlich das »moralische Ende Italiens«, aber auch das Ende der Herrschaft der Medici in Florenz. Mehr aus Feigheit als aus Not stellte es der Kardinal von Cortona den Florentinern frei, gegen Sicherheitsgarantien für sich selbst, für seine Neffen und die jungen Medici die republikanische Verfassung wieder in Kraft zu setzen. Niccolò Capponi wurde zum Gonfaloniere auf ein Jahr gewählt und konnte weitere drei Male in diesem Amt bestätigt werden. Am Tag nach seiner Wahl berief er den Consiglio Grande als Organ der Gesetzgebung und der Wahl der Beamten ein. Nach fünfzehn Jahren wurde »der Saal« endlich wieder geöffnet, und Florenz war wieder frei.

Um diese Zeit eilte Machiavelli mit Guicciardini Papst Klemens VII. zu Hilfe, der aus Torheit die Tragödie des Sacco di Roma nicht verhindert hatte, und fand bei seiner Rückkehr nach Florenz die Stadt in Festfreude über die wiedergewonnene Freiheit vor. Diese Freude teilte auch er, ja vor allem er, denn er war stets ein Anhänger der Republik gewesen, er hatte der Republik fünfzehn Jahre lang mit all seiner Leidenschaft, seiner Klugheit und einer absoluten Ehrlichkeit gedient. Als die Medici ihn aus seinem Amt als Sekretär vertrieben, hatte er mit seinen *Discorsi sopra la prima deca di Tito Livio* ein für die Entwicklung der modernen Demokratie grundlegendes Werk verfaßt, das ganz vom Geist eines »Lebens in Freiheit« erfüllt war. Danach wollte er mit seiner *Arte della guerra* und den *Istorie Fiorentine* zeigen, daß die Freiheit mit Waffen verteidigt werden muß, deren Einsatz gesetzlich zu regeln ist und den Staat auch vor dem Übel der Parteienkämpfe bewahrt. Er hatte viele junge Florentiner, die zu hervorragenden Vertretern dieser letzten florentinischen Republik werden sollten, das Ideal einer freiheitlichen Verfassung gelehrt, und wann immer sich ihm die Gelegenheit bot, hatte er den Medici erklärt, daß sich für Florenz nur eine wohlgeordnete republikanische Staatsform unter einem souveränen Consiglio Grande eigne.

Aus all diesen Gründen konnte Machiavelli mit Recht erwarten, von der wiedererstandenen Republik seinen einstigen Sekretärsposten angeboten zu bekommen. Dazu wollten ihm auch die beiden alten Freunde aus den Zeiten der Zusammenkünfte in den Orti Oricellari, Zanobi Buondelmonti und Luigi Alamanni, verhelfen, aber statt seiner wurde am 10. Juni ein gewisser Francesco Tarugi gewählt, der bis zum Juni 1525 Sekretär der Otto di Pratica und damit ein Mann der Medici gewesen war.

Diese lächerliche, ungerechte und unheilvolle Wahl war sicher dadurch bestimmt, daß Machiavelli sich in dem verheerenden Krieg gegen den Kaiser in den Dienst des Papstes gestellt hatte. Mehr noch trug zur Ablehnung Machiavellis vielleicht die Tatsache bei, daß er als verschlagen, ketzerisch und als Ratgeber von Tyrannen verschrien war. »Das Volk haßte ihn wegen des *Principe*«, schrieb ein Zeitgenosse, die Reichen dagegen glaubten, die Lehre des *Principe* bestehe darin, wie ein Herzog ihnen all ihren Besitz und den Armen alle Freiheit rauben könne, die ›Piagnoni‹, die ehemaligen Anhänger Savonarolas, hielten ihn für einen Ketzer, die Anständigen für nicht ehrbar, die Armseligen entweder für noch armseliger oder für ihnen überlegen: So haßte ihn ein jeder.« (Ridolfi, 388f.)

Einen größeren Schmerz als die Wahl eines anderen zum Sekretär konnte Florenz dem alten Machiavelli nicht zufügen. Innerhalb kürzester Zeit mußte er die bittere Erfahrung machen, daß alle seine Anstrengungen zur Rettung Italiens vor der Fremdherrschaft ohne Erfolg waren und daß ihm wiederum der Zutritt zum Palazzo Vecchio verwehrt wurde. Wahrer denn je erwiesen sich die Worte Petrarcas, mit denen Machiavelli seine ungefähr zu jener Zeit verfaßte *Esortazione alla penitenza (Ermahnung zur Buße)* abschloß:

e pentersi e cognoscer chiaramente
che quanto piace al mondo è breve sogno.

(und Reue und die klare Erkenntnis,
daß alles, was auf der Welt gefällt, ein kurzer Traum ist.)

Giuliano de' Ricci, der Sohn von Machiavellis jüngster Tochter Baccina, hat gesagt, sein großer Vorfahre sei Mitglied »in verschiedenen Laienbruderschaften der Stadt gewesen, in denen man zur Vesper oder Matutin sang, bestimmten Regeln folgte und gute Werke tat«. Zu den Gewohnheiten solcher Laienbruderschaften gehörte es, ein Mitglied damit zu beauftragen, eine Ermahnung zur Buße zu verfassen, und da Machiavelli »am meisten geeignet, demütig und gläubig« erschien, fiel ihm diese Aufgabe zu.

Es fällt schwer, den Worten Giulianos zu glauben, und es sieht mehr so aus, als wollte er seinen Großvater als einen frommen und demütigen Menschen hinstellen, um ihn vom Stigma der Verschlagenheit und des Atheismus zu befreien. Kann man sich aber einen Machiavelli vorstellen, der, um sich zu sammeln, in einen Kreuzgang geht und zur Buße aufruft, während doch zeit seines Lebens Buße für ihn nur ein grausiger Hohn war und er der Maxime folgte, »daß es besser ist, zu handeln und dann zu bereuen, als nicht zu handeln und dann zu bereuen«? Wenn man die *Esortazione* aufmerksam liest, erkennt man, daß sie nur aus Allgemeinplätzen und Paraphrasen von Psalmen und Bibelzitaten besteht und demnach nichts weiter war als eine beliebige Auftragsarbeit wie andere Reden und Gedichte, die Machiavelli verfaßt hat. Kurze Zeit später, am 10. Juni, erkrankte er an einer akuten Bauchfellentzündung, und nahm am 20. eine vielleicht zu hohe Dosis eines Medikaments auf Aloe-vera-Basis, das er seit geraumer Zeit zur Linderung seiner Magen- und Kopfschmerzen verwendete. Er starb am 21. Juni, nachdem er von einem gewissen Bruder Matteo die Sterbesakramente erhalten hatte, und wurde am 22. Juni in Santa Croce beerdigt. In den Tagen seiner Krankheit erzählte er den Traum, mit dem ich meine Geschichte seines Lebens begonnen habe. Er verabschiedete sich also vom Leben mit dem Wunsch, lieber in der Hölle in Gesellschaft der Großen der Antike über die großen Fragen der Politik zu diskutieren, als im Paradies bei den Heiligen und Seligen zu weilen. Diese letzte Posse erzählte er, um mit seinen Freunden über die Hölle und das Paradies zu lachen, um ihnen zu verstehen zu geben, daß er immer noch »Machia« war, dem auch der Tod nicht das Lächeln rauben und sein Antlitz zur Maske der Angst erstarren lassen konnte.

Machiavelli starb mit dem gleichen Lächeln auf den Lippen, mit dem er gelebt hatte, und wir wissen längst, daß er mit diesem Lächeln dem Elend des Lebens trotzte, um sich nicht von der Qual, der Empörung und der Melancholie übermannen zu lassen, weil er weder den Menschen noch der Göttin Fortuna die Genugtuung gönnte, ihn weinen zu sehen. Sein Lächeln war aber nicht nur seine Art, sich gegen das Leben zu wehren, sondern auch, sich ins Leben zu stürzen. In seinem Lächeln liegt die Liebe zur Freiheit und bürgerlichen Gleichheit, die in ihm stets überaus stark war, denn lachen kann man nur unter Freien und Gleichen, nicht mit Herren und nicht mit Sklaven. Machiavellis Lächeln brachte auch ein tiefes menschliches Mitgefühl zum Ausdruck, das ihn die bunte Vielfalt der Welt lieben ließ und das der Kern seiner Vaterlandsliebe war. Dieses Mitgefühl ist wohlwollend, es ist »nicht voller Neid, es ist nicht pervers, macht nicht stolz, es ist ohne Ehrgeiz, sucht nicht nach seinem Vorteil, empört sich nicht, denkt nichts Böses, freut sich nicht darüber, genießt nicht eitles Ansehen, nimmt alles hin, glaubt alles und hofft alles«. Diese Worte aus der *Esortazione*, die Machiavelli zu den seinen macht, sind der vielleicht letzte Schlüssel, um die Schönheit seines Lächelns und die Tiefe seiner Lebensweisheit zu verstehen …

Stammtafel der

- **Giovanni** di Bicci de' Medici (1360–1429 ⚭ Piccarda Bueri
  - **Cosimo**, gen. il Vecchio (1389–1464) ⚭ Contessina de' Bardi
    - **Piero** (I.), gen. il Gottoso (1418–1469) ⚭ 1443 Lucrezia Tornabuoni (1407–1482)
      - **Bianca** (1445–1488) ⚭ Guglielmo de' Pazzi
      - **Lucrezia** (1447–1482) ⚭ Bernardo Rucellai
      - **Lorenzo** (I), gen. il Magnifico (1449–1492) ⚭ 1469 Clarice Orsini (†1488)
        - **Lucrezia** (*1470) ⚭ 1488 Jacopo Salviati
          - Giovanni Salviati (1490–1553), Kardinal
          - Bernardo Salviati (1492–1568), Kardinal
          - Maria Salviati (1499–1543) ⚭ 1516 Giovanni de' Medici, gen. delle Bande Nere (1498–1526)
        - **Piero** (di Lorenzo, II), gen. lo Sfortunato (1471–1503) ⚭ 1487 Alfonsina Orsini (1472–1520)
          - **Lorenzo** (II) (1492–1519), Herzog von Urbino 1516 ⚭ 1518 Madeleine de La Tour d'Auvergne (1473–1519)
            - **Alessandro** (unehelich, 1511?–1537), Herzog von Florenz 1531 ⚭ 1536 Margarete von Parma (1522–1586)
              - **Giulio** (unehelich, 1527/32?–1600)
            - **Katharina** (1519–1589) ⚭ 1533 Heinrich II., König von Frankreich (1519–1559)
              - Franz II., König von Frankreich (1544–1560) ⚭ 1558 Maria Stuart, Königin von Schottland (1542–1587)
              - Elisabeth von Valois (1545?–1568) ⚭ 1559 Philipp II., König von Spanien (1527–1598)
              - Karl IX., König von Frankreich (1550–1574) ⚭ 1570 Elisabeth von Österreich (1554–1592)
              - Heinrich III., König von Frankreich (1551–1589) ⚭ 1575 Luise von Lothringen-Mercœur (1553–1601)
              - Margarete von Valois (1553–1615) ⚭ 1572 Heinrich IV., König von Frankreich (1553–1610)
          - **Clarice** (1493–1528) ⚭ Filippo Strozzi
        - **Giovanni** (I) (1475–1521), Papst 1513 als Leo X.
        - **Giuliano** (II) (1479–1516), Herzog von Nemours 1515 ⚭ Filiberta von Savoyen
          - **Ippolito** (unehelich, 1511–1535) Kardinal 1529
      - **Giuliano** (I) (1453–1478) ⚭ Fioretta Gorini
        - **Giulio** (unehelich, 1478–1534), Papst 1523 als Klemens VII.
          - **Alessandro** (unehelich, 1511?–1537), Herzog von Florenz 1531 ⚭ 1536 Margarete von Parma (1522–1586)
    - **Giovanni** (1421–1463) ⚭ Ginevra degli Albizzi († um 1443)

Medici (Auswahl)

Lorenzo di Giovanni (1395–1440)
⚭ Ginevra Cavalcanti

Pierfrancesco (1430–1476)
⚭ Laudomia Acciaiuoli

Lorenzo (1463–1503)
⚭ Semiramide Appiano

Giovanni, gen. il Popolano (1467–1498)
⚭ 1497 Caterina Sforza (1462–1509)

Pierfrancesco (1487–1525)
⚭ Maria Soderini (* um 1495)

Giovanni, gen. delle Bande Nere (1498–1526)
⚭ 1516 Maria Salviati (1499–1543)

Lorenzino di Pierfrancesco, gen. Lorenzaccio (1514–1548)

Laudomia (*1518) ⚭ Piero Strozzi (†1558)

Giuliano (1520?–1588), Bischof von Albi

Cosimo I. (1519–1574), Herzog von Florenz 1537, Großherzog von Toskana 1569
⚭ 1539 Eleonore von Toledo (um 1522–1562)
⚭ 1570 Camilla Martelli (†1590)

Franz I. (1541–1587), Großherzog von Toskana 1574
⚭ 1565 Johanna von Österreich (1547–1578)
⚭ 1578 Bianca Capello (1549–1587)

Isabella (1542–1576) ⚭ 1560 Paolo Orsini (†1585)

Lucrezia (1545–1562) ⚭ 1558 Alfons II. (Alfonso d'Este), Herzog von Ferrara (1533–1597)

Ferdinand I. (1549–1609), Kardinal 1563–89, Großherzog von Toskana 1587
⚭ 1589 Christine von Lothringen (1565–1637)

Pietro (1554–1604) ⚭ Eleonora von Toledo (†1576)

Maria (1573–1642)
⚭ 1600 Heinrich IV., König von Frankreich (1553–1610)

Cosimo II. (1590–1621), Großherzog von Toskana 1609
⚭ 1608 Maria Magdalena von Österreich (1589–1631)

Caterina (1593–1629) ⚭ 1617 Ferdinand (Ferdinando Gonzaga), Herzog von Mantua (1587–1626)

Claudia (1604–1632) ⚭ 1621 Federigo della Rovere, Herzog von Urbino (†1623) ⚭ 1626 Leopold V., Erzherzog von Österreich (1586–1632)

Ferdinand II. (1610–1670) Großherzog von Toskana 1621
⚭ 1634 Viktoria (Vittoria della Rovere) von Urbino (1622–1694)

Margarete (1612–1679) ⚭ 1628 Eduard I. (Odoardo Farnese), Herzog von Parma und Piacenza (1612–1646)

Anna (1616–1676) ⚭ 1646 Ferdinand Karl, Erzherzog von Österreich (1628–1662)

Cosimo III. (1639–1723), Großherzog von Toskana 1670
⚭ 1661–75 Margarete Luise von Orléans (1645–1721)

Franz Maria (1660–1711), Kardinal 1686–1709
⚭ 1709 Eleonora Luisa Gonzaga von Guastalla (1686–1742)

Ferdinand (1663–1713) ⚭ 1689 Violante Beatrix von Bayern (1673–1731)

Anna Maria (1667–1743) ⚭ 1691 Johann Wilhelm, Kurfürst von Pfalz-Neuburg (1658–1716)

Gian Gastone (1671–1737), Großherzog von Toskana 1723
⚭ 1697 Anna Maria Franziska von Sachsen-Lauenburg (1672–1741)

Zeittafel

1469	3.5.: Niccolò Machiavelli wird in Florenz geboren. Lorenzo de' Medici (geb. 1449) wird Herr der Stadt.
1475	Girolamo Savonarola schreibt *Vom Verderben der Kirche*, tritt in das Dominikanerkloster in Bologna ein.
1478–80	Krieg zwischen Florenz und dem Papst.
1480	Verfassungsreform, die die Oligarchie der Medici weiter festigt.
1482	Savonarola wird nach Florenz geschickt, erste Predigten.
1484–92	Papst Innozenz VIII.
1491	Savonarola wird Prior von San Marco, zur Fastenzeit predigt er erstmals im Dom.
1492	8.4.: Tod von Lorenzo de' Medici.
1492–94	Lorenzos Sohn Piero (geb. 1471) versucht, die Stadt zu beherrschen.
1492–1503	Papst Alexander VI.
1494	Savonarola prophezeit die Ankunft eines »neuen Kyros«. Karl VIII. von Frankreich marschiert in Italien ein. 9.11.: Piero de' Medici und sein Brüder fliehen aus Florenz. 17.11.: Einzug Karls VIII. in Florenz.

22./23.12.: Die Stadt gibt sich eine neue Verfassung.

Pisa befreit sich aus der florentinischen Herrschaft.

1495 Karl VIII. besetzt Rom und erobert das Königreich Neapel. Ein Bündnis aus Papst, Kaiser, Ludovico il Moro, dem Herzog von Mailand, Venedig und Spanien nötigt ihn jedoch zum Rückzug nach Frankreich.

1497 Alexander VI. exkommuniziert Savonarola.

1498 7.4.: Karl VIII. stirbt in Amboise.

23.5.: Hinrichtung Savonarolas auf der Piazza della Signoria.

19.6.: Machiavelli wird Kanzleisekretär.

1499 Der neue französische König Ludwig XII. (1498–15) verbündet sich mit Venedig, dem Papst und Florenz gegen Ludovico il Moro. Er erobert Mailand und Neapel, verliert aber beides wieder.

1502 Piero Soderini wird der erste Gonfaloniere della Giustizia auf Lebenszeit.

1503 Piero di Lorenzo de' Medici stirbt im Exil. Papst Alexander stirbt. Nach einem kurzen Zwischenspiel unter Pius III. wird Giuliano della Rovere neuer Papst als Julius II. (1503–13).

Mit der Schlacht von Garigliano endet der Krieg zwischen Frankreich und Spanien zugunsten Spaniens.

1504 Mit dem Waffenstillstand von Lyon fällt Neapel an Spanien.

1506 Julius II. beginnt einen Krieg gegen Bologna.

1508	Julius II. bildet gegen Venedig mit Spanien, Frankreich, dem Kaiser, den Herzögen von Savoyen, Ferrara und Mantua die Liga von Cambrai.
1509	Niederlage der Venezianer bei Agnadello.
	Pisa ergibt sich und kehrt unter florentinische Herrschaft zurück.
1511	Papst, Kaiser, Venedig, Spanien, England und die Schweizer bilden die Heilige Liga gegen Ludwig XII., der nach Pisa ein Konzil einberuft mit der Absicht, den Papst abzusetzen.
1512	Die Medici erobern Florenz mit spanischer Hilfe zurück und werden zu Herzögen erhoben, Machiavelli wird aus den Diensten der Stadt entlassen und vorübergehend ins Gefängnis geworfen.
	Trotz ihres Sieges bei Ravenna müssen die Franzosen nach der Invasion der Lombardei vor den Schweizern zurückweichen. In Mailand gewinnt Massimiliano Sforza, der Sohn von Ludovico il Moro, die Macht zurück.
1513	Die Franzosen werden von den Schweizern besiegt und müssen Mailand verlassen.
	Machiavelli schreibt *Il Principe*, den er den Medici widmet, um ihre Gunst zu gewinnen; erstmals gedruckt wird das Buch 1532.
1513–21	Papst Leo X. (Giovanni de' Medici).
1515	Der neue französische König Franz I. (1515–47) schlägt die Schweizer bei Marignano und erobert Mailand zurück.
1516	Im Frieden von Noyon anerkennt der spanische König und spätere Kaiser Karl V.

	(1519–56) die französische Herrschaft über das Herzogtum Mailand, während Franz I. den Anspruch auf das Königreich Neapel aufgibt, das an Spanien zurückfällt.
1521	Mit dem Einmarsch der kaiserlichen Truppen in Mailand beginnt der erste Krieg zwischen Karl V. und Franz I.
1523–34	Papst Klemens VII. (Giulio de' Medici).
1524	Franz I. erobert Mailand zurück.
1525	Franz I. wird besiegt und in der Schlacht von Pavia gefangengenommen.
1526	Im Frieden von Mailand verzichtet Franz I. auf Mailand und Neapel; zurück in Frankreich, bildet er mit Venedig, Mailand, Genua, Florenz und dem Papst die Liga von Cognac.
1527	Neuerliche Vertreibung der Medici. 22.6.: Machiavelli stirbt in Florenz. Sacco di Roma: Spanische und deutsche Söldner Karls V. plündern und verwüsten Rom.
1527–30	Letzte florentinische Republik.
1530	Florenz kapituliert vor einem kaiserlich-päpstlichen Heer. Wiedereinsetzung der Medici.
1532	Alessandro de' Medici wird Herzog von Florenz, eigentlicher Herrscher ist aber Klemens VII.

Literaturhinweise

Albertini, Rudolf von, *Das florentinische Staatsbewußtsein im Übergang von der Republik zum Prinzipat*, Bern 1955

Baron, Hans, *La crisi del primo Rinascimento italiano*, Florenz 1970

Bock, Gisela / Skinner, Quentin / Viroli, Maurizio (Herausgeber), *Machiavelli and Republicanism*, Cambridge 1990

Chabod, Federico, *Scritti su Machiavelli*, Turin 1964

De Grazia, Sebastian, *Machiavelli all'inferno*, Rom/Bari 1990

Dionisotti, Carlo, *Machiavellerie*, Turin 1980

Garin, Eugenio, *Dal Rinascimento all'Illuminismo*, Pisa 1970

Gilbert, Felix, *Guicciardini, Machiavelli und die Geschichtsschreibung der italienische Renaissance*, Berlin 1991

Gilbert, Felix, *Machiavelli e il suo tempo*, Bologna 1977

Martelli, Mario, *Machiavelli e gli storici antichi*, Rom 1998

Martelli, Mario, *Schede sulla cultura di Machiavelli*, in: *Interpres* 6, 1985/86, S. 283–330

Martelli, Mario, *Machiavelli – Politiker, Liebhaber, Dichter*, in: *Interpres* 17, 1998, S. 211–256

Matteucci, Nicola, *Alla ricerca dell'ordine politico. Da Machiavelli a Tocqueville*, Bologna 1984

Nitti, Francesco, *Machiavelli nella vita e nelle dottrine*, herausgegeben von S. Palmieri und Gennaro Sasso, Band 1, [1876], Nachdruck Bologna 1991

Parel, Anthony J., *The Machiavellian Cosmos*, New Haven/ London 1992

Procacci, Giuliano, *Machiavelli nella cultura europea dell'eta moderna*, Rom/Bari 1995

Ridolfi, Roberto, *Vita di Niccolò Machiavelli*, Florenz [7]1978

Sasso, Gennaro, *Machiavelli e gli antichi e altri saggi*, 4 Bände, Mailand/Neapel 1987–97

Sasso Gennaro, *Niccolò Machiavelli*, 2 Bände, Bologna 1993

Skinner, Quentin, *Machiavelli zur Einführung*, Hamburg 1988

Tommasini, Oreste, *La vita e gli scritti di Niccolò Machiavelli*, 2 Bände, Rom 1883–1911

Villari, Pasquale, *Niccolò Machiavelli e i suoi tempi*, 3 Bände, Florenz 1877–82

Viroli, Maurizio, *Machiavelli*, Oxford 1998

Personenregister

Ist das Leben nur eine Schnäppchen-Jagd?